博学而笃志,切问而近思。
(《论语·子张》)

博晓古今,可立一家之说;
学贯中西,或成经国之才。

复旦博学·复旦博学·复旦博学·复旦博学·复旦博学·复旦博学

主编简介

薛可，上海交通大学长聘教授、博士生导师，上海交大-南加州大学文化创意产业学院副院长，国务院特殊津贴专家。南开大学管理学博士，上海交通大学和北京大学两站博士后。美国麻省理工学院高级访问学者，加州大学圣地亚哥分校、加拿大不列颠哥伦比亚大学访问学者。主持国家社科基金艺术类重大课题、国家社科基金重点课题、国家社科基金一般课题、教育部人文社科项目、民族民委研究重点项目、国家广电总局社科研究项目、上海市决策咨询重点项目等纵横向课题20多项，出版专著、教材30多种，发表学术论文100多篇，担任国际期刊主编、SSCI期刊副主编。获教育部新世纪优秀人才、上海市教育系统"三八红旗手"、"宝钢教育奖"、"上海交通大学校长奖"等多个称号和奖项。

花敏，上海交通大学文创学院助理教授，上海市领军人才专家，帝国理工学院设计工程学博士。主持或参与国内外各级课题10余项，出版教材、著作共5部，发表SCI、SSCI、A&HCI及EI论文20余篇，其中4篇论文荣获"最佳论文奖/编辑推荐奖"。主要学术方向包括设计创新与创造力、文化计算与设计应用、可持续设计、包容性设计以及一系列产品设计相关的研究议题。

文创系列
CULTURAL AND CREATIVE SERIES

文化创意设计学

薛可 花敏 主编

复旦大学出版社

扫二维码登录本书电子资源平台,
可获得相关思维导图、课件和习题。

序

　　文化创意设计,简称文创设计,是文创学科与设计学科的融合,既是设计艺术在文创领域的应用,又是文创学科体系中不可或缺的重要组成部分。但文创设计并不是简单地把设计技术与手段运用到文创领域,与一般的平面设计、工业设计、环境设计、艺术设计等领域相比,文创设计有许多独特之处,也会具有独特的影响,产生独特的效果。

　　文创设计更强调其文化属性。文创强调以文化为元素与底蕴,以创意为核心与灵魂,以市场为导向与引领,所以在符合美学特征的基本要求之上,更强调对文化内涵的深度理解与完美表现。无论是非遗文化的运用,还是民族文化的延展,无论是历史文化的借鉴,还是文艺作品的沿用,无论是IP文化的拓展,还是景观文化的创造,都要求设计师对文化的脉络与精华有深厚的功底和完美的诠释,只有这样,才能对文创设计驾驭自如,表现完整、内涵深刻、画龙点睛。

　　文创设计更强调其顾客洞察,文创作品是艺术,也是产品,既有审美价值,也有实用功能。因此,文创设计必须充分考虑顾客、消费者的精准定位与独特偏好,在创作前有更明确的消费者画像与市场调研,对顾客尤其是核心顾客的性别、年龄、职业范围、购买能力、终端场景、友商比较、使用功能等都要有清晰的认知与准确的把握,切不可闭门造车、曲高和寡。

　　文创设计更强调其科学特质,文创设计的载体众多,产品开发、包装创新、宣传推广、企业路演、展示博览、旅游策划、游戏动漫、历史古迹等都是文创设计的重要载体,可以这么说,一切营销活动都可以注入文创元素,一切文创活动都离不开设计。因此,材质不同,场景不同,纪念活动内容不同,路演现场目标不同,都会对文创设计的调性、色彩、线条、构图、表现方式产生影响,需要有科学的技术支撑与引导,而不能天马行空、随心所欲。

　　因此,对文创设计师的知识结构与能力结构要求非常高,光懂绘画与制图是远远不够的,文创设计师必须是多元的复合型人才。培养文创设计人才的高校必须打破以往艺术门类与工科、文科、管理学科、传播学科的学科界限,进行文理、艺文、文管、文工等多学科融合。这大大增强了文创设计人才培养的难度,也造成了目前文创设计人才严重缺乏的现象。

　　上海交大-南加州大学文化创意产业学院,作为我国最早成立文创专业的高校之一,近十年来,一直在探索包括文创设计人才在内的复合型人才培养模式,从"博学·文创系列"丛书已出版的《文化创意学概论》《文化创意传播学》《文化创意设计学》《文化创意伦理与法规》《会展文创理论与实务》和《旅游文创理论与实务》六本教材中,就能清晰感受到多学科交叉融合的特征。

　　本书共分为八章。第一章文化创意设计概述,定义国内外文创产业的基本概念,梳理文创产业的起源与发展，阐述设计与文创设计的异同，并对文创设计进行分类研究，是全书的总论。第二章文创设计的基本特征，对文创设计的独特性进行了系统描述，从文化性、创新性、审美性、功能性与科技性五大特征入手，勾勒出文创设计独特的领域与要求。第三章文创设计的程序和方法，讲述了文创设计的一般流程、思维流程及双钻模型，揭示了文创设计从构思到作品完成的全过程，并详细介绍了常用的文创设计方法。第四章数字技术对文创设计的影响，重点介绍了最新基于互联网技术革命对于文创设计的深度赋能，包括人工智能、大数据、数据平台、沉浸式技术等最新技术手段，这些手段大大丰富了文创设计的内容，极大地提升了文创设计的效能。第五章文创产品设计、第六章文创视觉设计和第七章文创数字媒体设计是文创设计最重要的三大展示领域，通过分论形式，让读者能更加清晰地学习、了解、掌握文创设计知识。第八章文创设计案例赏析，通过对不同领域文创设计优秀案例的分析，使读者提高鉴别能力、提升实践应用水平。结构从总论到分论，再到经典案例，努力做到立足全局、系统完整、着眼应用、有理有据，从而使初学者建立良好的认知结构，也能让专业从业者得到启示与提升。

  本书是集体劳动的结晶，由我和花敏博士共同担任联合主编。具体分工是由我设计全书大纲与定位，确定编写体例，明确具体要求，由我和花敏博士进行组织与初审；成稿以后，由我提出每一章修改细化要求，各位编写者进行逐章逐节修改，由我们两位主编分别审阅修改。具体撰写人如下：第一章、第二章和第五章花敏，第三章和第八章葛延明，第四章王柏衡和赵潇洋，第六章潘婧，第七章曾巧玲。此外，陈玥彤、沈舒涵、杨睿博、严可、黄屹洲协助主编完成了案例搜集和撰写工作，林翠怡与杨晨阳协助主编参与了后期统稿工作。书稿历经四次重大修改而完成，历时近两年。

  目前文创设计方面的出版物非常少，本教材编写组怀着探索、初创的心态，查阅了大量相关的中英文资料。然而，本教材仍难免有不少缺点与不足，我们希望通过不断修订，使之日臻完美，也请各位读者朋友提出宝贵意见。

  特别感谢复旦大学出版社策划编辑方毅超与责任编辑李荃老师，是他们独特的眼光、前瞻性的视野与创新的情怀，才使得目前国内第一套"文创系列"教材得以面世。我们共同的愿望是为中国文创事业助力，为中国文化产业的发展与文化自信的强化，做些踏实的工作。

  本研究受上海交通大学上海交大-南加州大学文化创意产业学院下属国际文化创意产业研究学会专项研究基金资助，启动基金由紫竹国家高新技术产业开发区捐赠，在此一并感谢。

上海交大-南加州大学文化创意产业学院

副院长、特聘教授教授

2024 年 12 月 26 日

目　录

第一章　文化创意设计概述　1
第一节　文化创意产业的基本概念　2
第二节　文化创意产业的起源与发展　7
第三节　设计与文化创意设计　10
案例研读　上海交通大学-飞跃联名运动鞋设计　16
思考题　24

第二章　文创设计的基本特征　25
第一节　文创设计的文化性特征　26
第二节　文创设计的创新性特征　32
第三节　文创设计的审美性特征　38
第四节　文创设计的功能性特征　47
第五节　文创设计的科技性特征　52
案例研读　"红:丝绸之路上的色彩生命与历史记忆"虚拟展览设计　57
思考题　64

第三章　文创设计的程序和方法　65
第一节　文创设计的程序　66
第二节　文创设计的方法　72
案例研读　同济大学的二十四节气视觉形象设计　93
思考题　100

第四章　数字技术对文创设计影响　101

- 第一节　AI辅助创意与设计工具　102
- 第二节　大数据下的文创设计　113
- 第三节　数据平台与设计素材管理　118
- 第四节　沉浸式技术赋能文创设计　123
- 案例研读　绝灭动物数字化复原及开发运用工程　135
- 思考题　141

第五章　文创产品设计　142

- 第一节　文创产品设计概述　143
- 第二节　文创产品的价值　147
- 第三节　文创产品设计的分类　151
- 案例研读　苏州博物馆——《梅花喜神谱》系列文具设计　161
- 思考题　167

第六章　文创视觉设计　168

- 第一节　文创视觉设计概述　169
- 第二节　文创视觉设计的基本要素　173
- 第三节　文创视觉设计的分类　184
- 案例研读　滇国往事——非遗造物坊品牌形象设计　190
- 思考题　196

第七章　文创数字媒体设计　197

- 第一节　文创数字媒体设计概述　198
- 第二节　文创数字媒体设计的分类　204
- 第三节　文创数字媒体设计的特性　209
- 案例研读　2022年北京冬奥会开幕式雪花主火炬台视效设计　216
- 思考题　224

第八章 文创设计案例赏析 | 225

第一节 博物馆的文创设计 | 226
第二节 文化设计导向的公司 | 233
第三节 从设计引发文化现象 | 237
第四节 移动互联网时代的文创新形式 | 242
思考题 | 249

参考文献 | 250

第一章

文化创意设计概述

学习目标

学习完本章,你应该能够:
(1) 了解文化创意产业的概念;
(2) 了解文化创意产业的起源与发展;
(3) 了解设计的学科概念;
(4) 了解文化创意设计的概念与分类。

基本概念

设计　文化创意产业　文化创意设计

近年来,随着我国文化消费比重显著提高,"文创设计"成为消费热词,消费者们开始追求个性化、差异化的商品与服务,关注其蕴含的文化内涵。国家也对文创设计行业的发展愈发重视,扶持政策相继出台,为文创设计发展提供了良好的环境。文创设计在满足消费者日益提升的物质文化消费需求的同时,也对传统文化的继承和发展、当代文化的创新以及中国文化的国际传播等发挥了重要作用。本章将对文创产业和文创设计的基础知识进行简要的介绍,内容主要包括文创产业的概念、范畴、政策、起源与发展,以及文创设计的概念和分类等。通过对本章的学习,读者可以获得文创产业及文创设计的相关基础知识,从而建立对它们的基本认知。

第一节 文化创意产业的基本概念

文化创意产业(cultural and creative industry),简称文创产业,是在经济全球化背景下产生的以创造力为核心的新兴产业,是强调一种主体文化或文化因素依靠个人或团队通过技术、创意和产业化的方式开发、营销知识产权的行业。对于文创产业,世界各国与学术团体并没有给出统一的命名。文创产业是在我国大陆和台湾省被普遍采用的命名,德国等国家也以文创产业命名;文创产业的起源地英国则将之命名为创意产业,受其影响,澳大利亚等国家,以及我国香港特别行政区也多使用创意产业这一名称;此外,美国将其命名为版权产业,日本将其命名为内容产业,法国、韩国、芬兰等将其命名为文化产业,等等。世界各地对文创产业的命名多受到各自的行业起源、发展情况和地域特色等因素影响,命名方式各不一样,其内涵不尽相同,有时即便相同的命名方式,内涵也可能存在差异。

联合国教科文组织(UNESCO)将文化产业界定为:"文化产业是以无形的文化为本质内容,经由创意、生产与商品化结合的产业。主要有 12 个核心行业:视觉艺术、表演艺术、工艺与设计、印刷出版、电影、广告、建筑、歌舞剧与音乐制作、多媒体、视听产品、文化观光、运动。"[1] 鉴于文创产业涉及领域的多样性与复杂性,对文创产业进行定义是困难的,至今也没有形成公认的行业定义。各个国家(地区)由于经济、政治、文化、社会发展的背景阶段不同,文创产业的实际发展情况也各不相同,因此对文创产业概念的理解和阐发也会有所差异,故而对创意产业并没有统一的界定。国内外众多学者和机构从不同角度对创意产业的概念进行分析界定,这里我们仅介绍具有代表性的定义。

一、国外概念表述

"创意经济之父"约翰·霍金斯(John Howkins)教授最早从专利授权角度提出了文化创意的概念,并在其著作《创意经济:如何点石成金》中指出:"创意产品都处于知识产权法保护的经

---

[1] Kibbe B. Cultural industries: A challenge for the future of culture[M]. Paris: UNESCO, 1982.

济部门区域内,以创意资本的投入来把所有产业联系在一起……版权(copyright)、专利(patent)、商标(trademark)和设计(design),四个产业的总和,构成了创意产业和创意经济。"[1]霍金斯认为建筑、艺术、设计、工艺、电影、音乐、出版、游戏、广播等领域都属于文化创意行业,这些领域的核心动力都在于创意,原创及其意义是这些领域极为重要的组成部分,而创意的产生则有赖于富有创造力的个人(图1-1)。其后,英国创意产业工作组于1998年发布《英国创意工业路径文件》(Creative Industries Mapping Document),指出创意产业是"源于个体创造力、技能和才华的活动,而通过知识产权的生成和取用,具有创造财富和增加就业潜力的产业"。[2]从这两个定义中可以看出,创意产业定义强调两个因素:一是创意性,二是知识产权保护。

图1-1 《创意经济》书影

从文化经济学角度,美国经济学家理查德·凯夫斯(Rochard Caves)认为:"创意产业为我们提供了宽泛的与文化的、艺术的或仅仅是娱乐的价值相联系的产品和服务。它们包括书刊出版、视觉艺术(绘画与雕刻)、表演艺术(戏剧、歌剧、音乐会和舞蹈等)、录音制品、电影电视,甚至时尚、玩具和游戏。"[3]它是以创意为核心,向大众提供文化、艺术、精神、心理、娱乐产品的新兴产业。从城市创意产业集群的实证研究角度,有学者认为:"创意产业是依赖于个人创造力和天分不断推动产品和工艺的发展和创新的一系列知识密集型产业,产业经常被用专利

---

[1] 约翰·霍金斯.创意经济:如何点石成金[M].洪庆福,孙薇薇,刘茂玲,译.上海:上海三联书店,2006.
[2] 单单.国际创意产业发展及其启示[J].陕西统计与社会,2006(4):44-45.
[3] 理查德·E.凯夫斯.创意产业经济学:艺术的商业之道[M].新华出版社,2004.

授予的数目来衡量。"[1]

综上可见,尽管各国学者和机构基于其独特的文化创意产业发展背景,对创意产业的定义有所差异,但其核心理念高度一致。他们普遍认为创意和创新是创意产业的本质特征,并强调其具有跨界融合的特点。这种融合能够催生出具有高科技含量、深厚文化内涵和显著创新特色的新型产业形态。创意产业的构成要素可以概括为三个核心维度:首先是以人才为本,即依托个人的创造力、专业技能和独特才华作为根本驱动力;其次是以知识产权为纽带,将创意成果转化为可保护、可传播的智力资产;最后是以经济社会效益为导向,充分发挥其创造财富和带动就业的积极作用。这三个要素相互支撑、有机统一,共同构成了创意产业的完整体系。各个国家对创意产业的定义、称谓、分类也不尽相同,详见表1-1。

表1-1 不同国家对文创产业的定义与分类总结

国家/地区	名称	定义	分类
英国	创意产业	指源于个人创造力、技能和才华的活动,通过知识产权的生成和利用,使这些活动创造经济效益和就业的产业	13类:广告、建筑、休闲游戏软件、电视与广播、出版、表演艺术、音乐、电影与录像带、时尚设计、工艺、时装设计、软件与电脑服务业、古董市场
美国	版权产业	指所有以版权为基础的产业部门,并通过版权产业的概念来表述商业和法律意义上的文创产业。其涉及范围和英国的创意产业相似,只是关注的焦点集中在专利权、商标权、专有技术和设计版权等知识产权的创意经济	4类:核心版权产业(包括广告、广播、电视、电影、戏剧、录音、音乐、图书、音乐与剧场制作、报纸等);交叉版权产业(包括电视机、收音机、录像机、CD机、DVD、录音机、电子游戏设备和其他相关设备,以及这些设备的批发与零售);部分版权产业(服装、纺织品与鞋类,建筑、工程、室内设计、博物馆、珠宝与钱币、家具、家用物品、瓷器与玻璃、玩具和游戏等);边缘版权产业(服务于受版权保护的作品或其他物品的宣传、传播、分销或销售而又没被归为"核心版权产业"的产业,包括大众运输服务,电信与网络服务等)
日本	内容产业	指可以给人的精神(心)带来享受的信息,是可以进行经济经营的财产	5类:传统文化产业(包括电影电视、唱片、图书出版等文化产业);大众娱乐产业(包括体育类、兴趣类娱乐产业等);艺术服务产业(为艺术生产、艺术表演和展览策划、演出活动直接服务的部门,包括艺术器材租借公司、灯光公司、音像公司等);文化信息传播产业(包括专业的售票公司、图书流通公司、影视副产品公司);大文化范畴内的文化产业(包括花道、拳道、陶艺、建筑、和服、手工制作、美食等)
韩国	文化产业	指与文化产品的计划、开发、制作、生产、流通、消费等相关的产业	17类:影视、广播、音像、游戏、动画、卡通形象、演出、文物市场、美术、广告、出版印刷、创意型设计、传统工艺品、传统复制、传统食品、多媒体影像软件、网络

---

[1] Wu W. Dynamic cities and creative clusters[M]. World Bank Publications, 2005.

(续表)

国家/地区	名称	定义	分类
新加坡	创意产业	与英国的定义相同	3类:文化艺术(表演艺术、视觉艺术、文化艺术、摄影艺术、手工艺、图书馆、博物馆、画廊、档案、拍卖、文物遗址、艺术表演场所、各种艺术节及其他艺术辅助事业);设计(广告、建筑、网络和软件、制图、工业产品、时装、室内外装修);媒体(出版、广播、数字媒体、电影和录像、唱片发行、媒体印刷)
新西兰	创意产业	暂无	9类:广告、软件与资讯服务业、出版、广播电视、建筑、设计、时尚设计、音乐与表演艺术、视觉艺术
澳大利亚	创意产业	生产具有创意特性,并拥有知识产权内容的数字内容和信息通信应用产品	7类:制造、批发与销售、财务资产与商务、公共管理与国防、社区服务、休闲服务、其他产业
加拿大	版权产业	暂无	18类:出版、广播、影视、电视、图书、杂志、音像、印刷、广告及发行、表演艺术、视觉艺术、博物馆、图书馆、档案馆、书店、文具用品商店、信息网络、多媒体等内容

二、国内概念表述

文化创意产业这一概念是国内学术界近年来开始使用的。这与文创产业在国内近年来实际的发展状态,以及政府和学术界在政策、理论与实践方面的推动都是分不开的。早在2000年,在《中共中央关于制定国民经济和社会发展第十个五年计划的建议》中,就首次在政府文件中使用"文化产业"这一概念,至此文化产业已经逐渐上升到了国家战略的层面;同年,在党的十五届五中全会提出"推动有关文化产业发展"的基础上,党的十六大将文化事业和文化产业作为相互关联的两个重要概念提了出来,强调:"积极发展文化事业和文化产业","发展文化产业是市场经济条件下繁荣社会主义文化、满足人民群众精神文化需求的重要途径。完善文化产业政策,支持文化产业发展,增强我国文化产业的整体实力和竞争力。"[1]这是我国在文化产业建设方面的重大理论突破,推动我国文化产业逐步发展起来。2006年的《国家"十一五"时期文化发展规划纲要》指出,要大力发展文化创意产业,这是在政府文件中首次提出了"文化创意产业"这一概念。

从创意产业发展路径的角度,中国人民大学金元浦教授认为文化创意产业就是"在全球化条件下,以消费时代人们的精神文化娱乐需求为基础,以高科技技术手段为支撑,以网络等新传播方式为主导的,以文化艺术与经济的全面结合为自身特征的跨国跨行业跨部门跨领域重组或创建的新型产业集群"[2]。在这一定义中,金教授强调了文化创意产业是一种以精神文化娱乐需求为导向的产业,并且强调了数字技术与新媒体技术在未来行业发展中的重要性。

---

[1] 张小平. 文化事业与文化产业协调发展的关键[J]. 前线,2011(10):3.
[2] 金元浦. 文化创意产业:创新型中国的战略选择[N]. 人民日报,2006-12-29(14).

2009年国务院出台《文化产业振兴规划》,提出重点发展文化创意产业,其中包含文化科技、艺术创作、音乐制作和动漫游戏等四类。自此,中国开始对文化产业与文化创意产业进行了区分。2014年,李克强总理主持召开国务院常务会议,部署推进文化创意和设计服务与相关产业融合发展,其后《国务院关于推进文化创意和设计服务与相关产业融合发展的若干意见》发布,从战略层面将"设计服务"与"文创产业"整合到了一起。

另外,中国多个重点省区市和地区在其相关文件中采用了"文化创意产业"的概念。例如,2002年,中国台湾省在其关于文化创意产业发展的相关规定中定义,文化创意产业是指源自创意或文化积累,透过智慧财产之形成及运用,具有创造财富与就业机会之潜力,并促进民众美学素养,使国民生活环境提升之下列产业。2005年,中国香港特别行政区政府将文化创意产业定义为:"一个经济活动群组,开拓和利用创意、技术和知识产权以生产并分配具有社会和文化意义的产品与服务,更可望成为一个创造财富和就业的生产系统。"2006年12月,北京市统计局、国家统计局北京调查总队联合制定发布《北京市文化创意产业分类标准》,将文化创意产业定义为"以创作、创造、创新为根本手段,以文化内容和创意成果为核心价值,以知识产权实现或消费为交易特征,为社会公众提供文化体验的具有内在联系的行业集群"。

综上所述,我们不难发现,"文化产业""创意产业"和"文化创意产业"之间是有着千丝万缕的联系的,但它们之间又各有侧重,不尽相同。我国提出了"文化创意产业"这个概念,既深度借鉴了英国创意产业的精华,又在充分汲取丰富的文化遗产的基础上,吸纳了文化产业的内涵,随着文化创意产业的迅猛发展,其范围也在不断扩大。[1] 中国地域广阔,文化多元,各地也依据自身的文化资源禀赋和产业发展现状对文创产业给出了相应的定义和分类,如表1-2所示。

表1-2 我国对文创产业的定义与分类总结

中央及地方	名称	定义	分类
中央政府	文化产业	为社会公众提供文化产品和文化相关产品的生产活动的集合	6类:新闻信息服务、内容创作生产、创意设计服务、文化传播渠道、文化投资运营、文化娱乐休闲服务
	文化创意产业	暂无	暂无
北京市	文化创意产业	以创作、创造、创新为根本手段,以文化内容和创意成果为核心价值,以知识产权实现或消费为交易特征,为社会公众提供文化体验的具有内在联系的行业集群	9类:新闻出版、文化艺术、设计服务、广播电影电视、广告会展、软件网络及计算机服务、艺术品交易、旅游休闲娱乐、其他辅助服务
上海市	创意产业	暂无	10类:媒体业、艺术业、工业设计、建筑设计、网络信息业、软件与计算机服务业、咨询服务业、广告及会展服务、休闲娱乐服务、文化创意相关产业等

---

[1] 薛可,余明阳.文化创意学概论[M].上海:复旦大学出版社,2021.

(续表)

中央及地方	名称	定义	分类
杭州市	文化创意产业	暂无	8类：信息服务业、动漫游戏业、设计服务业、现代传媒业、艺术品业、教育培训业、文化休闲旅游业、文化会展业等
台湾省	文化创意产业	源自创意或文化积累，透过智慧财产之形成及运用，具有创造财富与就业机会之潜力，并促进民众美学素养，使国民生活环境提升之下列产业	13类：视觉艺术、音乐与表演艺术、文化展演设施产业、工艺、电影、广播电视、出版、广告、设计、设计品牌时尚、建筑设计、创意生活、数字休闲娱乐
香港特别行政区	文化创意产业	一个经济活动群组，开拓和利用创意、技术和知识产权以生产并分配具有社会和文化意义的产品与服务，更可望成为一个创造财富和就业的生产系统	13类：广告、建筑、艺术品与古董、漫画、设计、时装设计、电影、游戏软件、音乐、表演艺术、出版、软件及资讯科技服务、电视

第二节 ｜ 文化创意产业的起源与发展

　　为了更加全面和深刻地理解文创产业，我们有必要对它兴起和发展的过程有所认识。文创产业的产生是有其特定的历史背景的，是在经济发展、文化思潮、科技进步、社会风尚、消费需求，甚至政治博弈等诸多因素影响下促成的。大致的原因可总结为三个方面。首先，经济与产业发展的需求。欧美国家率先完成了工业化进程，开始向服务业和高附加值产业转型，这一进程主要包含两个方面：一方面，西方发达国家开始逐步把高人力、高耗能、污染环境的重工业和低端制造业向人力成本低廉的发展中国家转移；另一方面，它们本国的一些传统产业和城市出现衰退，这时候就出现了经济转型的实际需要。其次，文化思潮的影响。20世纪60年代，流行文化和亚文化等文化思潮在欧美开始兴起，对农业社会和工业社会形成的传统文化形成了很大的冲击，人们开始倡导个性化与差异化，反对主流文化，追求张扬个性的自由和解放，社会文化更加多样，多元文化开始获得认同，形成了崇尚个性自由与多元创新的文化氛围。最后，政策的推动。响应以上的产业和文化发展需求，20世纪80年代，欧美的经济政策也开始鼓励创新和自由竞争，企业开始迎合个性化和差异化的市场需求，意识到了文化和创意因素对消费的影响，这些都刺激了文创产业的发展。在这样的时代背景下，文创产业在西方发达国家得以萌生和壮大，发展到今天，文创产业已经在欧美国家的经济和社会生活中占据重要的地位，并伴随欧美在全球经济、政治和文化输出等方面的强势地位发散到世界各国。其中，我国属于文创产业起步较早的国家，近年来更是迎来了文创产业高速发展的时期。限于篇幅，下文将主要从政策角度对文创产业在其发源地英国和我国的发展情况做简要介绍。

一、文化创意产业的起源

英国是世界上第一个提出创意产业概念的国家,也是世界上第一个政策性推动创意产业发展的国家,将创意产业提高到了国家战略层面,以此推动产业的发展。工业革命后,英国借助科技革命成为"世界工厂"和头号强国,但20世纪80年代后逐渐失去了这些地位。英国政府为了提振本国经济,开始寻求新的产业方向,以此调整产业结构和增加就业。英国拥有悠久的历史文化资产、高水平的人文素质,以及高度资本化的文化工业。结合自身国情,英国政府决定大力发展创意产业,从1990年开始起草文化发展战略。1997年,英国政府在时任首相布莱尔(Tony Blair)的主导下组建创意产业特别工作组,该组织开始调查创意产业的产业规模、就业状况、营业额等数据,以统计数据论证创意产业的经济价值。1998年,发布了《英国创意工业路径文件》,标志着英国正式把创意产业提升到国家经济战略的高度,推动英国成为国际文创产业先驱。2005年,英国文体部发布《创意经济计划》(Creative Economy Programme),为创意发展产业建立一个更好的政策框架。2006年又公布《英国创意产业竞争力报告》(Comparative Analysis of the UK's Creative Industries),将创意产业分为三个产业集群:生产性行业(production industries)、服务性行业(service industries)、艺术品及相关技术行业(arts and crafts industries)。进入数字经济时代,英国政府先后出台了多项政策,以数字经济为先导,开启"数字文化产业"转型之路。2015年年初,英国政府发表了《数字经济战略(2015—2018)》(Digital Economy Strategy 2015-2018)。2017年3月,英国数字化、文化、媒体和体育部发布了《数字战略》(Digital Strategy),这一举措展示了英国政府对数字革命的巨大期望和实施决心。2022年6月,面对疫情的冲击,数字化、文化、媒体和体育部发布了最新版本的《英国数字战略》(UK Digital Strategy)。其中,"创意和知识产权(IP)"被列为六个关键领域之一,并强调了数字技术与创意内容深度结合的重要性。

英国艺术与人文研究理事会(Arts and Humanities Research Council,AHRC)的研究显示,当前英国的文化产业包含三大类型(高成长型、高集聚型和两者兼具型)共47个创意产业集群(creative clusters)。其中,约34个创意产业集群都聚集在伦敦等南部城市。[1]因此,伦敦是英国无可争议的创意之都,也是推动创意产业和数字科技发展的核心城市,大量的创意产业机构都集聚于此。例如,新兴的创意园区就是位于伦敦东北部的克勒肯维尔(Clerkenwell)。在多年以前,克勒肯维尔原本是伦敦废弃工业仓库的不毛之地,但随着一批年轻的创意工作者和企业家的进驻,克勒肯维尔发生了巨大的改变。如今,克勒肯维尔已是全英著名的创意和艺术园区,吸引了几百家创意企业进驻,还拥有一流的音乐厅、剧院、展览馆、电影与博物馆,还有各种酒吧,并时常举办设计周、艺术展、创意行业会展等活动(图1-2)。

---

[1] 解读 | 外国数字文化产业战略及政策.2023[EB/OL]. https://mp.weixin.qq.com/s?__biz=MzI4ODQ1NTMyNw==&mid=2247691668&idx=3&sn=58ec488bb26cde2706adc712d1820f83&chksm=ec338264db440b728c910a246389842244094cf0dc646eaa8fd96416395985a1ccc466d11aeb&scene=27.[访问时间:2023-03-10]

图 1-2　克勒肯维尔设计周

二、文化创意产业在我国的发展

我国也是文创产业起步较早的国家之一。20 世纪 80 年代,我国知识产权界(特别是版权领域)的专家们首先引进文创产业相关概念,初期演变成了"版权文化产业"和"文化产业"概念。1992 年,国务院办公厅综合司编著《重大战略决策——加快发展第三产业》,首次在政府文件中明确使用"文化产业"概念。20 世纪 90 年代中后期,文化产业进入各方视野,随之而来的是经营性文化事业单位转企改制的深入、新兴文化企业的崛起、各级政府文化产业政策的放开、学术界的理论探讨等。2000 年,在《中共中央关于制定国民经济和社会发展第十个五年计划的建议》中,首次在党的正式文件中使用"文化产业"这一概念,至此文化产业逐渐上升到了国家战略的层面;2002 年,在党的十五届五中全会提出"推动有关文化产业发展"的基础上,党的十六大将文化事业和文化产业作为相互关联的两个重要概念提了出来,强调"积极发展文化事业和文化产业",指出:"发展文化产业是市场经济条件下繁荣社会主义文化、满足人民群众精神文化需求的重要途径。完善文化产业政策,支持文化产业发展,增强我国文化产业的整体实力和竞争力。"这是我国在文化产业建设方面的重大理论突破,推动我国文化产业逐步发展起来。[1] 2009 年,国务院发布《文化产业振兴规划》;2010 年,党的十七届五中全会提出要推动文化产业成为国民经济的支柱产业;2014 年,李克强总理主持召开国务院常务会议,部署推进文化创意和设计服务与相关产业融合发展,其后《国务院关于推进文化创意和设计服务与相

---

[1]　张小平.文化事业与文化产业协调发展的关键[J].前线,2011(10):3.

关产业融合发展的若干意见》从战略层面将设计与文创产业整合到了一起;2015年10月,《中共中央关于制定国民经济和社会发展第十三个五年规划的建议》首次提出了"文化创意产业"的概念,并提出"文化产业成为国民经济的支柱性产业"的目标;2016年3月,"大力发展创意文化产业"正式被写入"十三五"规划纲要。至此,文创产业确立了其在中国经济格局的支柱性地位。同时期,我国出台的各类文创产业政策也开始围绕"数字技术"展开讨论。例如,2016年,数字创意产业首次被纳入国家战略性新兴产业。2017年,颁布了《文化部关于推动数字文化产业创新发展的指导意见》,这是国家层面首份针对数字文化产业发展的政策文件,为推动数字文化产业发展提出具体政策举措。2020年11月,发布了《文化和旅游部关于推动数字文化产业高质量发展的意见》,就"夯实数字文化产业发展基础""培育数字文化产业新型业态""构建数字文化产业生态"等方面提出多项意见。[1] 2021年,中共中央办公厅、国务院办公厅发布《关于进一步加强非物质文化遗产保护工作的意见》,其中指出:"支持非物质文化遗产有机融入景区、度假区,建设非物质文化遗产特色景区。鼓励合理利用非物质文化遗产资源进行文艺创作和文创设计,提高品质和文化内涵。"[2]

第三节 | 设计与文化创意设计

一、设计的基本概念

设计(design),即设想和计划,设想是目的,计划是过程安排,通常是指有目标和计划的创作行为及活动。回顾人类的历史,从人类文明曙光初现的那一刻起,设计就开始作为一种高级的人类智力与实践活动出现了,支持着人类文明的发展,共同走过了漫长的历程。

"设计"一词古已有之,东汉许慎《书文解字》中称"设"是"施陈也","计"是"会算也",即设想、运筹、计划与预算的意思。在西方,英语的"design"一词起源于拉丁语"designare",意为画上记号或图案,后也指草图(素描)、图案、构想、方案等。随着社会的进步与发展,人们对社会劳动的分工日趋成熟和细化,逐渐将设计活动分化出来,才有了为如今的大众所熟知的"设计"的概念。

从广义上来说,人类一切创造性活动都可以称为设计。我们可以把其视作服务于某种特定目的而进行的创造性活动,反映着设计者的智慧、知识和经验技能,与思维(解决问题)、审美、决策、娱乐、创造等过程高度相关。著名设计师、设计理论家维克多·帕帕奈克(Victor

---

[1] 中国政府网. 文化和旅游部关于《推动数字文化产业高质量发展的意见》[EB/OL]. http://www.gov.cn/zhengce/zhengceku/2020-11/27/content_5565316.htm. [访问时间:2022-07-22]

[2] 中国政府网. 中共中央办公厅、国务院办公厅印发《关于进一步加强非物质文化遗产保护工作的意见》[EB/OL]. http://www.gov.cn/gongbao/content/2021/content_5633447.htm. [访问时间:2022-07-22]

Papanek)曾指出:"所有人都是设计师,我们所做的每一件事几乎都跟设计有关,因为设计是人类一切活动的基础。设计是写下一首史诗、制作一幅壁画、绘制一幅杰作,或谱成一首协奏曲,但设计同时也是打扫并整理办公桌的抽屉、拔掉一颗蛀牙、烤一个苹果派、选择支持草地棒球赛中的某一队,以及教育一名孩童。"[1]从这种意义上说,设计被看作一种广泛的创造性活动,不仅包括物质层面的设计,如设计生活资料和生产工具等,也包括一切非物质层面的社会性生活中的创造活动,如设计一种社会制度、一个组织机构、一座城市的交通规划等。因此,广义来说,人类所有生物性和社会性的原创活动都可以被称为设计。

从狭义的角度来看,设计则可以被理解为一种创造性的造物活动,是一个通过构想来解决问题和实现目的的过程。世界设计组织(World Design Organization, WDO)对设计给出了这样的定义,即"设计是一种创造性的行为,其目的是要让产品在包括制作及使用的整个过程里,以及所处的应用系统中,都具有一种全面的质量。因此,设计是创造性地令科学技术人性化的核心元素,以及进行文化和信息交流的关键因素"[2]。这一定义不仅明确了设计的创造性与造物性属性,而且强调了设计的服务目的,以及影响设计的重要因素,较为全面地给出了设计的定义。

其他学者与机构也都从各自的角度尝试对设计给出自己的定义。例如,包豪斯的现代设计大师莫霍利·纳吉(Moholy Nagy)十分关注设计的功能属性,认为设计的过程不局限于对物品外形的美化,而在于将功能目的转化到具体对象上去:"设计并不是对制品表面的装饰,而是以某一目的为基础,将社会的、人类的、经济的、技术的、艺术的、心理的多种因素综合起来,使其能纳入工业生产的轨道,对制品的这种构思和计划技术即设计。"[3]王受之教授对设计的定义认为设计的本质还是发现和解决问题,并强调了设计的视觉形式与审美属性,认为设计是"把计划、规划、设想、解决问题的方式,通过视觉化的形式传达出来的活动过程"。[4]美国设计学会创始人彼得·劳伦斯(Peter Lawrence)则更关注设计的实现途径与目的,并指出:"设计是一种手段,通过这种手段可以提高生活质量,并能有效地满足人类的需求。"[5]无独有偶,路甬祥院士也强调设计是"在一定的约束条件下,最合理地满足社会的需求的创造活动"。美国的卡耐基梅隆大学(Carnegie Mellon University)设计学院给出的定义则更关注设计的适用性:"设计是把物品从现有的状况提升到更好的使用状况的过程,包括几个主要方面:功能、审美、人机工程学、市场效益、便于生产和节约资源。"[6]

综上,我们可以看出,设计在狭义上的定义主要对设计对象做出了限定,强调了设计的造

---

[1] 张梦卿.维克多·帕帕奈克,所有人都是设计师,每件事都与设计有关[J].艺术与设计,2018(11):4.
[2] World Design Organization. Definition of Industrial Design [EB/OL]. https://wdo.org/about/definition/.[访问时间:2022-04-12]
[3] 王华清.设计管理浅析[J].商场现代化,2009(10):96.
[4] 黄柏青.设计美学:学科性质、演进状况、存在问题与可行路径[J].湖南科技大学学报:社会科学版,2012,15(5):4.
[5] 站酷(ZCOOL).设计的定义[EB/OL]. https://www.zcool.com.cn/article/ZMTIxNzM0MA==.html.[访问时间:2022-05-22]
[6] Carnegie Mellon University's School of Design. Design at Carnegie Mellon[EB/OL]. http://coursecatalog.web.cmu.edu/schools-colleges/collegeoffinearts/schoolofdesign/.[访问时间:2022-05-22]

物属性,同时对于设计目的也更强调设计的解决问题和满足需求的功能。那么我们可以总结出,狭义的设计是一种根据生产、生活和商业需要,合理运用设计、技术和艺术等手段,开发出能够解决问题、满足需求、符合人的身心特征的人工制品和服务的综合性、创造性的实践活动,主要包含传达设计(communication design)、环境设计(environmental design)、工程设计(engineering design)、工业/产品设计(industrial/product design)、景观设计(landscape design)、建筑设计(architectural design)、室内设计(interior design)、交互设计(interaction design)、媒体设计(media design)、服务设计(service design)、体验设计(experience design)、游戏设计(game design)以及时尚设计(fashion design)等。

二、文创设计的基本概念

随着我国经济的持续发展和人民生活水平的不断提高,消费者对文化和体验产品的消费热情也不断攀升,文创设计因此频繁出现于大众的视野。例如,2014 年,中国台北"故宫博物院"开发了"仕女唐唐"系列坠马髻颈枕(图 1-3)。该设计以唐代仕女的发型为灵感,对颈枕这一普通的产品进行了再设计,不但能当颈枕,还能戴在头上,让使用者一秒变成唐朝仕女,大大提升了产品的文化意趣,成功打造了一款现象级文创产品。此后,爆款文创设计更是层出不穷,如冬奥会吉祥物"冰墩墩"、大英博物馆的"小黄鸭"、大唐不夜城的"不倒翁小姐姐"、东京国立博物馆的"陶俑袜"和三星堆博物馆的"青铜面具"雪糕(图 1-4)等。

图 1-3　台北"故宫博物院"的坠马髻颈枕

图 1-4　三星堆博物馆的"青铜面具"雪糕

　　文创设计作为一个新兴概念,虽然为大众逐渐熟知,业界也愈发重视,但是在学术上却缺乏相关的研究,至今并未形成普遍接受的定义。通俗来讲,在我们的日常生活中,文化理念已逐渐深入各个方面,我们身边的许多创新设计中也会加入这种文化元素,这种设计就属于文创设计,它们既保留了文化的核心内容与精神气质,又能满足目前市场的文化消费需求。例如,2022年北京冬奥会的吉祥物"冰墩墩"和"雪容融"就是典型的成功的文创设计。"冰墩墩"以我国国宝熊猫为原型进行设计创作,将熊猫形象与富有超能量的冰晶外壳相结合,体现冬季冰雪运动和现代科技的特点以及人与自然和谐共生的理念。"冰墩墩"头部外壳造型取自冰雪运动头盔,装饰色彩光环,这一设计源自北京冬奥会的国家速滑馆"冰丝带",流动的明亮色彩线条象征着冰雪运动的赛道和5G高科技。同时,"冰墩墩"左手掌心的心形图案代表着主办国对全世界朋友的热情欢迎。"雪容融"的设计理念则源自春节时期的大红灯笼,体现的是中国传统文化的器具元素,代表着收获、喜庆、温暖和光明。"雪容融"的设计还融入了和平鸽、天坛、剪纸艺术等元素,寓意着和平、友谊,彰显中国传统文化的根脉(图1-5)。由此可见,这一系列融入传统文化元素的文化创新不仅是一种文化理念、美学观念,还是一种民族思想情感的载体,充分体现了人们的家国情怀和文化自信。

　　周承君等在《文创产品设计》一书中,将文创产品设计定义为"通过分析文化器物本身所蕴含的文化因素,将这些因素以符合现代生活形态的形式转化为设计要素,并探究其使用后的精神层面满足,即产品的'体验价值'"的设计。韩笑在《对于文化创意设计的分析与反思》一文中也尝试为文创设计下了定义,他认为:"文创设计要求设计师能够运用巧妙的构思将文化内容用极具创意的方式呈现,将特定的文化背景结合独到的创意与人文关怀、设计心理等知识,通过赋予传统商品以文化内核或为文化形成新的载体来达到弘扬传统优秀文化的目的。"在洛可可设计公司的设计理念中,文创设计应该"利用原生文化的美学特征、人文精神、文化元素,再通过自身对文化的理解和诠释,将其与产品相结合,最终形成文化创意设计"。

图 1-5　2022 年北京冬奥会吉祥物设计图

综上,我们不难总结出,文创设计的关键在于两点:一是对文化素材进行有效的挖掘、甄别与萃取;二是对文化素材进行创意转化并赋予其合适的表现形式,从而让文创设计作品既保有文化内涵,又富有创意,既保有文化的核心价值,又符合时尚市场需求。文创设计追求的不仅是物理功能、造型和美感,设计师还需要把文化的旨趣通过自身的设计创新注入其中,这样才能打动消费者,满足消费者在精神和体验层面的消费需求。因此,我们在本书中将文创设计定义如下:它是一种依靠创意人的智慧、技能、天赋和文化积淀,对文化资源和文化用品进行创造设计的活动。

三、文创设计的分类

如前文所述,文创设计目前涉及的领域并不及传统设计宽泛,根据其对象的不同大致可以分为三大类别:文创产品设计、文创视觉传达设计和文创数字媒体设计。现简要介绍如下,具体内容详见本书第五章至第七章。

(一) 文创产品设计

文创产品设计即文化创意产品设计,是指基于现代工业化生产条件,以文化素材为创作基础,以文化创意产品为设计对象,结合技术与艺术手段进行文化创意产品开发的设计活动。这里的文创产品是指具有文化内涵的创新型产品,其设计强调对文化素材的创造性设计呈现,具有很高的文化附加值(图1-6)。文创产品通常具有三个特点,即"以文化为基础,以创意为核心,以文化赋值为特色"。在本书中,基于产品的设计对象,将文创产品设计分为传统文化的文创产品设计、IP衍生的文创产品设计、文博旅游类文创产品设计和活动,以及会展类文创产品设计(详见本书第五章)。

图1-6 费城艺术博物馆的文创产品商店

(二)文创视觉传达设计

文创视觉设计是视觉传达设计在文化创意领域的应用。文创视觉设计是为了创造性建构并传达视觉信息与文化信息所做的设计。它是对视觉环境进行设计、规划、管理,从而塑造出与人类视觉习惯相匹配并有效传达视觉信息的视觉环境的创造性活动。文创视觉设计以图形、文字、色彩等为载体,将文创作品所蕴含的信息、内涵与情感传达给观众,与观众达成视觉上和精神上的共鸣(图1-7)。文创视觉设计是一个较为宽泛的领域,本书将其所涉及的细分领域总结为文创广告设计、文创标志设计、文创包装设计、企业形象设计、IP形象设计、文创展示设计等(详见本书第六章)。

图1-7 帕米尔地道风物logo和包装设计(揽星设计公司)

(三) 文创数字媒体设计

文创数字媒体设计是一种在文化创新的前提下通过合理地运用各种数字媒体技术所形成的一种新型的综合性数字文创设计。与传统文化创新的产物不同，这种在科学技术支撑下的文创产物不等同于具有实际功能性、可供用户切实使用的物理性产品(如茶具、扇子、家具等)，而是在这种物质性产品的基础上还进行虚拟文化产品的设计(图1-8)。这种虚拟文化产品通常是指将优秀的传统文化加工实现具象的图案视觉化，然后利用数字化媒体作为文化视觉的呈现媒介，通过虚拟的沉浸式的方式与某种物质或者空间结合。这种文化创新产品更具科技性和视觉影响性，同时也对更有效、更加速地传播优秀文化起到了不可替代的社会历史性意义(详见本书第七章)。

图1-8 《大元帝师》数字交互文创产品设计

案例研读

上海交通大学-飞跃联名运动鞋设计

一、设计背景

本案例来源于2021年上海交通大学125周年校庆纪念文创产品的开发项目。从2020年8月开始，南阳制造学生文创工作室在上海交大-南加州大学文化创意产业学院的帮助下，对上海交通大学校园文创市场进行了调查研究，通过对市场规模、消费群体、消费需求等方面的多次调研，完善团队对于上海交通大学校园文创产品的认知。

二、前期调研

调研主要采用了问卷调查和校园文创门店走访等方式。

(1) 问卷调查。对在校 200 位同学进行了校内文创产品的调研,了解消费者审美偏好、价位接受度和产品需求。

(2) 校园文创门店走访。调研现有文创产品的类别和售卖情况,以及目前校园文创消费者的群体构成。

通过调研,我们得出了两个层面的关键结论。

(1) 从需求层面来说,上海交通大学校内文创市场仍有持续扩张的空间。主要消费文创产品的群体有在校学生、校友及各种来校访问、交流、参观人员。上海交通大学在校学生基本保持在约 30 000 人,校友群体更是数量庞大。上海交通大学学生对学校的认同感强,超过 60% 的学生购买过校园文创产品。

(2) 从供给层面来说,现有的上海交通大学文创产品类型单一,单价较低,校园文创门店开发设计能力较弱。现在校园文创门店无专业的设计团队,产品设计基本是与校内设计专业学生自行洽谈沟通,因而产品缺乏系统规划,设计风格不统一;同时,种类较单一且价格多数在 100 元以下,基本聚焦于文具、文化衫和日用品,虽然店内商品数量较多,但观感上没有较大的区分。

基于上述调研结论,提出了上海交通大学校内文创的开发方向。

(1) 扩充文创产品种类,提升文创产品单价。由于定位学生消费群体,产品应有一定的实用价值,同时生产成本低但性价比高,市场定价应该在 80—150 元,匹配学生的消费能力又有盈利空间。这样,聚焦于服饰配件类产品较符合我们的预期,在现有文创商店中此类商品数量也较少。

(2) 提升产品质量和设计。由于服饰配件产品的功能性,消费者对这一类产品的版型和质量有极高的要求,就需要流水线成熟、产品从设计到交付的生产周期短的生产商为我们提供产品。

三、设计过程

(一) 设计元素挖掘

基于对上海交通大学校园文创产品开发的调研总结,设计师以上海交通大学品牌为核心展开了头脑风暴,发掘可用的上海交通大学校园元素。提取代表上海交通大学文化和精神的校园地标景观作为插画元素,用版画的表现手法创作图案印刷在鞋垫上。在色彩上,设计师选择在白色的鞋身上用红蓝两色,红选用的是"交大红",在鞋的各个面上反复出现暗示上海交通大学身份。少量出现的"活力蓝"则提升了鞋的丰富性,并在色彩调性上向飞跃的复古经典风格更加靠拢(图 1-9)。

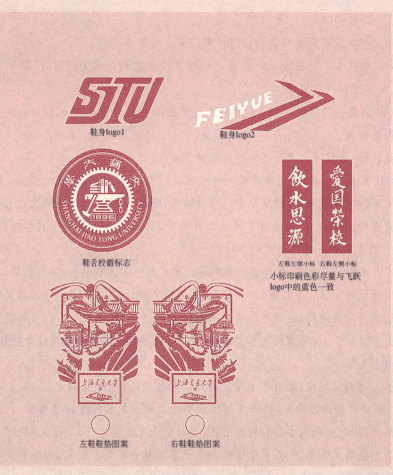

图 1-9　上海交通大学与飞跃设计元素提取

（二）设计品类定位

由于产品主要面向学生，需要结合实用性、纪念性和文化性，同时需要兼具性价比。通过对现有品类的排除和对新品类的探索，我们发现鞋类产品没有出现在交大校园文创中，同时这类产品也有足够的设计空间。飞跃作为国民老品牌，可为校园提供灵活的订单预定方案。同时，飞跃鞋通过多年的市场打磨，质量和版型受到大众的认可，且也积累了不错的口碑，又是上海本土品牌，有很强的市场认可度。

（三）产品设计

设计选择了飞跃最经典和畅销的鞋款，并在 DF-501 鞋型的基础上，结合上海交通大学的校园文化进行创意设计。运动鞋整体以"活力蓝"和"交大红"两种上海交通大学官方色彩作为主要配色，以"青春"和"热情"作为设计指导原则，将上海交通大学 SJTU 英文字母变形成流线型的图案印刷在鞋的侧面，彰显上海交通大学风采。

在鞋身设计上,一侧使用了飞跃经典的双箭头标志,这一标志的经典性使得我们不需要做任何元素的添加修改。另一侧则以 SJTU 的 logo 和校训标签作为设计元素。"交大红"的 SJTU logo 有类似飞跃双箭头的线条感、动态和速度感,蓝色的饮水思源校训小标在丰富了鞋身的上海交通大学元素的同时还优化了鞋面的视觉效果,让鞋身的点、线、面构成更加协调。为了分别强调飞跃与上海交通大学两大元素,在鞋面设计上做了一点不对称的设计:左鞋 SJTU 的 logo 在外,右鞋飞跃的 logo 在外(图 1-10 和图 1-11)。

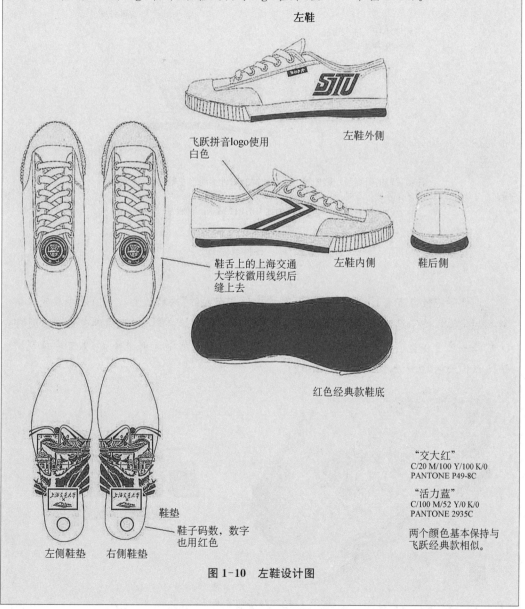

图 1-10　左鞋设计图

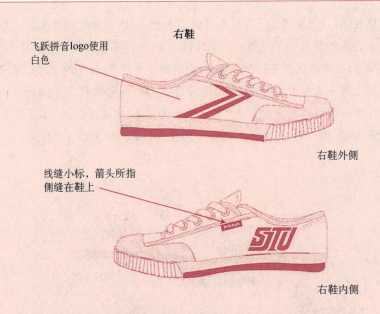

图 1-11　右鞋设计图

设计师把最丰富有趣的细节藏在了鞋的内里:"交大红"的鞋垫上。我们用经典复古的版画的风格描绘了思源湖、庙门、凯旋门、思源门等一系列知名地标,让你时时刻刻走过交大的每一景。在鞋垫处使用刺绣工艺表现校徽,在侧面增加小标刺绣校徽,细节中体现交大人所传承的"饮水思源"精神(图 1-12)。

图 1-12　鞋垫细节设计

在鞋舌上,设计师希望缝制具有精致质感的校徽标识,在鞋子最正面的位置凸显最重要的信息。圆的形状与带弧线的鞋舌更加适应,且具有更强的视觉冲击力(图1-13)。

图1-13　鞋舌细节设计

除了经典的白色鞋带外,设计师还会附赠更能展现上海交通大学精神的红鞋带。让老师同学们在搭配上有更多的选择(图1-14)。

图1-14　红鞋带设计正面效果

四、成果展示

(一) 产品效果

产品效果图、实拍与模特演示如图1-15、图1-16和图1-17所示。

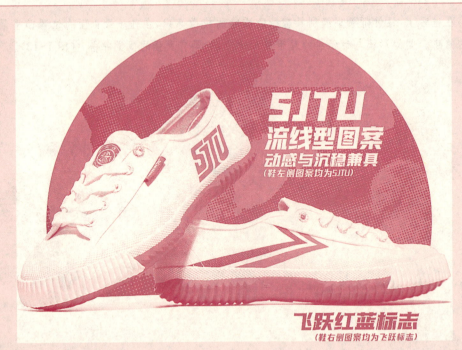

图 1-15 产品效果图

图 1-16 产品实拍

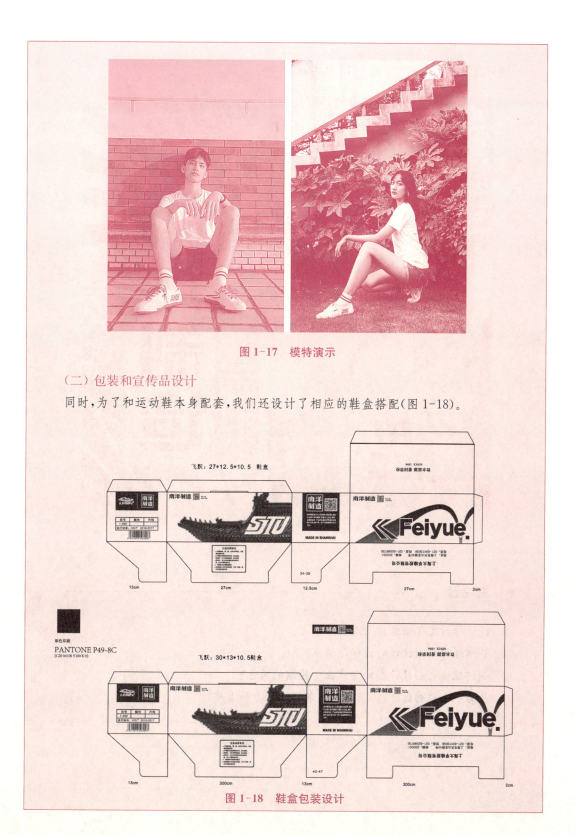

图 1-17 模特演示

(二)包装和宣传品设计

同时,为了和运动鞋本身配套,我们还设计了相应的鞋盒搭配(图 1-18)。

图 1-18 鞋盒包装设计

销售海报与吊牌设计如图1-19所示。

图1-19　产品销售海报与吊牌设计

  思考题

1. 谈谈你对文化创意产业发展的思考。
2. 如何理解文创设计的内涵与特点？
3. 如何理解文创设计在文创产业中扮演的角色？
4. 作为一个文创设计师，应该具备怎样的能力和素质？

第二章

文创设计的基本特征

学习目标

学习完本章,你应该能够:
(1) 了解文化创意设计的基本特征;
(2) 了解文化创意设计的各项特征的相关概念;
(3) 了解文化创意设计及其特征之间的关系。

基本概念

文化　创新　审美　功能　科技

文创设计作为新兴的设计类别，因其突出的文化体验价值而有别于其他设计门类，满足了消费者在物质层面和精神层面的综合需求。因此，论及文创设计的特征，其在具备普通设计品类的一般性特征之外，还应具备一些基于自身特色且有别于其他设计门类的特征，如文创设计显著的文化性与创新性特征，以及行业特色明显的审美性、功能性、科技性特征等。本章将从以上角度对文创设计的基本特征加以介绍，通过对本章的学习，读者可以加深对文创设计内涵及特征的理解和把握，为学习如何开展文创设计实践打下基础。

第一节 | 文创设计的文化性特征

文创设计具有很强的人文属性。文创设计通过运用创意思维与设计手段对文化素材进行创意性转化，为其赋予全新的思想、形式、情感与体验，同时也在很大程度上提高了设计的文化附加值，从而带来可观的经济与社会效益。

一、文化的概念及其解读

文化是一个为人们所熟悉且包含广泛的概念，但是要给它下一个严格而准确的定义却是一件非常困难的事情。哲学家、历史学家、人类学家、社会学家、语言学家等都曾试图从各自的学科角度对文化这一概念进行界定。然而，迄今为止学界还没有获得一个公认的对文化的定义。文化一词古已有之，最早见于战国末年出现的《周易·贲卦》："……刚柔交错，天文也；文明以止，人文也。观乎天文，以察时变；观乎人文，以化成天下。"后西汉刘向将"文"与"化"二字联为一词，在《说苑·指武》中写道："圣人之治天下也，先文德而后武力。凡武之兴，为不服也。文化不改，然后加诛。"因此，在汉语系统中，文化的本义就是"以文教化"，它表示对人的性情的陶冶、品德的教养，本属精神领域的范畴。

拉丁语系中文化（cultura）一词则源于古罗马哲学家西塞罗（Cicero），他在《图斯库路姆论辩集》（*Tusculanae disputationes*）中首次使用该词，意指灵魂的耕耘，使用农业中的"耕作"来比喻哲学上所谓"灵魂的发展与完善"。英文中文化（culture）一词源自拉丁文中的"colo""cultum""cultus"等词，同样有"栽培、驯养、耕作"等含义。因此，英语里面"culture"的原始含义就是指通过人工劳作，对自然界的野生动植物加以驯化和培养，使之成为符合人类需要的品种。后来，随着文化一词在实际中的不断使用，它的含义亦不断扩展，其所蕴涵的客观对象，从原来的人对自然本身的照管、驯化，逐渐引申为人对自身本能状态的教化、培养和修炼，以及对人与人之间关系的培养和照料活动。17世纪德国最杰出的法学家和史学家塞缪尔·普芬道夫（Samuel Pufendorf）将这个含义转化为现代所用的文化一词，他已经不认为哲学是教化人民的唯一途径了，并认识到文化也在"使人类摆脱野蛮，以至于成为完全的人"的过程中扮演重要的角色。

由于时间的推移和地域上的差异,文化逐渐成为一个内涵丰富、外延宽广的多维概念,成为众多学科探究和阐发的对象。梁启超对文化的定义是:"文化者,人类心所能开释出来之有价值的共业也。"梁漱溟则认为文化归根结底也就是"人的生活样式"。无独有偶,肖前在其编著的《马克思主义哲学原理》一书中,曾给出了一个体现马克思主义中国化风格的简要表述:"文化即人化。"西方学者中,英国文化人类学的奠基人爱德华·泰勒(Edward Tylor)于1871年在他的著作《原始文化》(*Primitive Culture*)一书中较早提出了文化一词的定义,他开创性的指出:"所谓的文化和文明,就其广泛的民族学意义来讲,乃是包括知识、信仰、艺术、道德、法律、习俗以及任何人作为一个社会成员而获得的能力和习惯在内的复杂综合体。"这个定义中,文化不再仅仅指农业生产的内容,而是被描述成一个集合体,其中包含了人类精神财富。这是世界公认的第一个关于文化的科学性定义,在同期的学术界具有重要而深远的影响,同时也对后来许多从事文化研究的学者具有重要的启示作用。

随着学界的文化研究逐渐兴起与升温,其后的很多学者也都试图从不同的学科和角度对文化给出自己的定义。例如,美国人类文化史学家菲利普·巴格比(Philip Bagby)将文化定义为"社会成员的内在和外在的行为规则",但强调其中不包括来自遗传性的那些规则。德国哲学家和历史家海因里希·李凯尔特(Heinrich Rickert)则更强调文化的"人造"属性,明确指出:文化是一个用来区别于自然的概念,"自然产物是自然而然地从土地里生长出来的东西,文化产物是人们播种之后从土地里生长出来的"。英国社会人类学家勃洛尼斯拉夫·马林诺夫斯基(Bronislaw Malinowski)对文化给出的定义则更侧重其产生的目的性:文化是指那一群传统的器物、货品、技术、思想、习惯及价值,这概念包容着及调节着一切社会科学,其中包含物质设备、精神文化、语言和社会组织四个构成要素。美国文化人类学家克莱德·克鲁克洪(Clyde Kluckhohn)梳理了1871—1951年西方关于文化的164种定义,这些定义来自人类学、社会学、心理学、哲学等诸多学科的世界著名学者。之后,他提出一个较为综合的文化定义:"文化包含了人类历史上,在整个人类环境中,由人所创造的各个方面(无形的与有形的),以及由此形成的人类群体独特的生活方式和整套的生存式样。"[1]

综上可以看出,不同国家、时代和专业背景的学者对文化的释义都会有所侧重与不同。随着全球化的发展,21世纪的学术交流更加频繁,学科之间相互交融,文化这个词也越来越经常地出现在不同的学科中。同时,文化的内涵和外延也在不断扩展和延伸,被赋予了更广泛的意义。2001年,联合国教育、科学及文化组织通过了《世界文化多样性宣言》(Universal Declaration on Cultural Diversity),该宣言中对文化的定义是:"某个社会或某个社会群体特有的精神与物质,智力与情感方面的不同特点之总和;除了文学和艺术外,文化还包括生活方式、共处的方式、价值观体系,传统和信仰。"对于文化的不同解释和观点相互补充、相互交融,也有助于人们更全面、深入地了解文化的内涵。尽管对文化一词有许多不同的定义,且它还在随着时代不断发展,我们却可以看出中西辞源有着相似的内涵,即文化就是按照"人"的方式和标

---

[1] Kroeber A L, Kluckhohn C. Culture: A critical review of concepts and definitions[C]. Cambridge, MA: The Peabody Museum, 1952.

准,去改变环境和人自己,使任何事物都带上人文的性质,反过来再利用这些文化成果来培养人、装备人、完善人,使人的发展更加全面和自由。

二、文化是文创设计的基础

文创设计一大特点是文化赋值。文创设计的创作重在实现从文化素材到创意设计的转化,关键之处在于文化精神的创新表达。分析文创设计受众的消费行为后不难发现,他们在消费文创设计的时候,很大程度上并不仅是为了功能性与实用性,而更多是为了购买一份文化体验或一种生活方式,其中包含着一种由文化带来的情感溢价。在思考文创设计的本质问题时,不能离开其赖以发生、发展的社会文化背景和历史文化脉络。文化是文创设计得以存在的外部环境,是设计内容的直接来源,也是文创设计能够发挥作用的广阔舞台。

不同的文化在客观上影响并支持着设计内容的选择及其呈现的方式。文化创意设计中涉及的文化大致可分为流行文化与传统文化两种,二者都是文创设计的创作基础和创意来源。流行文化是指社会上大多数成员参与,并以物质或非物质的形态表现出这个时代人们的心理状况与价值取向的社会文化,它通常借助这个时代先进的媒介工具传播与消亡,并对社会产生一定的影响。流行文化往往具有时效性,基于流行文化的文创设计也容易随着流行文化一同消长,并兼具流行文化的优势与劣势。一方面,它们具有传播效力强、进入市场快和爆款率高的特点(图2-1);另一方面,它们也存在生存期短、稳定性差,会随着流行文化的衰落而迅速被市场淘汰的问题。因此,开发基于流行文化的文创设计要注重对文化传播和发展阶段的把握,要明确文化发展的高潮时期,把握好时间节点。

图 2-1 "冰墩墩"

注:北京冬奥会吉祥物"冰墩墩"衍生产品销售火爆,一度出现"一墩难求"的盛况。

传统文化蕴含着大量的经典历史文化素材,因而在设计过程中需要着重对传统文化进行学习和研究,注重对文化内涵的深度理解、对文化风貌的准确把握,以及对核心要素的清晰认识,以避免设计创新流于表面。当下很多文创设计存在着满足于简单的传统元素的堆砌,以及流于肤浅和形式化的问题。这样的文创设计不仅难以得到市场的认同,也会产生不良的文化传播效果,让经典文化蒙尘,设计师对此负有责任,应在设计实践中极力避免。日本知名平面设计师永井一正(Nagai Kazumasa)在考察中国艺术设计时,就曾表达过对这种状况的担忧。他建议中国设计师"需要进一步地理解和消化中国的传统艺术,因为其中所蕴含的精髓都深植于中国传统文化之中,需要刨根问底地去研究,然后注入一种新的平面设计的艺术养分才能使之再生"。[1]只有这样,才能使深具意义和价值的传统文化与艺术"作为一种新的视觉语言"在平面设计中重获生机。同样,在今天的文创设计中,对传统文化的深度挖掘也是为设计赢得核心竞争力的关键,只有这样才能在同质化严重的竞品中脱颖而出,同时也避免了创意被市场轻易复制的情况出现(图2-2)。

图2-2 叫好又叫座的故宫系列文创产品设计

文化是一个动态发展的概念,既具有时代性特征,也具有地域性和民族性特征。因此,设计师在挖掘和利用文化素材进行设计创作的时候,还需要充分考虑到文化素材的地域性和民族性特征。地域文化是以地域环境为基础,以历史为主线,当地人民在与环境互动过程中发挥作用,取得的人文精神成果的总和。与此类似,民族文化则以某一个民族为主体,指该民族在其起源与发展的过程中创造出的一切人文精神成果的总和。地域文化与民族文化常常具有伴生关系,因而经常被一同论及。它们蕴含着某一地区或某一民族的社会生活、文化艺术、生产方式、政治经济、宗教信仰以及道德风俗等文化信息,反映着该地区或该民族人民在长期生存发展中形成的思想精神风貌。

---

[1] 马方艳. 探析"禅"对中国书画艺术的影响及其现代意义[J]. 美与时代(中),2017(9):2.

通常来说,同一地区或民族的文化在以上方面都具有高度的相似性,不同地区或民族在文化特性和好恶上则常常是不同的,甚至是差异巨大的。比如,黑猫在西方文化中通常被认为是女巫的伙伴,是会招来厄运的动物,而遭到嫌弃;在中日等东亚国家,黑猫则普遍被视为辟邪灵物,能够赶走邪灵,令家宅安宁。因此,文创设计师在设计实践中,应抓住地域文化与民族文化的精神内核,找到其共性。在提取文化素材时,应对相关的文艺作品、民俗故事、纹饰图样、器物工具等进行发掘和梳理,在尊重当地和民族习惯的前提下进行再设计,创作出符合地域或民族风格,同时又能满足流行文化和市场需求的文创设计,这样也可以更好地继承、传播和创新民族文化(图2-3)。总之,文创设计师需要认识到,文化是文创设计的创作基础与灵感之源,文化的发展和创新也是文创设计重要的内在发展动力。探索和创新是人类与生俱来的能力和内在诉求,会不断促使人类创造新的文明成果,而这也为设计创新提供了新鲜的素材和不竭的动力。

图 2-3　旺仔牛奶的 56 个民族形象包装设计

三、文创设计的文化价值表达

文创设计是承载文化和兑现价值的重要手段,其所表达的信息体现着人类文化的复合性特点。那些蕴含在设计作品之中的文化,包含来自人文艺术领域的文艺风尚、审美意趣、文化内容与价值观念,来自科技领域的丰富知识、经验与技术,以及社会生活中的生活方式、道德标准、政治经济生活情况等信息。通过设计手段,对这些信息进行有效的表达,产生相应的文化、经济与社会价值,是文创设计的重要使命。

文创设计与文化之间存在着一种相互促进、交融与影响的紧密关系。文创设计本身就是一种借助设计手段对文化进行诠释的活动,设计通过物的形式反映人类社会的文化继承与发展。例如,设计语言表现出来的造型、色彩、肌理的不同组合奠定了设计风格的基本要素,而回顾设计历史，人们又可以通过这些设计的不同风格对来自不同地域和不同历史时期的文化特征进行对比(图2-4)。

图2-4　一组不同年代的平面设计对比

文创设计在诠释文化的同时，也是一种塑造文化的重要力量。文化需要在人与外部环境相互作用的过程中发生与发展，人们的认识、价值观念、审美意趣、心理与行为结构等既是文化的产物，也是文化的构成部分。设计物在与消费者的互动过程中，则将其承载的文化信息传递给他们，影响着消费者的生活方式和文化品位，进而又对文化产生影响。设计物通过自身的文化特征，具有独特的社会服务和交流功能，并逐步形成特有的社会文化功能。奥运火炬就是经典的一例。从雅典时代城邦之间休战的信号，到如今现代奥运会的精神图腾，经过历届奥运会，不同国家和主办方对奥运火炬给出了不同的设计，但都一以贯之地传达着维护和平与团结奋进的精神主旨，也是光明、勇敢、团结和友谊的象征(图2-5)。

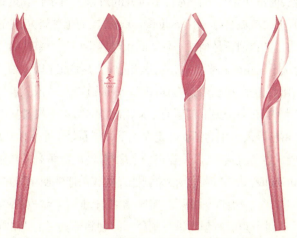

图2-5　北京冬奥会火炬设计

聚焦于设计行业本身,当设计师基于文化素材进行创作的时候,或主动或被动地都会受到所涉文化的浸染,再通过设计的市场投放,得到来自消费者和社会的反馈。这种设计师、设计行业与社会环境的互动过程也催生了"设计文化"。设计文化作为一种行业文化,其影响力绝不仅仅局限于行业本身,特别是经过历次工业革命以后,已经迅速发展为融合艺术、科技与创新的典范,广泛而深刻地影响着现当代文化的发展,并彻底改变了人类的生活方式。

第二节 文创设计的创新性特征

创新(innovation)是文创产业的核心动力。美国著名经济学家保罗·罗默(Paul Romer)1985年就指出:"通过创新会衍生出无穷的新产品、新市场和财富创造的新机会,所以创新才是推动一个国家经济成长的原动力。"同样,创新也是文创设计行业发展根本性的驱动力量,小到一款文创产品获得消费者的喜爱,中到一个文创企业赢得市场上的成功,大到已经上升为国家战略层面的整个文创设计行业的发展,都有赖于创新带来的竞争力。

一、创新的概念及其解读

创新并不是一个新现象,作为人类与生俱来的禀赋,可以说它与人类本身的历史一样古老。"创新",意指"创立或创造新的",或是"首先",最早见于《南史·后妃上·宋世祖殷淑仪》:"据《春秋》,仲子非鲁惠公元嫡,尚得考别宫。今贵妃盖天秩之崇班,理应创新。"英语中的"innovation"一词源自拉丁语"innovare",包含"更新""创造新东西"和"改变"等意思。

创新作为一种推动社会进步的重要力量,历来为人们所渴求,然而创新的本质、产生机制,以及如何获得这种能力,却一直不为人所知。直到近代,随着科学的发展,人们不再把创新视为一种具有神秘色彩的现象,而是开始将它作为科学研究的对象。对于创新的研究,最早始于1912年美国哈佛大学的约瑟夫·熊彼特(Joseph Schumpeter)教授的相关研究,他在其《经济发展概论》中给出了对创新一词的定义:"创新是指把一种新的生产要素和生产条件的'新结合'引入生产体系。"其后,不断有学者从不同角度和学科对创新展开研究,并给出相应的定义,试图对创新进行阐释和界定。2009年,阿纳希塔·巴雷赫(Anahita Bareghen)等人对各个学科中针对创新的研究展开了调查,总结出了大约60多个关于创新的定义,限于篇幅,本书仅对其中有代表性的数个定义加以展示。例如,巴雷赫等人给出的创新的定义如下:"创新是一个多阶段的过程,组织将想法转化为新的/改进的产品、服务或流程,以便在市场上取得成功、竞争和差异化。"美国设计学者艾伦·阿特舒勒(Alan Altshuler)认为"创新包括原创性发明和创造性使用",并将创新定义为"新想法、产品、服务和流程的产生、接纳和实现"。美国著名管理学学者安德鲁·范德文(Andrew Van de Ven)认为可以从两个角度对创新进行阐释,即"创新作为过程"和"创新作为结果"。首先,将创新定义为一个过程时,创新所需的一系列活动可以分为不同的阶段。在创新过程中,通常至少有两个阶段：创意产生阶段和实施阶段。创意产生阶段包括从初步想法到决定实施想法的所有步骤，这一阶段通常由对新市场和服务机会的感知开始。实施阶段被视为一个实验过程或者创作过程，反复尝试后取得创新结果。一些学者也将商业化或扩散阶段添加到创新过程中，通常指的是预期会获得商业收益的产品或服务。其次，当创新作为结果时，其特征包括新颖、有用、正在使用、不平凡等。这些定义有助于确定什么构成了创新，同时也为创新的进一步分类提供依据。罗格斯大学商学院的法里博·达曼普尔（Fariborz Damanpour）教授提出了三个成熟的创新类别：技术与管理，产品与流程，激进与渐进。每个类别都将创新视为结果。通常来讲，创新作为结果可以被认为是新的想法、组合、解决方案或过程、产品和程序。

创新与创造力（creativity）是一对非常接近的概念，因而常常引起混淆。为了更准确地理解创新的概念，我们对二者进行一番辨析。一般来说，创新与创造力的区别在于它强调在经济环境中实施创意。创造力可以被定义为"在任何领域产生新颖的和有价值的想法的一种能力"。创造力是一种人类独有的综合能力，是产生新想法、作出新发现和创造新事物的能力。它是成功完成某些创造性活动所必需的心理素质，由知识、智力、能力和优秀人格品质等复杂的因素综合优化组成。创新则是指利用现有的生产或知识资源，在特定的环境中，通过创造新事物、方法、元素、路径、环境来获得某种有益效果的行为。总体来说，创造力和创新之间是有区别的，但这两个过程也是相互关联的。创造是创新的基础，创新是创造的转化。从活动特点看，创造侧重"首造"，侧重一个个具体的新成果；创新更侧重"再造"，侧重对创造成果新颖的转化应用。在实际设计时，若将创新视作结果，则设计师的关注点应为设计产出，包括产品创新、流程创新、营销创新、商业模式创新、供应链创新和组织创新；若将创新视作一个过程，则需要关注其创新的组织方式，以便能够取得成果，这包括一个整体创新过程和一个新产品开发过程。

二、创新与文创设计的关系

创新是文创设计的本质特征和核心价值所在。面对文创市场日趋激烈的竞争环境与消费者不断提高的消费需求，创新无疑是一个文创设计乃至一个文创企业取得竞争优势的关键。可以说，创新既是文创设计的目的，也是提升设计质量的重要助力，是影响文创设计成功与否的核心要素。

具体来说：首先，创新性是文创设计最具吸引力的特质，足够具有创意的设计才能吸引消费者购买和消费；其次，文创产品中蕴含的文化元素需要由充满创意的设计手段进行有效的转化，这样才能将文化的魅力充分地展示给消费者；再次，创新是文创设计能够取得突破的思想基础，只有这样才能不再墨守成规，不在市场中随波逐流，而是积极引入创新因素（比如，引入新技术、开发新品类、尝试新风格等），最终实现设计突破；最后，创意加持的文创设计可以为创意行业内外其他企业的创新活动提供灵感和机遇，产生互相激发的效果，即创新可为文创设计和文创产业提供新产品和服务（产品创新），提高文创产业的产出效率，提供新的管理和商业实践（流程创新），同时这些创意投入也会支持其他企业的创新。

反过来，我们也需要认识到创意设计在文创行业，乃至当今社会和商业环境中扮演的角色。倡导创新已经成为全社会的普遍共识,文创行业正是在这种氛围中兴起,也以此为行业核心价值。如前文所述,创新要求能够将好的创意付诸应用,以新颖恰当的形式加以展现,这就是文创设计发挥其功能的地方。既然大家都对创新孜孜以求,那么设计作为创意概念最有效的表达形式和载体,其价值也必然会愈发显现。例如,2014年《国务院关于推进文化创意和设计服务与相关产业融合发展的若干意见》发布,从国家战略层面将创意设计与文创产业整合到了一起,明确了文创设计是实现文创产业创新的重要手段,必将发挥越发重要的作用。对此,设计师需要有充分的认识。

三、文创设计创新的典型模式

(一)科技进步驱动的文创设计创新

科技的不断发展会直接作用于人们的生产和生活,催生各种新事物、新需求和新的应用场景,这些都给文创设计带来了无限创新机会。近年来,一大批新技术(数字技术、先进制造、新材料、生物技术、机器人技术、拓展现实技术等)相继涌现,并对文创设计产生了重大影响。其中又以数字技术对文创产业和文创设计的影响最具代表性和前瞻性。首先,这种影响覆盖了文创设计的整个流程,包括需求分析、设计调研、素材分析、概念发想、设计决策、流程管理、设计表达、生产投放、售后服务等几乎所有环节;其次,它也在很大程度上更新和丰富了设计师的设计思维、方法体系和设计工具包;最后,新技术对设计流程、设计思维和方法论体系的影响,必然会反映到设计结果上,于是便造就了一系列优秀的文创设计作品。例如,Circular Species 是一款结合了生物材料和数字技术的玩具,它针对8—11岁的儿童开发,包含三个组件:一个数字应用程序、一个实体的猛犸象玩具和一个种子包。作为一种可玩性极强且互动良好的玩具,小朋友在玩耍时不仅可以从中获得乐趣,还可以学习到碳循环知识(图2-6)。

图 2-6 Circular Species 玩具

2016—2017年，国家提出"数字创意产业"和"数字文化产业"的概念，将数字技术与文创产业进一步整合，文创产业正式走入数字时代。新冠疫情期间，很多行业按下了暂停键，但数字文化消费却突破物理空间的阻碍，展现出强大的生命力，诞育了许多新业态。例如，腾讯旗下的游戏"QQ炫舞"与杨丽萍合作，获得《雀之灵》舞蹈动作授权，结合流行舞蹈与音乐正式推出"瞳雀"主题的音舞内容，开启了传统民族舞蹈的数字消费模式（图2-7）。

图 2-7 瞳雀，2020

（二）文化挖掘驱动的文创设计创新

文创产品一大特点是文化赋值。文创产品研发设计重在实现文化资源的转化，关键之处在于文化精神的创新表达。通过设计代表相应价值观的适当标志或特征，可以将文化价值观融入产品。所以，文化为设计师提供了丰富多样的材料，可以激发新的设计理念。文创设计师需要特别注意对传统文化、流行文化、地域文化和民族文化的利用和把握。

文化学者侯印国认为，当下很多年轻人愿意为传统文化贡献购买力，在文创产品购买上，他们更注重产品的文化内涵、创意设计和实用性。迄今国内已有20多家知名博物馆开设官方淘宝店，累计吸引超千万的消费者。点翠胶带、故宫猫盲盒、千里江山图手表、奉旨旅行牌、朝珠耳机等兼具实用性和时尚性的新文创产品广受年轻人欢迎。优秀的传统文化经过创造性转化，以更亲切、更生活化的姿态走近普通人，文化价值通过市场价值实现了传播放大。

流行文化是指一个时期内在社会上流传很广、盛行一时的文化现象。流行文化本身具有很强的传播性、新奇性和时效性，很符合文创设计的特点。流行文化往往对年轻群体有很强的影响力，并与文化消费市场高度相关，这就要求设计师在寻求创新时必须将其考虑在内。流行在个体上反映出求新、求异、求个性的心理诉求，表现为对新奇的、年轻态的或是个性化的文化内容的追捧，但实则是大量社会成员对某一事物的集体崇尚和追求，所以也具有明显的从众性和群体性。流行会具有强烈的传播性和感染力,将群体的选择施加在个人的观念和行为上,使个人向多数人的行为方向靠拢,从而导致一致且趋同的消费倾向,看似个性的心理导致从众化的消费行为。设计师需要对流行文化受众的这种微妙的心理有准确的认识,并及早发现流行的趋势,对创新元素进行捕捉,在短暂的流行时间内推出合乎市场需求的设计。

另外,文创设计师还需要重视地域文化和民族文化驱动的创新。这一点在文旅类文创设计领域体现得尤为明显。地域文化和民族文化通常是独具特色的,这也是文创设计中最吸引人的部分。一方面,这种特色对本地和本民族消费者来说是喜闻乐见甚至引以为傲的文化内容;另一方面,它对于外地和其他民族消费者而言又是极具差异化的,而差异化本身就意味着创新性。这里就产生了极好的创新机会,但同时也存在棘手的问题,就是如何把握创新的分寸,兼顾正宗性和包容性,在原汁原味地保留本地或本民族的文化基因的同时,赋予让外地和其他民族消费者乐于接受的形式(图2-8)。

图2-8　广西民族博物馆开发的文创产品

(三)品牌驱动的文创设计创新

品牌对企业的发展至关重要,企业需要通过这种文化视觉语言来展示公司理念从而创造价值。一方面,品牌是文化的载体;另一方面,品牌的塑造也需要从文化中汲取元素和灵感。文化创意可以与品牌元素组合在一起,开启品牌构建与文化创意的互动,给文创设计创新带来机会。

在品牌化的时代,品牌都面临着年轻化的挑战,如何走进年轻消费群体的心中,满足他们的需求甚至高于他们的期望才是形成心理占位的有效武器。IP是用户品牌认同的载体,因此,打造一个拥有带货能力的 IP 形象是品牌发展的必然趋势。

　　IP 能够让品牌与消费者产生品牌文化和情感上的共鸣，最终实现价值认同，甚至一个超级 IP 的出现能够创造全新的商业模式，给企业品牌带来机遇。基于 IP 的设计创新需要明确 IP 的文化内核，紧跟时代潮流进行产品内容和形式创新，从而与消费者产生情感共振。M&M 公仔可以说是全球最著名的、由企业创造出的 IP 形象，这一经典形象也给以 M&M 巧克力豆为代表的一系列产品设计带来了创新的素材和机会，使得产品与 IP 形象相得益彰、风靡世界，带来可观的品牌和经济效益（图 2-9）。

图 2-9　M&M 的 IP 卡通形象与巧克力豆产品

　　另外，联名也是借由品牌实现文创设计创新的有效途径。所谓联名，就是品牌通过和其他品牌、IP、名人合作催生新产品，产生 1+1＞2 的双赢效应。近年来，品牌联名推出设计已成功助力不少品牌找到营销的流量密码。越来越多的联名款充斥着人们的生活，日用品、文具、礼品、服装、食品、玩具、家电，包罗万有，俨然形成了一种声势浩大的"联名文化"（图 2-10）。

　　联名不仅是一种有效的营销策略，也是设计师可以依靠的创新手段。首先，品牌蕴含文化，这种联名可以为设计师提供更丰富的品牌文化素材；其次，联名合作往往强强联合，可以有效基于不同品牌的优势内容进行创作；再次，联名使得设计师可以利用来自两个甚至多个品牌的设计元素，通过组合式创意的方法激发出单个品牌所不具备的新创意；最后，一个单一品牌，如果具有稳定且独特的品牌形象，那么它对于设计师来说既是高质量的素材，同样也是一种强力的限制，而通过联名，设计师则获得了一定的自由度，借由不同品牌的不同品牌文化和风格，可创作出新的联名作品。

图 2-10 一组星巴克×Diesel 联名的"牛仔"潮流文创产品

第三节 文创设计的审美性特征

一、审美的概念及其解读

审美必然包含"审"和"美"两个部分。"审"在其中实施主语的动作,它表示某个主体参与、介入并且审度的行为;同时,"美"也不可或缺,作为客体或对象承担"审"的动作。那么,美的本质到底是什么呢?美是否具有统一的标准?我们又该如何审美?这些都是历代哲学家和艺术家一直在尝试追寻的问题,是探索人类审美活动的终极对象。美学(aesthetic),或称艺术哲学(philosophy of art),是以对美的本质及其意义的研究为主题的学科,是哲学的一个重要分支学科。欧洲的美学概念的词语来源于希腊语"αισθητικός",最初的意义是"对感观的感受",是一个用于修饰感觉、知觉的形容词。1735 年,德国哲学家亚历山大·戈特利布·鲍姆加登(Alexander Gottlieb Baumgarten)在他的论文《关于诗的哲学沉思录》(Tacit Philosophical Thought about Poetry)中首次使用了美学这一概念,强调对(诗歌)艺术的体会即感知美的一种方式。其后,鲍姆加登的《美学》(Aesthetica)一书的出版标志着美学作为一门独立学科的产生。发展至今,美学的研究已经不仅限于哲学或文艺理论领域内的研究和探索,也吸收了心理学、语言学、社会学、历史学、神经科学、人类学、神话学等诸多学科的研究成果,从每个时期的艺术创作实践到哲学思想演进,甚至相关的社会环境、文化思潮和科技进步,都必须考虑在内。

回顾人类对美的本质探索,早在古希腊时代,柏拉图在其名篇《大希庇阿斯篇》(Hippias Maior)中就以对话体方式第一次探讨了美的本质的问题。他将美本身与美的事物做了区分,认为美本身是令无数的具体的美的事物之所以为美的根源,它们从而具有了美的共通的一种属性。这开启了对美的本质的探讨,但柏拉图本人并没有能够给出终极的答案,而是发出了如下经典的论述:"因为每个人的审美观都不尽相同,而美丽并不是孤芳自赏,而是要得到大部分人的认同,所以'美是难的'。"关于美的理论不断涌现,例如"美在于比例"(proportion),进而生发出"美在于和谐"(harmony)和"美在于多元的统一"(uniformity in variety),又如"美在于适当"(fitness),以及"美在于效用"(utility)等。这些关于美的理论,或者说寻求美的本质的研究都在很大程度上拓展或者加深了一代代人对于美的认识,但随着时代的发展和艺术实践的推陈出新,这些理论又总会暴露出不足与谬误。从 18 世纪开始,这些寻求美的统一本质的研究就遭到了广泛的批判。根据杰罗姆·斯托尔尼茨(Jerome Stolnitz)的总结,人们至少从经验(empirical)、现象学(phenomenological)和逻辑(logical)三个方面对关于美的本质的研究提出有效的批评,特别是从逻辑的角度。此后大量的美学家都怀疑一种普遍有效的关于美的本质的表述是否真的存在。例如,类似柏拉图当年的困境,当代学者塞莱斯廷·比特(Celestine Bittle)也曾说过:"美是一项最难以捉摸的特质,它是那样的微妙,以致看起来好像是在快要抓住它的那一刹那间又让它逃跑了。"

爱美之心人皆有之。人世间的芸芸众生总是无法停止追随美的脚步,虽然对于什么是美这一问题仍然无法盖棺定论,但是美总是呈现为审美对象与审美意识恰如其分地达到和谐统一这样一种关系。审美是一种体验活动,当我们从移情(transference)的角度来审视这样一种心理活动,可以发现审美活动往往开始于身体内部,即客观存在的审美对象反映在人的头脑中,而人随即调用感知、理解、想象、共情等因素形成综合,从而由内引发某种情感体验。审美主体的情感沉浸于审美对象渲染的氛围当中,置身于一种审美的情绪,形成相应的美感。这是一个主体情感外射转移到审美对象的结构中的过程,并且由此产生了享受。具体来说,审美具备以下三个特征。

(1) 审美具有直觉性。这是一种直接的感知,例如,当看到一个美的形态时,观者对审美对象不假思索地产生了整体的把握。这是大部分人都有过的经历,"在艺术鉴赏过程中,我们有时会体会到,当听一首音乐或看一幅画时,立即会感到它美还是不美,无须过多思考,这就是艺术直觉"。[1] 依靠直觉意味着在美的欣赏中无须额外借助抽象的思考,它不需要逻辑归纳或是步骤总结。

(2) 审美具有情感性。奥古斯特·罗丹(Auguste Rodin)认为"艺术就是情感,审美具有情感性"。当审美主体参与审美过程并产生知觉时,这种对审美客体主观态度的反映体现了审美的情感性。以目前艺术设计的发展现状为例,创作者总是需要与审美主体充分共情,将其视为知、情、意、欲的统一体,创作出精准激发消费者感情的作品,以体现出交流的趋势。往往在这样将情感进一步具体化的情况下创作,才能达到效果、引发反思。

(3) 审美具有愉悦性。这是一种感性水平的愉快,意味着美的完形组织作用于感官,触发感受和知觉。这种愉快来自外部审美客体的结构适应了知觉机制,在和谐运转的过程中调动了全部的心理功能和各种精神力量,进而综合地将审美作为整体动力来发挥作用。与这种审美判断对应的直接情感效果是一种审美欲望。审美认识中产生的快乐既有联系或相似之处,又有区别。说它们之间有相似之处,是因为它们都是一种爱的感情。

二、文创设计美学

文创设计隶属于现代设计中新发轫的一宗,而现代设计作为一门综合性极强的学科,涉及社会、文化、经济、市场乃至政治等各个领域。这一鲜明的特点在现代设计的诞生之初就已经确立,并在此后的发展过程中越发明晰。现代设计有机地结合了科技、艺术和商业,属于典型的复合型应用学科,归根结底是现代工商业发展的产物,同时也受到科技发展、文化背景、市场需求、审美趋势等诸多因素影响。文创设计作为一个新兴的设计方向,也具有涉及领域广泛和学科交叉性强的学科特点。因此,文创设计乃至整个设计学科的审美标准总是随着诸多因素的变化而不断发生改变,始终处于一种动态当中。设计审美的这种广泛性和多元化特征也反过来作用于设计美学研究以及具体的设计实践,通过对广泛的设计实践和审美现象的研究来探索设计领域内的审美规律、设计趋势、形式法则、审美心理等问题,设计领域审美问题的全部内容都可以被囊括在设计美学的研究对象和范畴当中。

文创设计和其他设计门类相比,更加关注的是如何对文化资源进行有效的利用和提升。一般来说,基于这种设计思维的指导,文创设计将具有更强的文化属性和较高的附加值。相较而言,文创设计尤其不受固定的设计形制局限,强调探寻文化这种非物质设计素材背后的特质和魅力,这也使得文创设计与设计美学之间能够产生更加独特且切实的关联,其具体表现包括以下三个方面。

(一) 文创设计的艺术美

文创设计因为侧重对文化资源的挖掘,其审美特征在技术与功能的基础上需要尤其关注对具有文化属性的艺术美进行提炼。艺术美是设计师以美的规律所进行的精神性创造,体现

---

[1] 刘永晓. 新形势下艺术设计的表现特征[J]. 参花(上),2018(1):1.

了人们对生活的追求、价值理念和审美理想。一方面,作品本体依托设计师所塑造的具体、鲜明、生动的艺术形象,充分发挥其美学意义和创造性的情感。通过特殊的形式,设计作品能够激发审美主体的内心情感,审美主体对不同作品的选择则包含着其对视觉表象形式的审美判断。另一方面,设计师也通过设计成果体现了自身的设计理念、艺术修养、文化素质、艺术爱好和审美情趣,充分发挥自身的艺术创造力以表达设计思想和情感,用艺术的方式诠释自身对美的理解。文创设计的艺术美在文化形塑的审美观照下,视觉元素的内在结构和外在形式有机结合,构成了特殊的形式美感,使其审美价值得以完美呈现。

艺术美又可以进一步细分为装饰、材料、形态结构、色彩等。

(1) 装饰之美是表现性、形式化的,它诉诸视觉,以美的形式符号刺激视觉,满足视觉,陶冶和发展人的造型想象。持续性、程式化、单纯化、夸张化、平面化、符号化是装饰之美在视觉美感中常常的呈现。例如,文创设计中大量装饰性符号的运用能够集中体现与某种文化共通的审美情感。这些承载了特定内涵及寓意的装饰性艺术符号,在被创造时就已与民众生活息息相关。装饰美的载体往往多种多样,并且具备象征性和传承性,是人民,文化,习俗和幸福美好生活理想的表现形式。

(2) 材料能够决定整件作品的质感,而作为一种对文化进行凝练的产品,文创设计常常需要和民间艺术产生紧密的互动,文创设计的材质之美常常能够通过民间艺术设计美学得到充分的体现,而其所重视的材质之美内涵之一即天然材质之美,主要表现为平常性和单纯性。天然材质的平常性,即"自然态",指材质最本真的状态下所呈现出的与环境关联的肌理质地;单纯性,即去除矫饰,不刻意追求额外的装点,通过材料自身就有的一种物质属性来作用于感官。材质之美是现代文创设计形式美感的来源之一。传统材料因其特有的物理特征和感性印象,能赋予产品巨大的文化附加值,被越来越多地运用在文创设计之中。

日本的小山村四万十市农产品文创包装由高知县的设计师梅原真先生在 2002 年提出:用刊载地方新闻的旧报纸做成购物袋来包装土特产,这样就能把许多当地的风土人情、地区特色随着客户以及这些旧报纸购物袋传播出去。该设计充满巧思,不仅传达了重视环境生态的理念,也把日本传统的"折纸"和"惜物"巧妙地结合在一起,引起了广泛的报道和关注。这些旧报纸购物袋成为每位旅客带回家的纪念品(图 2-11)。

(3) 就文创产品而言,其形态结构美的特征在某种程度上便是现代设计理论应用开发的物态化显现,是现代设计理论应用开发者(工程师、设计师以及生产加工者)的素养和工作实绩的直观标志。一般来说,文创产品形态结构美的特征包含形象的鲜明性、款式的新颖性、格调的趋时性,具体表现为多个层次的形式美法则,有变化统一、比例与尺度、对称与均衡、节奏与韵律。

首先,变化统一是文创设计与产品形态结构呈现的一种高级的形式,是一种和谐美。变化也指多样,是每个客观要素所具有的特殊性,而统一则是各要素之间的整体性联系。在变化统一的指导下,文创设计作品中的各个组成部分需要彼此差别、互相衬托,在对比下又要相互调和,产生协调一致的步调,从而达到和而不同的效果。

图 2-11　日本的小山村四万十市农产品包装

其次，比例与尺度是指文创产品各部分之间的尺寸关系，如各个局部之间、局部和整体之间、整体的横向和纵向之间，这些尺寸数量的对照都属于比例。适度的比例能够充分体现数学之美，理性的计算蕴藏着丰富的美学价值。如公元前 5 世纪古希腊哲学家、数学家毕达哥拉斯的黄金比例，通过 1.618∶1 或 1∶0.618 这一比值来指导设计的尺度，尤其容易引起美的感受。比例与尺度总能作为细枝末节渗透到生活当中，增加文创产品的魅力，这要求设计师能够处理组成产品某种形式因素自身运动变化的内在联系。

再次，对称与均衡是互为联系的两个方面，对称能够产生均衡感，而均衡又包括着对称的因素在内。对称常常指在布局上等量不等形的一种平衡，这在大自然的动植物当中也可以经常看见。均衡又可以分为对称均衡与不对称均衡，这也是巧妙处理产品中部分要素关系的重要手段，能够体现出形式美中的呼应与节奏。

最后，节奏与韵律中有两组重要的关系，分别是时间关系与力的关系，时间关系指的是一个运动的过程，而力的关系则强调强弱的变化。在具体的文创产品形态结构设计中，节奏与韵律则指的是立体和平面构成中高低、轻重、长短、明暗、虚实等的结合，做到均匀或有计划地间歇和停顿，从而其形态及色彩在一定位置上的反复出现形成和谐的节奏感（图 2-12 和图 2-13）。

(4) 色彩是人在感知物体时受到的最直接冲击。色彩美主要有三个基本特性：色相、明度、纯度。光的波长决定色相，振幅决定色调。文创产品中的色彩应当是协调与对比相辅相成的，设计师需要对色彩属性有着充分的理解，运用色彩冷暖、轻重、前后的组合，把握色彩语言，表达自己诉诸文创产品的情感。具体来说，色彩的冷暖受到颜色在色相环当中所处的冷暖极分布位置影响，如赤、橙、黄都属于暖色，而绿、青、蓝则属于冷色。冷暖不同带给人的心理感受也会产生差异，如太阳、火光常与暖色联系，而蓝天、海水、冰雪都是冷色的代表。色彩的轻重大

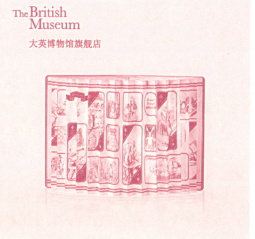

图 2-12　大英博物馆爱丽丝漫游奇境书本灯

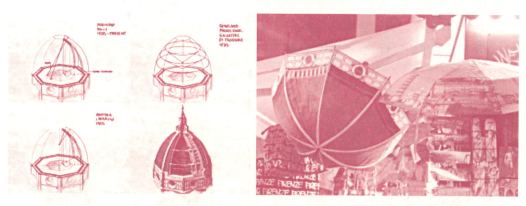

图 2-13　佛罗伦萨博物馆商店内售卖的穹顶造型雨伞

部分情况下由色彩的明度决定,明度高的色调常常比较轻柔,而明度低的色调较为沉重,色调的轻重一般通过黑白这两个没有倾向的颜色来进行调整。色彩的前后与色彩的纯度关联较大。纯度高又较暖且亮的颜色往往会往前跳,相反发灰的冷浊色具有后退远去的效果。通过前进色与后退色,设计师能够丰富文创产品的层次感和空间感以传达复杂多样的感受。同时,色彩非常容易受到主观因素影响,不同人有不同的色感,设计师应当利用自己的专业特长把握色彩的感情规律,创造出具有联想和情感意义的文创产品。

（二）文创产品的功能美

功能美指的是消费者在使用文创产品时,很好地融合统一了由人感官支配的主观感受与心理的合目的性、规律性。功能美来自功能主义的美学思想,突出强调的核心就是实用。"形式追随功能"是建筑师路易斯·沙利文(Louis Sullivan)在 19 世纪提出的一个口号,是工业革命和机器大生产背景下由人们的使用需求决定的产物,非常直观地体现了提倡简洁而适用于功能的美学观念。这意味着功能产生的价值等同于美的设计,美的范畴逐渐包含了功能价值的评判。在功能主义美学思想的指导下,文创产品造型不能够简单摆脱使用功能的目的,文创产品的形式也始终需要将使用的需求放在突出的地位。

但目前市面上甚至部分流行的文创产品有时候在某种程度上却忽视了设计本身的功能美,仅仅抓住了一些文化符号,简单地将其附加于某个载体,既没有探索文化背后所蕴含的深意,也没有在充分理解形式之美后结合功能载体输出创意,生硬地割裂了功能和形式,仅仅将文创设计扁平化为一种"纹样设计"。这些文创产品有可能因为其"颜值"在线而吸引部分消费者,甚至成为短时间内的爆款,但从长远的眼光来看却往往难以为继,无法保持消费者的黏性。

以日本激光镭射切割的立体纸雕便利贴为例。首先,它满足了作为文具应当具备的最基础的功能,提供了带有不干胶的便签,使用者通过简单撕拉就可以获得便捷的体验;其次,便利贴内部暗藏玄机,设计师利用便利贴层叠纸张的特点将内部纸张切割,在使用的过程中一一撕去便条,中间隐藏的纸雕就会慢慢浮现。同时因为纸雕制作切割纸张的原因,便笺纸也呈现出不同的形状,很好地满足不同的需求。相较于仅仅将 logo 印刷于便利贴表面的一些文具来说,这样的文创设计要高级得多。可以说这款文创产品将日本传统建筑形态的生成结合便利贴使用的过程,恰当地体现了一种功能美,同时满足了用户对美和功能的需求(图 2-14)。

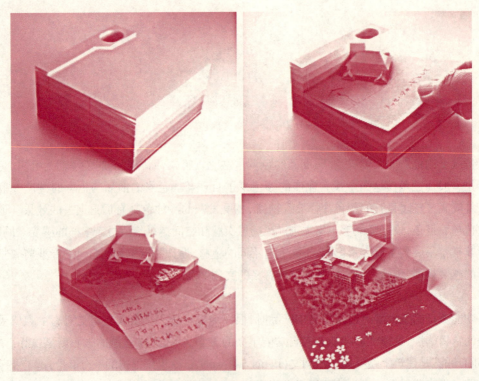

图 2-14　日本激光镭射切割的立体纸雕便利贴

（三）文创产品的技术美

技术美与功能美密不可分，技术美与功能美可以说是相伴而生的两种审美形态，但技术美是从审美价值的本源和构成形态上做出的界定，而功能美则是从其审美价值的表现和效用形态上做出的界定。20 世纪 50 年代后期，英国的建筑电讯学派（Archigram）提出了机器美学（machine aesthetic）的思想。德国现代设计师亨利·凡·德·威尔德（Henry van de Velde）也曾提出，"美一旦指挥了机器的铁臂，这些铁臂有力地飞舞就会创造美"。技术美的概念还包括材料和结构的美，工业革命的发展推动了新材料、新技术的大量运用，如通用电气公司设计的电器产品以及伦敦世博会的水晶宫。同时，技术的发展也导致产品结构的不断变化，如 20 世纪 50 年代美国工业设计中出现的流线型设计（streamline design），打破了原有机械生产带来的冰冷的硬边界，形成一种新的美学设计风格，至今仍然影响着设计的造型。现在信息技术时代，得益于现代科技的蓬勃发展，设计领域已构建了科技和艺术相结合的设计框架。现代设计思维所主导的形成、演变、制作等设计过程，与科技有着千丝万缕的联系。科技的发展在很大程度上拓宽了设计的可能性，增加了设计产物和呈现形式的丰富性。

文创设计是一种面向未来的文化生产和传播方式，作为一门新兴的学科必然与科技创新深度融合。目前，三维（3D）技术、物联网、人工智能、大数据，以及以虚拟现实（virtual reality, VR）和增强现实（augmented reality, AR）为代表的虚拟技术都将跨界助力文创设计的创新发展。例如，人工智能（Artificial Intelligence, AI）技术已经在文创产业中得到了广泛的应用，如内容生成、辅助创意、需求挖掘、情感感知计算、场景效果呈现等，在很多方面超越了传统的文化生产体系和范式，AI 技术的发展使文化创意产业向着智能化的方向逐步迈进。人机和谐的技术美成为文创设计美学发展的新趋势。

2021 年 7 月"遇见敦煌·光影艺术展全球首展"充分体现了文创设计的技术美，展览空间的展陈设计以三维光雕数字技术将中国传统文化与现代科技结合，在高 12 米、总面积超过 1 500 平方米的展示空间，用 48 台高清投影打造全沉浸式光影世界，再现了敦煌石窟文化的艺术魅力（图 2-15）。

三、文创设计的未来审美趋势

文创设计是典型的知识密集型产业，除了如上所述需要以文化资源为前提外，还要以创意为核心，因此，文创设计未来的审美趋势必然会与产业前沿相伴相生，始终与最新的思想潮流、先进的科学技术和主流的价值导向相结合。接下来，我们将主要以最近的热词为例（如元宇宙与 web3.0、文化自信与国潮兴起，以及可持续发展等），简要讨论一些文创设计未来的审美性特征的发展趋势。

文创设计的一个显著趋势便是与先进科技愈发紧密地结合。新技术为文创设计带来了新的创作机会、呈现方式和应用场景，甚至技术本身就成为流行的审美元素。以元宇宙与 web3.0 为例，当它们被提出时，一个新的互联网时代正在到来。未来的文创设计必然紧跟新时代脚步，将进一步涉及非物质范畴的数字文创产品与服务。可以预见的是，虚拟与现实之间的界限将越来

46　文化创意设计学

图 2-15　遇见敦煌·光影艺术展全球首展

越模糊,大量文创设计的形式本身会变成一种看得见却摸不着的东西。形式的非物质化和功能的超越正逐渐使设计脱离物质层面,而更接近感官和体验下的非物质层面。文创设计的审美性特征在这样的前提下也许将转移到侧重感官体验和精神内涵的方面,探索人机对话的美。

文创设计的另一趋势体现在与传统文化和民族文化结合得越来越紧密。国潮这一词就是在这样的背景下应运而生。实际上,国潮两个字本身就是最简洁的方法论。首先,"国"是中国经典,"潮"是新派,包括新技术、新趋势、新方向,即国潮＝中国经典＋新派潮流。国潮文创的审美特征很明确,"国"即中国,国潮是文化的复兴,它将中华各民族的优秀传统文化都纳入视野。中国特色是国潮区别于其他产品的基因,是国潮的身份证明。其次,国潮需要符合时代前沿审美和技术趋势。向内而求的是对自我的革新,向外而拓的是在世界范围内打造领先竞争力。再次,国潮需要有世界视野,展现中国自信。国潮的流行并不意味着文创设计仅仅依靠贩卖情怀,或者简单地蹭传统文化的热度就可以了,归根结底还是需要有优良的设计和过硬的出品。只有这样,国潮与经典文化的结合才能进一步成为对内让国民引以为豪、对外可以助力提升中国形象的新的国家名片。目前,国潮的创意实践主要从两个方面入手：一种着力于挖掘传统文化中的经典元素,对传统纹样、图案、场景或是形象加以提炼,并结合新IP和新产品进行二次创作；另一种关注技艺传承与更新,试图生产出符合当代需求的新产品。例如,传统材质有竹、瓷、泥、玉等,都有几百年甚至上千年的使用历史,它们的加工工艺也是多种多样,将它们运用于产品设计的制作流程,而不只是在博物馆中陈列,也是一条利用国潮帮助传统文化真正活起来的有效途径。

2020年9月提出的2030年碳中和与2060年碳达峰目标明确将环境治理作为我国贯彻新发展理念的一项重要工作,在这看似宽泛的概念下需要的是各行各业的深度参与,文创设计也通过生态美学(ecoaesthetics)这一新的方向积极响应。在生态美学思想的影响下,文创设计的审美因素可总结为两个要点。第一,以可持续发展的材料属性为主旨的绿色设计。它以节约资源、低碳环保、循环可持续发展等理念为设计第一要义,从选材用材上为文化创意产品创新设计寻求新的创新点与突破点。比如,选用竹、藤等具有独特质地和韧性的自然材质,再结合现代科技手段赋予其特定的文化内涵,将其编制成家具、灯具等产品,这些天然环保材质不但契合了人们返璞归真的渴望,也满足了人们对有益于健康的绿色产品的迫切需求,让使用者心情愉悦。第二,以和谐自然的形态为特征的仿生设计。在材料可持续的前提下,基于生态思想的文创设计主要在产品视角形态上运用仿生设计手法,使产品形态与文化属性更加融合,它从产品形态的动感、色彩、肌理等设计要素出发,结合特定的文化,在自然界中寻找设计灵感,创新设计出富有感染力的生态美学形态。

第四节　文创设计的功能性特征

文创设计需要以功能性作为支持。文创设计通过巧妙的设计,在保证实现基本功能的基础上再进行文化性、创新性、审美性等方面的拓展,才能做出良好的设计品,实现叫座与叫好的双重目的。

一、功能的概念及其解读

要给功能这个词下一个定义其实非常方便,但是要进行准确的概括却不那么简单。功能一词出自《汉书·宣帝纪》,"五日一听事,自丞相以下各奉职奏事,以傅奏其言,考试功能",指的是事物或者某个方法所发挥出的有利作用。

在文创设计的概念中,功能的定义似乎应该改成:文创设计品能够满足使用者需求的一种属性。这就是说,在同一件文创设计品中,可以存在多种属性,只要一种属性能够满足使用者的某种需求,就可以将其定义为"功能"。满足使用者现有的现实需求的属性是一种功能,而满足使用者潜在需求的属性也可以称为功能。

功能作为满足需求的属性,主要可分为两个方面:客观物质性与主观精神性。具体到文创设计上,就是指使用功能与品味功能:前者是使物体具有使用意义的功能,通常多指客观存在的物理功能;后者则是指使用者在使用我们的文创产品时会出现哪些精神感觉,这种感觉更多和主观意识有关。

对于使用者来说,他们对一个文创设计的直观感受,并不是这个文创设计是满足了自己的实用性需求还是非实用性需求,而是根据自己的主观感觉来区分,此时功能可以分为3类。一是必要功能,就是文创产品设计最基本的功能。以故宫文创系列的故宫猫文具套装为例(图2-16),其必要功能是文具的基本属性,如书包可以装物品,笔记本可以用来记录。二是

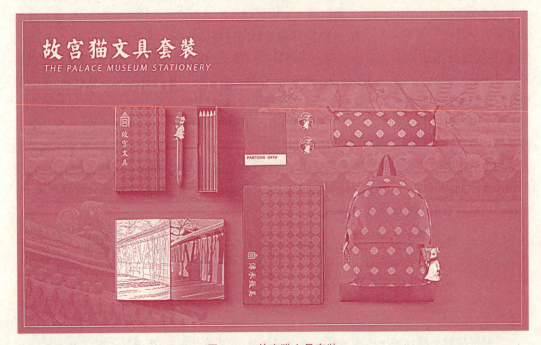

图2-16 故宫猫文具套装

不必要功能，指设计品具有，但是实际上使用者并不需要的功能。不必要功能的出现，有时候是因为设计者本身出现的失误，有时候则是设计者的巧思，为不同的使用者满足不同的需求。三是不足功能，指的是文创设计尚未完全满足使用者需求的功能。

对于设计者来说，从设计文创产品的角度思考，功能应该主要分为基本功能与辅助功能。基本功能是与文创产品的主要设计目的直接相关的功能，也就是产品出现的主要理由；辅助功能则是指为了更好地实现基本功能而服务的功能，是对基本功能起到辅助作用的功能。仍以故宫猫文具套装为例，其基本功能是实现故宫文物的宣传目的，辅助功能才是文具本身的作用，如书写、记录等。

美国设计师维克托·帕帕奈克（Victor Papanek）提出了功能的六个评价标准：方法（工具、材料、进程），联系（家庭和早期环境、教育、文化），美学（格式塔、感知、映像逼真的和生物社会学的"已知物"），需要（生存、个性、目标构成），利用自然力和社会力量以达成某项目的之政策（自然、社会、工业技术倾向），效用（用作工具、用作交流、用作象征）。这几个评价标准几乎囊括了文创设计的功能所需要考虑的各个方面。简单来说，就是文创设计时应该要考虑设计品应当具有的实用目的与效用。当一件文创设计品能够符合该产品预期的实用目的时，我们才可以说它是一件成熟的文创设计品。

总之，从不同的角度来看，文创设计存在方方面面的功能，可以看出文创设计功能的多样性；反过来说，文创设计时需要考虑多方面的功能，以实现文创设计收益的最大化。

二、功能是文创设计的目的

文创设计与人们的生活息息相关，我们需要文创设计，是为了让生活变得更加美好。比如，书包是用来装书的，房屋是用来居住的，服装是用来穿的，标识是用来供人辨认的……如果文创设计过于强调创意性和美观性，而丧失了本身的功能，或者使得功能使用起来受限，当然会被消费者否定。

文创设计需要注重功能，这一理念早在包豪斯时期及其后继者们所坚持的功能主义流派和思潮中得到充分的认同和高度的强调。功能主义又称"理性主义"（rationalism），它想表达的是一种以功能为中心的设计思维方式。1923 年，密斯·凡·德·罗（Ludwig Mies Van der Rohe）在《关于建筑与形式的箴言》一书中谈道："我们不考虑形式问题，只管建筑。形式绝不是我们工作的目的，它只是结果……好的功能就是美的形式。"从无数设计大师的经验总结我们可以得出，功能是设计的最终目的，好的功能设计也能够带来更美的形式。

在索尼（Sony）公司拟订的产品设计与开发原则中，第一条就是："产品必须具有良好的功能性。产品的功能必须在产品还在设计阶段的时候就给予充分考虑，不但在使用上具有良好的功能，并且还要方便保养、维修、运输等。"这说明，随着设计方法的不断更新迭代，设计对功能的定义也在大大拓展。文创设计是文化与创意的结合，并不只有简单的物质功能，好的文创设计应该将各方面的功能考虑到位，并在其中进行衡量与筛选。

三、文创设计的功能新定义

目前,我国的文创产业仍处在萌芽阶段,虽然整体的市场前景十分广阔,但是显然在文创设计理论没有发展成熟的时候,因为设计功能的偏差,导致许多产品设计出现"华而不实"的情况。文创设计产业存在许多限制,也因此对文创设计提出了新的功能定义。

文创产品的功能设计应该面向消费者的需求。随着时代的发展,消费者的观念和需求也在不断变化之中,除了游玩体验外,消费者也在寻求文化消费和感官体验的新突破。但是目前的许多文创产品却被限定在旅游纪念品这一单一品类,许多景区售卖的文创产品大多是冰箱贴、钥匙扣、水杯、书签等,对这些产品的设计方式只是机械地将文化元素附加在产品上,并没有在挖掘和提炼文化元素的基础上进行设计创新,因而这些设计很难说是真正意义上的文化创意设计品。在这一品类的消费中,消费者的需求不仅仅是钥匙扣本身的功能,更多的是非实用功能,即文化与创意意义上的拓展。比如,同样是文创水杯的设计,比起简单机械地把当地的文化风光贴在水杯上,故宫的这款皇帝杯(图2-17)就显得"高级"了许多。它将皇帝的冕旒设计成水杯的盖子,杯身则是一张呆萌的脸,在满足消费者的基本功能需求之外,也用一种略带调侃的方式满足了消费者的文化需求。

图 2-17　故宫·皇帝杯

面对文创产业市场良莠不齐的现状,文创设计对产品的功能性提出了新的要求,即文创产品的功能要注重某种不可替代性。如上文所述,如果文创设计只停留在同质化、低端化的阶段,无疑会降低消费者的消费欲望,进而可能降低消费者对文创设计的预期,将低端的产品与文创设计挂钩。不可替代性就是针对这种现象提出的,它对文创设计师提出了更高的要求,需要对目标受众的需求有很强的同理心和敏感度,满足消费者的潜在需求。由设计师秋山大辅(Daisuke Akiyama)设计的聊天对话磁吸(图2-18)就是很好的例子。对话框在动漫作品中的不同形式很好地传达了不同语气和情感。对于动漫爱好者这一广大的消费群体来说，现实世界和动漫世界往往是存在次元壁的，他们的这些经验与情绪往往只能停留在动漫世界。设计师敏锐地捕捉到了动漫迷的需求，利用不同的对话框可以传递出不同的情感特性，开发了这款磁吸产品，将漫画中的聊天经验与情趣搬运到现实生活中，不仅能够实现提醒的功能，也给消费者的生活带来了一点小情趣。文创设计的一点小创意提升了产品的品质感，也凸显了设计独特的文化属性和消费意趣。

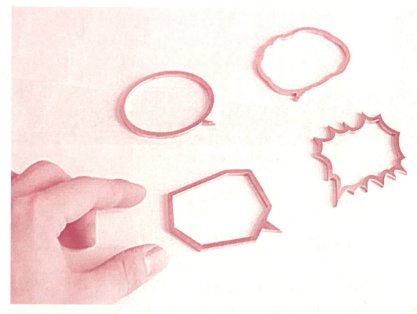

图 2-18　聊天对话框磁吸

当下，科技的发展正在深刻影响和重塑着人们的文化生活，文化力量也在不断丰富科技的应用和表达，两者的深度融合成为文化产业加快转型升级、实现高质量发展的重要推动力。文创设计作为一项新产业，对功能的要求也需要与时俱进：文创设计的功能需要注重与科技的结合。以图 2-19 所示的琳琅图籍为例，它是故宫推出的一本迷宫书籍，书中的墨笔小字、精美插画、奇特符号都在讲述着紫禁城的秘密。更值得关注的是，这本解密书籍带有 18 件暗藏玄机的附件，能够实现独特的"实体书籍＋手机"的游戏式互动阅读体验。文化元素在科学技术的辅助下将故宫的故事讲得扣人心弦，它不仅赋予了设计灵魂，也推动了故宫文化的传播。

总而言之，我国目前的文创产品开发还处于初期阶段，要突破如今市场中存在的劣币驱逐良币的桎梏，文创设计应该在功能上实现新的突破。从消费者的功能需求出发，实现精神文化上的拓展，功能设计需要注重不可替代性，避免出现各地文创设计千篇一律、使消费者审美疲劳的情况；还要将功能与科技结合，实现文创设计与时俱进、不断发展的良性循环。

图 2-19　故宫·迷宫书籍

第五节 | 文创设计的科技性特征

我们当前所处的时代，正是信息化和智能化技术飞速发展的时代。AI、5G、嵌入式系统、物联网等技术得到了广泛的应用。文创设计也在与这些前沿技术的结合中获益，在产品形态、信息传递、设计方式上都发生了变化。科学技术与文化创意相辅相成，科技化的文创设计带来了新的价值。

一、科技的概念及其解读

科技是科学技术的简称，科学和技术是一个涵盖科学、技术以及两者之间相互作用的主题。科学是一个系统的知识体系，它以对自然和宇宙的解释和预测的形式建立和组织知识。技术是用于生产商品、提供服务或者实现科学研究或任何其他消费者需求的目标的技术、方法或过程的集合。科学可以通过产生对解决科学问题的新工具的需求，或通过说明以前未考虑的技术可能性来推动技术发展。反过来，技术可以通过创造对只能通过研究产生的技术改进的需求来推动科学研究，并提出有关新技术所依赖的基本原则的问题。在人类历史的大部分时间里，技术进步都是通过经验积累、反复试验、自发的灵感甚至偶然发现来实现的。当现代科学事业在启蒙运动时代开始走向成熟时，它首先关注的是探索和解释自然世界中的基本问题，直接针对技术应用的研究和开发是一个出现得较晚的方向。直到 18 世纪，随着工业革命的爆发，人们才开始习惯科学与技术携手并进，并极大地改变了我们对世界的认知、外部环境的面貌,以及我们赖以生存的生产生活方式。进入21世纪,以互联网为代表的信息技术快速发展并应用于各个领域,智能制造、物联网和云服务等新模式、新业态不断涌现,AI、大数据、虚拟现实等数字技术给各个行业带来了颠覆式的变化。

科学技术的革新对推动文创设计的发展是至关重要的,在新技术的赋能下,文创设计可以打破以往的束缚,设计人员可以在新的技术背景下充分发挥创新能力,给文创设计带来无限可能。如何利用好新技术来提升文创设计质量、理解用户和市场需求、生成内容和创新形式,都是未来科技赋能文创设计的关注重点。

二、科技是文创设计的创新推动力

传统的文创设计主要依赖文化资源和设计目标进行创作。受限于物理空间创作和文化呈现方式,传统的文创设计不能更新颖、有效地传播产品背后蕴含的文化,而文化又是文创设计的核心所在。探索如何提升文创设计的文化传播性和文创设计的吸引力成为该领域的一个热点问题。

新技术的出现给文创设计的创新带来了丰富的组合空间,逐渐形成了"文创＋AI""文创＋虚拟体验"和"文创＋web3.0"等文创设计新范式。AI技术可以促使科技元素与文化产业的深度链接,从而推动文创产业被AI技术重塑。AI技术中的数据处理、自然语言处理、机器视觉、强化学习、深度学习等在文化创意中具备较强的适用性,AI数据处理能对现实中未被发现和潜在的对文创设计有价值的信息进行总结分析和利用。例如,AI赋能创新设计可以给博物馆文创设计带来创造性的变革(图2-20)。一方面,文化给AI带来了实际意义和内容深度,AI任务不再是无意义的内容生成,而是有目的、有针对性地为文化创意解决具体问题;另一方面,AI把文化传播推向更高的维度,人们可以通过数字维度空间来观察另一个虚拟的三维空间,打破了物理空间的限制,即无须实际前往博物馆也能观赏文化历史作品。除此之外,深度学习技术在模态识别、图像分类与检索上为博物馆文创产品设计提供文化深耕的途径与工具,数据挖掘、模式识别等技术为博物馆文创产品提供精准决策的数据和算法。

三、科技是文创设计的商业推动力

与其他产业不同,文创设计是以消费者的文化需求为导向的。文创设计关注消费者对文化的认同,强大的文化认同感有助于文创设计产品获得成功的商业价值(图2-21)。因此,在进行文创设计时,需要特别关注什么元素或信息在该文化中最具代表性、应该设计哪一类产品、目标人群是谁、他们的潜在需求是什么,以及数字化商品的推广方式。传统的文创设计是以消费者为核心的小样本分析,包括田野调查、焦点小组等,由于定性数据的局限性,无法为设计师提供有效的设计决策。若对问题进行问卷调查,又需要花费大量的人力和财力分析目标群体和潜在需求人群。大数据处理技术和自然语言处理技术在对定量数据进行分析时展现出了强大的能力,设计师可以在短时间内得到机器对消费者群体的分析数据,并且将这些数据与其他常规的商业模型进行对比,最终确定该文创设计的商业价值。

图 2-20　谷歌世界博物馆浏览页面

图 2-21　现场观众争相购买"铜趣大冒险"文创产品

四、数字技术赋能文化创意产业

近年来,在互联网的革新下,我国的数字技术产业得以飞速发展。推行数字化经济和"互联网+"模式,加快建设数字技术与其他产业相结合的市场体系是党和国家全面建设现代化社会的目标之一。在数字技术的浪潮中,文化创意产业同样也开始尝试与其融合发展。目前的数字文化创意产业重点领域主要有四块:分别是动漫游戏文化产业、网络文化产业、数字文化装备产业和数字艺术展示产业,产业结构如图 2-22 所示。

动漫游戏文化产业主要由数字技术推动产业升级,促进动漫游戏的原创性和创意性,更重要的是发展具有国际影响力的中国风格原创动漫和游戏,注重动漫和游戏中的文化故事背景,摆脱单一和机械的开发模式。

网络文化产业主要包括网络音乐、网络文学、网络表演、网络剧、网络节目等新型网络媒体。通过充分利用数字媒体和文化平台,可以对中国文化通过网络传媒进行拓展。例如,通过网络媒体传播中国传统文化、地方民族文化、历史文化、地方名胜古迹以及传统工艺技艺。

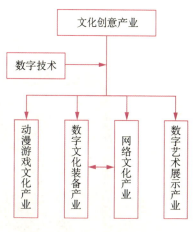

图 2-22 数字技术赋能的文化创意产业结构

数字文化装备产业的开发是通过研发可穿戴设备、智能硬件、应用软件以及沉浸式体验装备来促进文化消费,推动文化产业升级。例如,通过智能化音视频设备来提升中国舞台文艺演出的观看体验。

数字艺术展示产业是以数字技术为手段,通过嵌入式控制和计算及图形技术等媒介来表现数字艺术的形式,如文化数字馆、文化博览会或者国际旅游节的展示方式。

近年来,随着区块链的飞速发展,数字加密货币也应运而生,常见的有比特币(Bitcoin)和不可同质化代币(NFT)。前者在数字金融领域发挥着重要的作用,后者则成为新的文化创意载体。由于对有形资产进行了代币化,NFT 成为一种更有效的购买、出售和交易资产的方法,减少了欺诈行为,并且可用于代表个人对财产和身份的权利。为了在虚拟财产中加深其个人所属权(ownership),NFT 成为许多创意艺术家和文创设计师发挥的场地。表面上来看,大部分 NFT 产品都具有抢购和收藏的价值,但其背后的支撑力是其对应产品的文化和创意价值,这些价值是数据和算法无法创造的。与传统的联名创意思路一样,国内的 NFT 数字藏品平台主要是与知名 IP 联合发布一些数字藏品,涵盖艺术、非遗、文博、体育、潮牌、明星、动漫等多个文化领域。同时,艺术家和设计师也可以自主进行文创设计和发布 NFT 藏品(图 2-23)。产品本身的文化属性使得其自带话题流量,因而深受收藏爱好者喜欢(图 2-24)。

虽然 NFT 的出现给文创设计和数字藏品领域带来了新的视角和机遇,但是也出现许多问题,其中一大问题是,在商业方面,NFT 价格存在极大的不确定性。一部分人为了利益二字,使

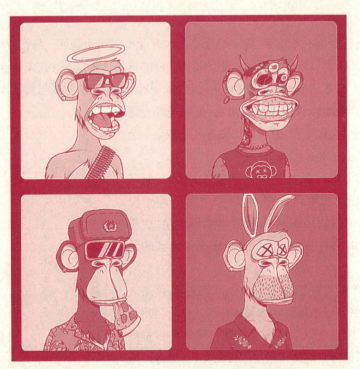

图 2-23　无聊猿游艇俱乐部(Bored Ape Yacht Club)发布的猿(Ape)NFT 系列

图 2-24　某 NFT 平台推出的敦煌系列藏品

得一些数字藏品难以获得,在二级市场出现了恶意炒作的现象。此外,还会出现一些版权许可、品牌授权和专利侵权的问题。这主要是由于目前全球范围内没有对NFT的法律定义,NFT监管不完善、体系不完整,缺乏相应的系统性管理和条约。除此之外,NFT与普通加密货币一样,需要消耗大量的计算机算力和电能来完成生产,剑桥大学分析表明,全球NFT和数字货币目前所消耗的能源比整个荷兰都多。因此,数字货币和数字藏品同样面临着环保方面的批评。

随着Web3.0的发展,NFT设计会影响人们的数字所有权和心理所有权,背后靠的是文化创意来为其注入活力,相信在未来的虚拟现实和元宇宙环境中,文化与数字货币的相互促进能带来更多的创意新范式。

案例研读

"红:丝绸之路上的色彩生命与历史记忆"虚拟展览设计

一、设计背景

本案例是2022年SROM丝绸之路云上策展大赛参赛项目,展览主题基于丝绸之路的文化交流,依托SROM数融策展平台完成展览内容创作和形式设计。数融SROM,"丝绸之路数字博物馆"(Silk Road Online Museum)是由中国丝绸博物馆发起,国内外丝绸之路联盟相关的40余家博物馆参与合作,集"数字藏品""数字展览""数字知识"与"云上策展"功能于一体的数融博物馆。该展览通过此平台的"数字藏品"选择展件,并借由其"云上策展"的线上三维建模功能搭建场馆、挑选展具、布置展台,并最终形成展览方案。展示方式主要是经环境渲染形成三维虚拟展厅的漫游链接,在线展示作品。

二、前期调研

调研主要采用了文献调查等方式。对50篇左右的国内外专业文献、书籍进行阅读分析,厘清中华文明中的红色印记与丝绸之路沿途所塑造文化交织融合的紧密联系。同时,筛选重要文物的考古出土信息,并以此为基础确定展件清单。

通过调研,我们得出了以下关键结论:

首先,色彩是人类对自然世界最直观的视觉感知。在大自然的众多色彩之中,红色有着尤其非凡而悠久的历史。自远古始,红色作为太阳、烈火与血液的颜色,就在人类先祖的心中被寄托了无限神秘的想象。

其次,在欧洲数千年的传统中,红色曾经高居一切颜色之首,并与神圣与权力联系在一起。古典拉丁语中,红色被视为唯一能配得上"彩色"称谓的颜色,在其他民族的语言中,红色也常与美丽同义。在中国,数千年文明演进的历程中处处可见红色的印记。西汉马王堆帛画中闪耀红光的赤乌、《礼记》中周人因尚红所用的赤马、《汉书·礼乐志》中朱漆涂饰的祭殿、道家修炼长生不老的丹药、唐代万国来朝的红衣使者、宋代帝王雍容典雅的正红朝服、元代华贵稀有的釉里红陶瓷、明代堪称国礼的剔红雕漆、清代由远洋贸易进贡内廷的珍宝珊瑚……这些琳琅满目的红色珍迹,不仅是中国悠久历史最宝贵的见证,也彰显出由陆上丝绸之路与海上丝绸之路编织起的文化互融的世界图景。

最后,丝路沿途各国都有对红色的信仰、审美,也有关乎红色染料的互通、工艺的交流,商品的贸易,更重要的是不同族群、不同语言的人们所共享的红色视觉记忆。

基于上述调研结论,提出了以下策展方案:

展览内容分为四大单元缀辑丝绸之路上熠熠生辉的各类红色奇珍。第一单元"鲜血烈焰:古代信仰中的红色",从远古原始崇拜的太阳、火与凤鸟开始,依次将中国宗教分为三大阶段展开介绍,尤其是红色与祭祀、厌胜、辟邪和祥瑞的关联;第二单元"权力秩序:红色的地位强化",聚焦红色如何成为权力、身份、尊贵地位的象征,以及不同材质的红色器物如何在不同场景中展示其威权;第三单元"商汇万国:由红色织起的丝绸之路物质交流",重点呈现在遍布东亚、南亚、中亚、西亚直至地中海的红色商贸网络中,红色织锦、珊瑚、宝石、瓷器等物品如何在丝路上流通、传播,并与各国文化融合,形成新的绚丽工艺;第四单元"市井红尘:民间日常生活中的红色印记",将目光投射到普罗大众最具烟火气的日常生活当中,以展现红色作为吉祥、喜庆、忠诚、热情的符号,如何贯穿于百姓生活的各个角落,并形塑起中国文化最美好的底色。

展陈设计方面,该展览充分挖掘其作为虚拟线上展厅的优势,摆脱物理空间中实体展示的桎梏,从展览主题出发量身设计展示空间。展厅设想将采用叶片状流线型空间单元拼合而成(图 2-25),同时以深浅各异的红色墙面和天花板来营造贴合展览主题的空间氛围。在该模型的设计中,子单元的叶状空间寓意"生命之树"上开枝散叶的原始活力,而五个空间衔接在一起的流线型整体,又恰如一条红色织锦一般摇曳蔓延。这一方面蕴含着丝绸之路上各文明交融与共生之意,另一方面也呼应了丝绸之路本身所代表的人类文明发展史上的美丽篇章。这是该虚拟空间策展区别于线下策展的一大优势所在。

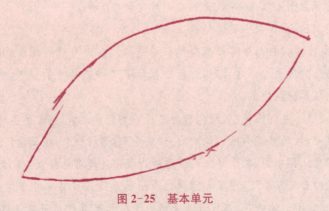

图 2-25　基本单元

首先,设计师对提炼出的叶状元素单元以主要流线为依据进行组合交错。通过对基本元素的组织调整,各单元之间挤压形成连贯的展览空间。其次,设计师借助绘制草图的方法。一方面,需要确定每一展件在空间布局中的具体位置,并且基于展览主题详细设计不同类型展件在空间中的展示场景,以保证线上观展过程中的体验;另一方面,在推敲平面图的过程中还需要再次反复调整展览动线与空间形态相辅相成的关系,以达到展览形式与展览功能的一致。最后,将展厅平面草图转化为三维草模,在建模软件中进一步讨论空间的塑造,弥补在平面中缺失的设计维度。例如,墙面是否能够模仿织物进行翻转倾斜,不同单元之间的分隔是否能够配合曲面弧墙等(图2-26和图2-27)。

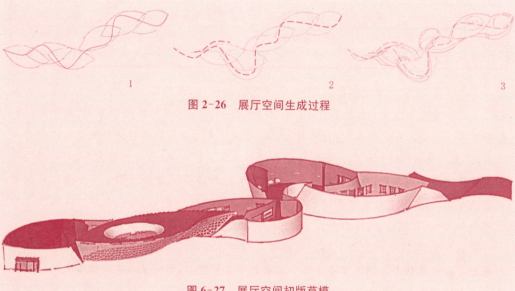

图 2-26　展厅空间生成过程

图 6-27　展厅空间初版草模

三、策展过程

(一)展览内容结构细化

该展览在四个单元的基础之上,进一步梳理各单元内部的展陈逻辑,形成基本架构(表2-1)。第一单元基于对红色崇拜缘起的讨论,以中国古代宗教的三个阶段作为框架,通过三个篇章串联起红色在中国古代社会宗教当中的意义以及背后所蕴含的内涵。恩斯特·格罗塞(Ernst Grosse)在《艺术的起源》中曾说:"红色——尤其是橙红色——是一切民族都喜欢的,原始民族也同样喜欢它。"在格罗塞看来,原始部落出于对于狩猎和战争的热衷,给代表着鲜血和火焰的红色赋予了特殊的意义。中国人对于红色的特殊情结可追溯至一万余年前:一是太阳崇拜、火崇拜以及凤鸟崇拜,彼此融合,实为同一系统;二是血液崇拜和血液禁忌,此与英国人类学家詹姆斯·乔治·弗雷泽(James George Frazer)的《金枝》将巫术的思想原则总结为"相似律"和"接触律"互相呼应。

表 2-1　展览基本架构

第一单元——鲜血烈焰：古代信仰中的红色		
一、西汉以前的原始宗教时期	二、西汉至宋代的制度性宗教时期	三、宋代至清末的分散型宗教时期
第二单元——权力秩序：红色的地位强化			
一、尊贵之色	二、奢逸宫廷	三、血光征战	四、掌中敕诰
第三单元——商汇万国：由红色织起的丝绸之路物质文化交流			
一、簇锦团花	二、绝色珊瑚	三、珠光宝气	四、瓷凝天工
第四单元——市井红尘：民间日常生活的红色印记		
一、红装鬓影：古代民间女子的服饰及妆容	二、节庆氛围：古代民俗生活中的红色	三、舞台天地：古代民间戏曲中的红色符号

第二单元，无论鲜血还是烈焰，由红色焕发出的荣光，逐渐成为权利、地位与身份的象征。王公和贵族们开始将红色视为"尊贵"和"崇高"的色彩，并用其标明身份、划分等级和区分尊卑。内廷之中，"舶来"的珊瑚与"出海"的剔红成为宫廷中瞩目一时的宝物；"积尸草木腥，流血川原丹"的沙场上，嵌满剑鞘的红宝石映出道道血光；尘封的墓穴中，人马俑成全着墓主伏虎降龙的梦想；帝王的案几上，一方方朱泥钤印见证着权力的至高无上与新旧更迭。该单元通过"尊贵之色""奢逸宫廷""血光征战"和"掌中敕诰"四个部分呈现丝绸之路上权力与等级、宫廷生活、势力与战争、命令与支配中红色的碰撞与融合。

第三单元，陆上丝绸之路和海上丝绸之路沟通了东西贸易，也促进了东西文化的交流与融合。红色承载着丝绸之路沿途各个文明的审美与信仰，同时呈现在纷繁多元的物质媒介之上。这些珍奇器物在丝路上往返穿行，构建起一座遍布东亚、南亚、中亚、西亚直至地中海的红色商贸网络。红色的织锦、珊瑚、宝石、瓷器在丝路上散作满天星斗，闪耀着文化交融的灿烂光辉。该单元从四类流行于丝绸之路上的红色商品入手，从时间的维度和地理的广度，分析东西贸易与背后的文化交融：第一类丝绸织锦，将从东西织锦色彩以及纹样中看东西文化的特色、流传与本土化；第二类瓷器，将从铜红釉烧制技术中，看中国铜红釉瓷器的发展与世界商品流通与技术传播；第三类珊瑚，将从世界珊瑚贸易网络中，看异域奇珍如何成为中国上层社会身份、财富与风雅的象征；第四类宝石，将从伊斯兰艺术风格东传的过程中看红宝石审美的流行及其与中国本土工艺的融合。通过以上四个主题，我们得以看到在这片由红色编织起的丝绸之路商贸版图中，西域诸国的多彩文明以及中国文化在互通交流中的开放包容。

第四单元，红色始于信仰、盛于权力、传于商贸，最后积淀于民间。红色在我国民间象征吉祥、喜庆、忠诚、热闹与热情。红的符号、意象、服饰、器物等贯穿了整部华夏历史，渗透到各个层面，是中华文化的深厚底色。现代汉语语境中，"红色"是对古时"绛赤朱丹红"的统称。东汉许慎在《说文解字》中言:"赤,南方色也,从大从火。"红色代表火与太阳,是民间最早膜拜的颜色。在符号象征中,红色往往意指热闹、繁华,"酒酣白日暮,走马入红尘"中正是此意象;在性别指代上,红色往往与女性不可分割,"红粉青娥映楚云,桃花马上石榴裙"指代的正是端坐在马背上的美丽女子;在情感寄托里,红色象征着流传千古的情意绵绵,"红豆生南国,春来发几枝"更是以红豆作为相思的载体表现情思。

古往今来的人们曾无数次凝视日出日落,知晓太阳只有在它升起后和落下前的片刻,才会暂时收敛光芒,露出通红。"红"总能燃烧些什么,唤醒些什么。丝路文化中的点滴之红仍在燃烧,"红"的历史记忆将不断被挖掘,"红"的色彩生命将延绵不息。通过对丝路上红色主题的总结,设计师尝试将其可视化,提取重要展件与丝路地图等元素生成展览海报(图 2-28)。

图 2-28 展览海报

(二) 虚拟展厅搭建

展厅搭建过程中借用外部建模软件 Rhino 进行测试,通过对草模的反复推敲迭代虚拟展厅空间的布局。相较于物理实体的展览空间,线上虚拟展厅具有更加灵活机动的特点,展品的尺寸不再是限制展览空间的主要因素,因而展览将设计的重点转移到展厅动线的规划以及塑造沉浸的体验上。以前期调研产出的"生命之树"为基本原型,展厅内部不断调整主厅与四个次级单元展厅之间的连接方式,在此基础上配合展件展出的场景陈设,旨在提供流畅的线上观展体验(图2-29、图2-30和图2-31)。

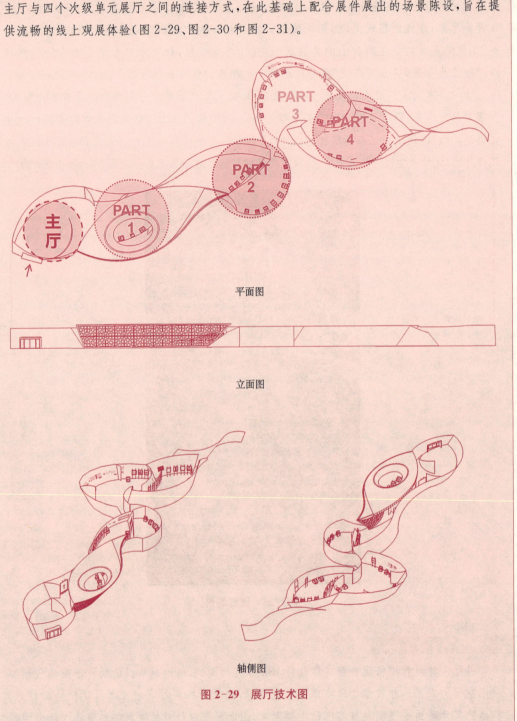

图 2-29 展厅技术图

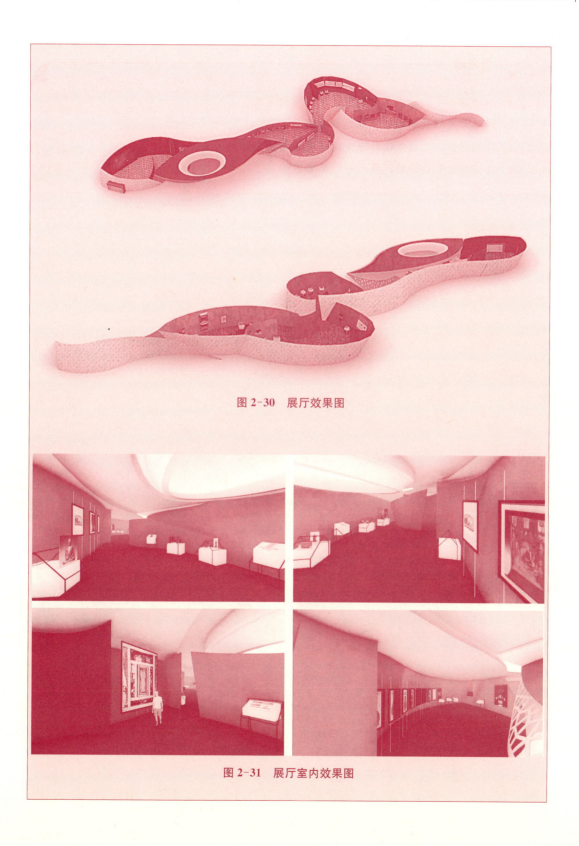

图 2-30 展厅效果图

图 2-31 展厅室内效果图

思考题

1. 如何理解文化元素在文创设计中的重要意义?
2. 请思考文创设计的创新模式都有哪些。
3. 请思考如何在文创设计中平衡审美性与功能性的关系。
4. 请调研文创设计的科技创新趋势都有哪些。

第三章

文创设计的程序和方法

学习目标

学习完本章,你应该能够:
(1) 了解设计专业的一般设计程序;
(2) 了解文化创意设计的设计程序;
(3) 了解文化创意设计的常用设计方法和工具。

基本概念

设计程序　设计方法　设计工具

设计从构思到落地不能仅仅依靠设计者所谓的灵感乍现,更要遵循一定的程序和方法。文创设计是一个新近繁荣起来的设计领域,有着自身的特征与独特的价值主张。这要求设计者在面对文创设计课题时,在程序和方法上既要有传承,也要有创新和突破。本章先探讨了文创设计中可以采取的设计程序,继而介绍了一些切实有效的设计方法和工具,读者可在设计实践中,依据课题情况与自身条件等合理选用、组合或改良。

第一节 文创设计的程序

一、设计的一般流程

文创设计的课题多样,形式多姿,价值多元,且直面市场,相较于传统的设计课题,更要求文创设计的参与者在设计程序和方法层面做好准备。

在将设计视为寻求特定问题答案的观念下,设计的程序常呈现为"定义问题—分析问题—解决问题"的三段式线性结构。在实际操作中体现为如下环节:从市场、对象和技术基础等层面针对特定的设计问题展开设计调研,收集和整理相关信息;通过从前期调研中获得的洞察,确定设计问题与需求;概念发想,通过头脑风暴等创意方法形成设计的初步概念;概念迭代与筛选,形成较为具体的设计方案;通过计算机辅助建模渲染和原型模拟等设计表达手段,将设计方案实体化;对设计的成果进行验证和测试,若通过测试则批量生产并推出市场;收集用户和市场的反馈,为下一轮设计的展开做好准备(图3-1)。

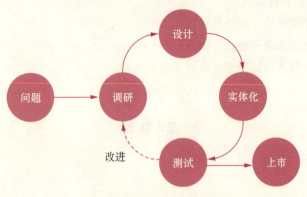

图3-1 一种线性设计流程

这样的设计流程被广泛应用于设计活动,产出了大量具有影响力的设计成果。但同时必须注意到的是,这一模式在应对现实语境中具有模糊性与复杂性的设计问题时可能会存在困难,因而难以发掘出兼具灵活性与适切性的创新;此外,其线性的推进形式也可能会导致机械固化的结果。

20世纪90年代,理查德·布坎南(Richard Buchanan)基于对设计面临的"棘手问题"(wicked problem)[1]的讨论,提出了设计思维(design thinking)的概念,初步构思了一种从设计问题定义出发的非线性设计程序。他认为设计活动经常要面对的是缺乏明确定义的复杂问题,因而无法通过简单的线性逻辑推导出明确的解决方案。复杂多样且要求创新深度的文创设计课题显然也在此列。

针对这类课题,设计师应保持开放态度,善于移情,采取创造性的思维方式,与用户深入交流合作,通过原型测试和反馈等操作持续迭代设计概念与方案。在这样的模式中,各个环节不再以传统的线性方式组织,而应以一种往复循环的非线性方式组合在一起,以寻求最佳的设计方案。这一思路在设计实践中不断发展,逐渐形成了行之有效的设计程序。下文着重介绍其中影响较为深远的两种。

二、设计思维的流程

知名设计咨询机构IDEO在设计思维框架下,基于其卓有成效的设计实践经验,归纳了一种非线性的设计程序模型(图3-2),包括移情、定义、创意、原型和测试等步骤,这些步骤通过非线性的网状结构组织到一起。

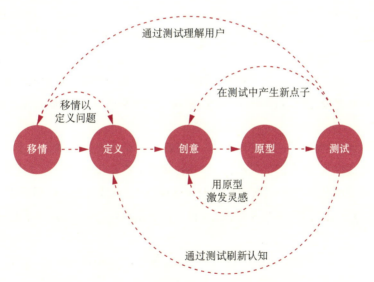

图3-2　设计思维的非线性设计程序

移情(empathise)是理解用户真正需求的步骤。这个阶段的基本思路是以人为中心,一切需求的出发点是人,一切设计的服务对象也是生活中的人,通过观察、访谈、模拟等方法和用户产生共情,进而分析出用户真实的核心诉求。在商业环境中,移情阶段还包括对市场、竞品、技术和限制条件等因素的理解过程。文创设计要求深入探究文化元素、洞察市场变化,这也应在

---

[1] Buchanan R. Wicked problems in design thinking [J]. Design Issues, 1992, 8(2): 5-21.

设计程序和方法上有所体现，这主要就发生在移情阶段。

定义(define)是基于移情中的洞见重新发现和定义真正的设计问题的步骤。定义阶段的产出通常是一句话，用以描述设计面临的问题，包括以下元素：谁？有什么需要？我的洞察是什么？在定义阶段，核心的工作是对前步成果的收敛，排定元素的优先顺序，帮助设计者分辨出对用户来说什么是真正重要、值得投入更多的时间与思考的。

创意(ideate)也就是构思设计想法的阶段。在这个阶段，设计者已经知道面对的真实问题是什么。针对这个问题，使用各种方法增强自身的创造性，以产出尽可能多的设计想法和创意，再通过草图等手段将其直观可视化地展示出来。创意构思过程中要保持创意的自信，相信通过合理的方法一定会产出值得信赖的设计概念；要学会勇敢地表达，任何看似天马行空的想法都有转化为切实可行方案的可能。在这个阶段，合理地使用头脑风暴等方法是解放每个人的创造力的可靠途径。

原型(prototype)是形成设计概念的模型或问题初步解决方案的阶段。在创意构思的阶段，设计者已经产生了足够多的可能设计方案，现在就需要从中选取一些进一步深化，形成基本的概念模型。这个阶段要求足够快速、相对细致，以直观可靠地实现对该方案的评估。

测试(test)是对原型验证和改进的阶段。设计者应将自身置于设计方案发挥效用的真实情境中，或者邀请真正的典型或非典型用户参与测试，收集结果与反馈，再直接作用于设计概念的修改或者产品的迭代设计。

这是一种非线性的流程，五个步骤并未按照单一方向机械地推进而是有机地组合在一起。步骤之间是可以往复发生的，如果在某一个阶段对其产出不满意，可以退回并重新进行前面的步骤。

设计者可以从其间任何一个步骤切入。如果设计者从一开始就有了一个很好的想法，那么便可以快速生成原型，然后测试以验证该想法；抑或是将其作为和用户交流的工具，从而探索出用户潜在或更深层次的需求；如果想要对一个现有的产品进行改良，那么便可以直接从测试的阶段开始，探求用户对产品的评价，进而洞见其潜在的真正需求，并基于此展开新一轮设计程序。

有人主张在这一经典模型的五个步骤后增加故事化分享(share the story)的步骤。通过原型开发和测试的设计需要面对市场，设计师也需要与同事、客户以及消费者分享故事。讲故事应该是设计思维的重要组成部分，如果没有一个引人入胜的故事作为支撑，设计的重要性及其结果的创新性也就难以有效传达。尤其是在移动互联网和自媒体飞速发展的今天，设计的推广必须借助新媒介形式的力量，故事化分享是成功设计的共同特征。

在设计思维的设计程序中，各个阶段都有着对应的设计方法和工具。IDEO整合了大量的工具，将其分类为分析、观察、询问、尝试四个类别(图3-3)，每个类别包含(但不局限为)十数种，可根据实际项目需要灵活组织和运用。IDEO的设计工具卡片，读者朋友们可以自行查阅。

图 3-3　IDEO 设计工具卡片的分类

三、设计的双钻模型

由英国设计委员会(British Design Council)提出的双钻模型(Double Diamond Model)是另一种业内广泛接受并且深具指导意义的设计程序(图 3-4)。它因形式上呈现为两个相接的菱形而得名,两个菱形所涵盖的内容可以概括为两类:为正确的事情设计(design the right thing)和用正确的方式设计(design things right)。依靠这样的程序,未知、不确定的事件 A 最终转化至已知、确定的事件 B。

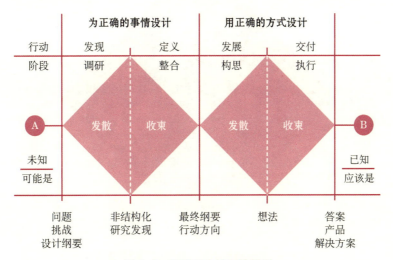

图 3-4　设计程序的双钻模型

双钻模型强调设计所面临问题的复杂性,主张通过系统化研究重新定义设计的最终纲要,以确定设计行动的方向;同时,它强调在具体设计阶段创意的深度和广度,通过发散和收束的循环筛选出一定条件下的最优方案。它将设计工作分为四个具体阶段,分别是发现/调研(discover/research),用以发现问题;定义/整合(define/synthesis),用以定义问题;发展/构思(develop/ideation),用以形成方案;交付/执行(deliver/implementation),用以实现方案。

第一阶段是通过信息的收集和发散思考,探索和研究问题的本质。设计师需要对现状进行深入研究,以期了解用户特征、产品和市场现状、用户对产品的选择和态度等。这一阶段的关键环节在于剖析设计纲要、整合设计主题,以及对一手资料(实地调研、访谈等)和二手资料(书籍、网络等)的调研。首要的工作是对默认的设计问题和输入的设计纲要进行分解:该设计要解决的需求是什么?用户群体是哪些人?以什么样的商业模式推广?进而进行整合,列举解决方案可能涉及的真实场景和元素,包括时间、地点、人物、故事等,对交互流程和其中的节点进行梳理。这一阶段需要采取用户访谈、问卷调查、行业和竞品分析等资料收集和分析的方法,获取一系列研究数据。

第二阶段的工作是对前阶段中发散的问题进行思考和总结,筛选有效信息从而确定关键问题。需要聚焦用户当前最关注、最亟待解决的问题,同时依据团队当下可支配的资源做出取舍,形成对核心问题的定义。首要的工作是建立洞察,找到现象背后的核心矛盾,进而将问题按照主题归类为系列。将行业分析、竞品分析与发现的问题一起对比,探究可能的机会突破点。利用 HMW(How might we...? 我们怎样做才能……?)工具,对具体问题提出具备操作性的见解。以上两个阶段工作构成了双钻模型中的第一颗"钻石"(图 3-5)。

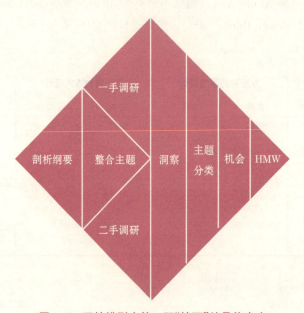

图 3-5 双钻模型中第一颗"钻石"的具体内容

第三阶段是方案构思的阶段,基于先前得到的数据基础,寻求潜在的解决方案。在这个阶段不需要过多考虑技术的可实现性。随着时代和技术的发展,一些看似当下存在技术瓶颈的方案也可能逐步具备可实施性。首要的工作是对问题进行具体化展开,对设计解决方案进行构思。可以邀请不同的部门、以使用者为代表的不同的设计利益相关者一同参与,以确保方案产生方法的广度和深度。通过评估与构思的循环,产生和筛选出几种有潜力的设计方案。

第四个阶段的工作是对上述环节中产出的潜在设计方案逐个分析验证,选择最为合适的交付执行。通过原型搭建、测试、迭代的循环,深入打磨细节,从各个维度评估利弊优劣,淘汰掉不合理的方案,最终输出最为适合的设计方案。以上两个阶段构成模型中的第二颗"钻石"(图 3-6)。

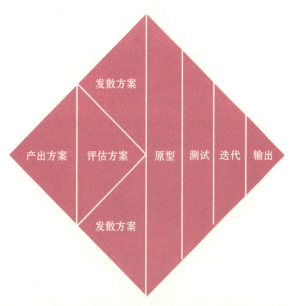

图 3-6 双钻模型中第二颗"钻石"的具体内容

四、文创设计的简要程序

以上两种设计程序的模型都基于设计思维的基本理念产生,但又有一定差别。简单地说,前者强调流程的非线性,后者强调发散与收束的循环。通过上文的简要分析我们还可以发现两点。第一,无论哪种设计程序都强调移情、开放、快速搭建原型等作用。在移动互联网时代,故事化的传播也是一个不能被忽视的环节。第二,设计的程序不是一成不变的。请读者根据课题和自身的情况选择、组合和改良,以找到最适合当下设计课题的程序与方法的组合。须知,设计的过程也需要被设计。

文创设计强调对历史和日常生活中文化元素的发掘和传播,着力推动文化现象和文化风尚的形成;反过来,社会生活中偶发的文化现象也为文创设计提供了新的素材。历史文化与日常生活构成移情、定义与创意发生的场域,也是文创设计价值升华的场域,势必需要在实践中被重点关注。现实中文创设计课题的起点多样,有的是命题作文,有的出自灵感乍现,有的则来自文化或商业目标驱动,因此,可以从不同的阶段开始设计的程序,并以非线性的方式循环推进。

笔者将前文总结的要点概略地组织到一起,提出一种简要的文创设计程序的模型,以期更好地帮助读者理解和进行实践(图3-7)。其关键在于非线性、收束和发散的循环,以文化元素和文化现象贯穿设计和传播阶段。

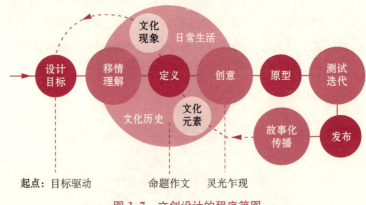

图3-7 文创设计的程序简图

第二节 文创设计的方法

文创设计中可以灵活运用的方法和工具丰富多样,有些是基于设计学科的自身需求和特点发展出的方法,有些借用源自工程学、艺术学、社会学、心理学、市场营销等领域的研究成果,还有一些则是针对文创设计领域的特性以其他方法为基础改良产生。在实际的设计和研究项目中,要求设计者依据项目要求和限制条件灵活组织和应用。需要注意的是,设计师需要积极学习上级学科的相关理论,掌握其方法背后的理论精髓,才能做到灵活运用而不是囿于形式,进而通过对方法的精准运用达成设计目标。

一、市场研究法

1. 使用场景

对照自身资源、市场和竞品,实现对设计问题的深层次理解、定位,并表达设计的价值主张,指导文创产品或服务营销计划的制定。

2. 内容和流程

5P营销理论(图3-8)涵盖产品(product)、渠道(place)、价格(price)、推广(promotion)和人群(people),在有些情境中也将最后一点替换为包装(package),体现了不同的策略重点。该方法让使用者通过对自身和竞品在这五个方面的信息收集和对比,分析差异和优劣,找到在竞争中制胜的机会。

5P营销理论由经典的4P理论发展而来;类似地,以之为基础在不同的应用场景下也有

图 3-8　5P 营销理论的要素

6P、7P 等创新的发展。总体而言,这一类方法为设计产品的市场研究指出明确的数据收集和梳理的方向。

对产品信息的收集,第一步是通过市场份额、价格区间、目标用户的重合度、与我方产品性能及设计的相关性等指标,对市场上相关产品进行筛选,定位直接竞品与潜在的竞品,进而对竞品的市场表现等数据进行有针对性的收集,找寻差异化设计的机会。

渠道指的是产品的展示和销售场所。随着互联网等新的销售平台的产生,现在产品的渠道有了更多的形式。竞品的渠道选择和市场表现数据是市场研究的重要方面。对产品营销渠道的选择也与设计活动和商业模式构建紧密相关。

价格是产品的销售价格,也包括它背后的定价策略和成本计算等深层信息。一方面,对竞品的价格进行收集和分析,可以找到市场上竞争处在较低烈度的价格区间,从而差异化地规划自身的产品;另一方面,也可以选取稳健的产品定位策略,找到最易被市场接受的产品价格区间,进而对设计创意的发散过程进行指导和收束。

推广所包含的内容是产品的营销手段和相应的销售表现。要了解竞争对手的宣传推广策略,它们选取什么样的方式、时间和地点将恰当的信息投放到目标市场中?使用何种媒介?有着怎样的回报?同时,制定自身产品和服务的推广策略以积极应对竞品的挑战。

人包含两个方面:一是产品的受众,要把握他们真正的需求,分析他们在消费选择时的偏好;二是对自身设计和营销团队的理解与评估,只有掌握团队的优劣点,才能有效地在设计和决策时扬长避短、事半功倍。

对于文创设计课题而言,市场研究法既是进行前期市场研究的大纲,也是制定具体营销方法的指导。

3. 方法的局限性

5P 营销理论及其各种变化是制定成熟、完善市场营销计划的基础,也可以被用于在设计工作开展之初对竞品和市场现状建立较为立体的认知。它的优势在于其简洁性，但仅仅依靠这一方法不能为复杂的产品或服务构建起完整的、与时俱进的市场营销策略。例如，针对专注于消费者的产品，还可以在用户需求（customer needs）、便利性（convenience）、成本（cost）和交流（communication）等关键要素构成的4C模型框架下，实现对人更为全面理解。

二、商业模式规划法

1. 使用场景

商业模式画布是一种被广泛应用的讨论商业模式的综合性视觉工具，可用于评估早期概念阶段商业想法的雏形，也可用于分析企业现有商业模式的优劣、威胁与机会。

前文中提到文创设计者需要直面市场；一方面，要听取市场的声音并以适当的设计方案回应市场；另一方面，要具备产品经理的思维，不仅要完成设计方案，也需要对文创产品的商业模式有整体上的把握。在此背景下，商业模式画布是一种直观便捷的工具，可以帮助使用者描述、评估和改进商业模式。通过这个工具的使用，能够精准定位目标用户、合理解决问题、正确审视现有业务、发现新业务机会等，帮助设计者清晰地建立商业模式有关元素的各种逻辑关系。

2. 内容和流程

商业画布的模板包含九大模块（图3-9），分别是用户细分、价值主张、渠道通路、客户关系、收入来源、核心资源、关键业务、重要伙伴和成本结构，覆盖了商业行为关注的四个层面：用户、产品及服务、基础设施和财务能力。对整个商业模式画布来讲，以价值主张模块为分隔线，其左侧的四个模块更重视效率，其右侧的四个模块更重视价值。

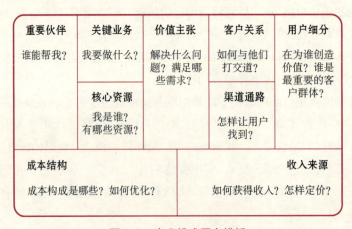

图3-9　商业模式画布模板

用户细分（customer segments）描述企业的目标用户群体，这些目标用户群体如何进行细分，以及每个细分目标群体有什么共同特征。设计团队需要对细分的用户群体进行深入分析，并在此基础上设计相应的商业模式。在此模块中应回答两个问题:我们在为谁创造价值?谁是我们最重要的客户群体?

价值主张(value propositions)描述为细分用户群体创造价值的产品或服务。这些产品和服务能帮细分用户群体解决什么问题,满足他们的哪些需求?

渠道通路(channels)描述通过什么方式或渠道与细分用户群体进行沟通,并实现产品或服务的售卖。渠道通路应描述以下问题:接触用户的渠道有哪些?哪些渠道最为有效?哪些渠道投入产出比最高?渠道如何进行整合可以达到效率最高化?

客户关系(customer relationships)描述与细分用户群体之间建立的关系类型。比如,通过专属客户代表与用户沟通、通过自助服务与用户沟通、通过社区与用户沟通等。

收入来源(revenue streams)描述从每个细分用户群体如何获取收入。收入是商业模式得以运转的动脉,在这个模块应回答通过什么方式收取费用、客户如何支付费用、客户付费意愿如何、如何定价等问题。

核心资源(key resources)描述需要哪些资源才能让目前的商业模式有效运转起来,核心资源可以是实体资产、金融资产、知识资产、人力资源等。

关键业务(key activities)描述在有了核心资源后应该开展什么样的业务活动才能确保目前的商业模式有效运转起来,如制造更高端的产品、搭建高效的网络服务平台等。

重要伙伴(key partnerships)描述相关的产业链上下游的合作伙伴有哪些,和它们的关系网络如何,合作如何影响企业等。

成本结构(cost structure)描述有效运转所需要的所有成本。应分清固定成本和可变成本、成本结构是如何构成的、哪些活动或资源花费最多、如何优化成本等。

对设计师而言,关于商业模式的分析可能是一项陌生的工作,但在文创设计课题中,它往往是不能缺失的重要一环。完成商业模式画布可以让文创设计者对文创产品设计或服务的价值实现路径有了总体上的筹划,才能够切实靠近其创作性工作的最终目标。

3. 方法的局限性

商业模式画布是一种简化的分析工具,相较于商业计划书它更重视可视化的定性表达,而弱于对于投资回报数据的精确计算,因而无法直接用于衡量商业计划的可操作性。

三、数据分析法

1. 使用场景

依靠互联网时代的数据及新的数据收集和分析模式,理解人的行为和需求,并从趋势上把握社会文化生活的脉搏。

2. 内容和流程

大数据代表了一种信息处理技术和方法论。广义上的数据是能输入计算机,并被计算机程序加工处理的对象。大数据是信息的资产,它是巨量数据的集合,还具有数据种类多、潜含价值高、需要快速计算能力等特征。

以往的数据多为易于存储的以文本为主的结构化数据,而现今各种非结构化的数据越来越多,包含图片、音频、视频、地理位置信息等。数据的多种存在形式催生了更加强大的数据处理方式,它们与日益巨大的数据量一同为从大数据中发掘出更高的价值创造了可能性。此外,快速的数据处理能力也使大数据挖掘区别于以往的数据处理技术,能适用于更多的应用场景。

大数据概念的提出与云计算、机器学习、神经网络等概念有深入的关联。对文创设计而言,大数据的应用是较为表层的,主要是运用大数据处理的逻辑以及某些数据分析结果,目的在于形成对用户喜好和潜在文化爆点的判断。

杂乱的数据经过梳理和清洗,才可被称为信息。信息中包含着规律,对信息中的规律进行总结形成知识。在商业活动和设计创作中对知识的有效运用是智慧。从数据到信息,再到知识,形成智慧,是大数据时代对数据进行处理的逻辑(图 3-10)。

我们可以轻易地观察到,通过数据分析,很多网站可以较为准确地了解目标用户的口味偏好,生成有针对性的推荐列表;购物网站通过对消费者消费习惯的分析,判断未来一段时间产品的流行趋势。现在大数据已经不再是高高在上的抽象概念,对这一工具的运用已经深入生活的方方面面。文创产品设计师可以借助一些开源的数据研究结果,也可以与数据发掘和研究的团队进行合作,启发设计思考,测试和评价设计概念。大数据运用中也存在着一些思维陷阱,尤其是要学会克服因果关系的简单思维,寻找数据联系背后的真正原因。

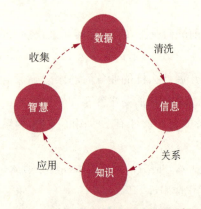

图 3-10　大数据时代数据处理逻辑

从某种层面上看,大数据是对群体选择直观的分析,而扎根理论是对感性表达的深层意义的发掘。两者分别侧重定量和定性的角度,也有一些共通的地方,可以对照使用,以掌握社会文化生活的脉搏。

大数据研究的资料是结构性和非结构性的数据,扎根理论的资料则是目标群体的一定数量的经验资料,也可以认为是一类非结构性的数据。扎根理论的研究范式具有明确的结构性。该方法要求研究人员在研究开始前不进行理论假设,直接在实际观察和收集、分析资料的过程中总结经验,进行归纳概括并将其上升为具有普适性的理论。这是一种从下往上建立实质理论的方法,即在系统性收集资料的基础上寻找反映事物现象本质的核心概念,然后通过这些概念之间的联系建构相关的社会理论。

扎根理论的研究过程(图 3-11)分为以下步骤:问题产生、资料收集、资料编码、理论构建以至理论饱和。扎根理论的方法创新点在于每个步骤中都发展出独特的观点和工具。扎根理论的产生受到实用主义影响,在研究问题产生的过程中尤其带有实用主义色彩,要求研究者在研究开始时不预设具体问题,而是以一种模糊的兴趣切入研究的情境,在与不同主体的互动或观察中自然发现和提出研究问题,强调问题的自然涌现。

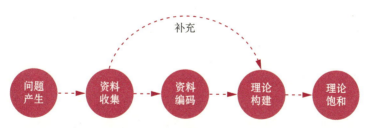

图 3-11　扎根理论的研究过程

资料收集阶段中通常运用观察和访谈等经典质化研究方法,又带有明显的自我迭代需求。不同于以往研究先提出假设再配合进行随机抽样的资料收集方法,扎根理论的抽样以一种理论性抽样的方式推进,即在研究的过程中依据前一阶段的研究形成概念、范畴或理论来指导下一步的抽样和资料收集。这样的抽样和资料收集过程要以"理论饱和"为目标,即在此范畴内收集新的资料和数据已无法产生新的理论见解时才停止。

资料编码阶段主要工作包括开放式编码(open coding)、主轴式编码(axial coding)和选择式编码(selective coding)三个层级的资料分析工作,这也是扎根理论的核心环节。

简略而言,开放式编码的目的是从众多资料中发现关键事件或主题,并初步归纳出概念类属或标签。这个阶段要求研究者尽量悬置个人"偏见"和研究界"定见",按照所收集的资料本身呈现出的状态进行录入。这是一个将收集的资料打散、赋予概念,然后再以新的方式重新组合起来的过程,产出的结果是根据丰富且离散的资料得到的概念名单。

主轴式编码是编码过程的中间阶段,通过分析,从初次编码的结果中进一步发现主要概念与次要概念类属之间的有机联系。这些联系可以是因果关系、时间先后关系、语义关系、情境关系、相似关系、差异关系、对等关系、类型关系、结构关系、功能关系、过程关系、策略关系等。在主轴登录中,研究者每一次只对一个类属进行深度分析,围绕这一个类属寻找相关关系,因而称之为"轴心"。在此阶段,研究者头脑中带着开放式编码的思考对材料进行分析,可能会产生新的观点和想法,或者添加新的概念类属,进一步组织和完善概念名单。

选择式编码是在所有已发现的概念类属中发现核心概念,寻找到与其他次要类属建立系统联系的逻辑,并填充未来需要完成或发展的类属概念,剔除关联性不强的类属的过程。通过选择式编码把零散、碎片化的概念类属整合、串联、集中起来,形成一个系统的理论架构,最终达到理论的饱和性和完整性。按照扎根理论的提出者巴尼·格拉瑟(Barney Glaser)与安塞尔姆·施特劳斯(Anselm Strauss)的阐述,理论是在概念以及成套概念之间的合理的联系。

在设计创意过程中,三级编码的研究思路也可以被改造为一种团队的结构性头脑风暴方法。

备忘录撰写是贯穿整个扎根理论研究过程的任务。形式多样的备忘录是最初编码与最终理论之间的桥梁,研究者可以在研究的任何阶段进行备忘录的撰写,其内容从编码建立到研究者的思考无所不包,帮助研究者保持对相互关联的过程的审视,在对行动与事件进行定义的同时,在不同的范畴间建立联系,将研究者的思维成果融入研究过程。扎根理论在探究研究对象的意义的同时,也探究研究者的意义。

3. 方法的局限性

总体而言,大数据和扎根理论都是基于数据的研究方法,在研究领域和精度等方面互相补充,因而在此一并介绍。大数据分析需要大量的数据支持,但是数据的质量往往难以保证,数据中可能存在噪声、缺失值和异常值等问题,这些问题会影响分析的结果。同时,在大数据分析过程中涉及大量的个人信息和隐私数据,如何保护数据的安全和隐私是一个重要的问题。扎根理论是一种基于实证研究的理论,但是在应用中难以避免受到研究者主观认知和经验的影响,导致结论的偏差。

四、观察法

1. 使用场景

前文介绍的大数据和扎根理论等方法可以帮助在一定量的数据基础上理解社会生活和社会现象。在设计工作中还需要对于具体的人的生活、行为、欲求等产生理解,这就需要采取一系列观察和探询的设计研究方法。

2. 内容和流程

设计不应是设计者的自我陶醉,而必须服务于具体的人。在设计的程序中对利益相关者产生移情理解的重要性不言而喻。观察、探询并将结果可视化是完成这个任务的必要手段。观察与探询模块下有很多灵活的工具形式,设计研究者可以依照设计研究任务的需要、时间和成本的制约等选取和组合。对资料的整理、筛选以及可视化的过程也是设计团队统一认识、激发创意思考的过程,其结果既是沟通工具,也是决策依据。

首要需要明确的是观察的对象。设计服务于人,在现实中大多数项目都要面对数个不同的利益相关者。设计不能只考虑其中一部分人的利益和价值,而忽视甚至损害他人的利益,好的设计应该带来多赢的结果。因此,在设计创意的程序中,利益相关者分析(图3-12)既是一种重要方法,也是一个不可跳过的环节。

图3-12　利益相关者地图

设计项目中的利益相关者是影响设计结果价值发挥的所有相关参与者,根据这种影响程度的高低,又可以将其分为直接或间接的相关者。从终端回溯,一款文创产品最核心的利益相关者是其消费者、使用者(这两者经常统一于一人),其次是销售者、生产者和设计者等直接利益相关者,还可能涉及仓储运输者、原料提供者等间接的利益相关者。在设计过程中,必须较为全面地考虑以上各种相关者的需求。成功的设计不仅要满足消费者和使用者在功能和情感方面的需要,也要符合销售者的营销策略,还要考虑生产加工的难易程度和成本高低,甚至考虑尺寸和包装的细节,以适用于高效、低成本的运输方式。

明确定位设计的利益相关者地图是运用观察和访谈工具的前提条件。访谈对象不限于最终用户,也需要与行业专家、生产者、销售者以及其他利益相关者进行深入交流,全方位收集信息,为设计活动提供全面而有价值的参考。

设计的受众是无数鲜活具体的人,要理解其中的极限和非典型用户,并在设计当中考虑到他们的需求。例如,为了让老年人或视力障碍群体也能同样享有设计的价值,设计中文字的大小、间距、色彩对比等方面都值得反复推敲。此外,极限和非典型用户也是一种资源,加深对他们的理解可能会给设计带来新的特性,甚至激发出全新的设计创意。这也是在当今移动互联网时代,统计学中长尾效应理论(图 3-13)的一种应用。

观察的方法大体上有非介入式与介入式两种。在非介入式的观察方法中,有意使研究人员不直接参与被观察者的活动,不影响被观察者的自然生活化的呈现。这可以最大限度地减少非生活常态化的互动可能导致的潜在偏见及对被观察者行为的影响。

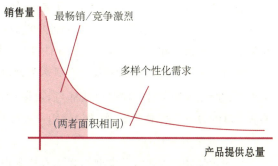

图 3-13　长尾理论示意图

这类观察通常十分灵活,不会按预先确定的标准来对观察结果进行具体分类或编码登录。但这并不意味着非介入式观察开始前不需要进行准备工作,事实上,设计研究团队需要对被观察者以及观察的要点预先规划。例如,可以使用后文会提到的 AEIOU 等工具框定观察的信息结构与深度。

根据观察者角色的不同,非介入式的观察又呈现出不同形式。第一种是"秘密的局外人",也就是远程的观察者,要求观察者尽可能隐蔽自身的存在,最大限度地减少研究人员或记录设备的存在可能对被观察对象的行为产生的任何影响。例如,使用隐藏摄像机拍摄观察对象。此外,监控录像等视频资料也可以被应用于此类观察研究。第二种是成为"公认的局外人",即观察者在身份被知晓的情况下,在研究环境中以自然和不引人注目的方式定位自己进行观察和记录活动。例如,在某些医学试验中,进行诊疗行为的医生同时也是实验的观察者。

有些情况下,设计团队还可以将自身视为观察对象,尤其是面对一种全然陌生的产品或体验时,好奇而不带先见地把自己带入情境,有意识地利用所有感官去体会用户所面对的境况和体验。

观察行为的结束并不意味着观察方法的结束,观察的结果需要被分类和分析,以获取启发性的洞见。随着认知科学、脑科学等学科知识对设计研究过程的介入以及以 AI 为代表的科学技术的发展,越来越多的仪器与软件也被广泛应用于设计创意的程序。尤其是在观察和观察结果的分析过程中,眼动仪、微表情解析系统等的使用让设计研究者如虎添翼,不仅可以依靠自身共情能力直接理解人与情境的互动,以及背后的动机、情感与价值,也获得了更加客观、直接、迅捷的数据运算能力的支持。

发声思考(think-aloud)也是一种设计研究中常用的观察方法,其英文的原意是"脱口而出",要求用户将他们实时的想法、行为或感受在完成一组任务时直接口述表达出来。在这个过程中不仅需要获得被观察者有意识的结构化表述,也希望获取他们未经思维加工的表达并分析潜在原因。

这种方法在实际应用中有两种类型,并发性和回顾性。并发性的方法要求任务参与者在完成任务的同时用语言说明他们在做什么,以及他们的思考和感受是什么。测试的重点是发生了什么,而不是为什么。在这种类型中,参与者对测试任务的完成和他们的语言表述是同步的。回顾性的方法要求参与者安静地完成一项任务,同时通过视频或图像记录他们的行为活动细节。任务完成后,邀请参与者回顾他们的体验过程,在回顾中表达对产品、服务或程序中的某个节点的体验和感受。其目的是评估产品、系统或服务的可用性。

发声思考方法在设计程序中的不同环节都可以应用。前期,可用以了解目标用户在使用某类现有产品或服务时的愉悦点或痛点,发掘设计的机会;在设计测试阶段,也可以输入有足够保真度的设计原型或产品,邀请目标用户进行测试和验证,以修正或改良设计方案。

3. 方法的局限性

介入式和非介入式两种类型的观察方法各自存在局限性。当用户知道自己被观察时,其行为可能有别于通常情况;然而如果不告知用户即进行观察,就不能不考虑道德、伦理等方面的潜在问题。

五、探询法

1. 使用场景

在观察之外,还需要以问卷和访谈等方法进一步探询对象的需求以及他们对于特定产品或服务的认知、意见、消费动机以及行为方式。此外,也需要通过与业内专家以及设计的众多利益相关者的多方位交流,全面地理解设计任务并勾画新的设计蓝图。

2. 内容和流程

访谈是设计研究中常用的方法,可在文创设计流程的各个阶段发挥效果。通常访谈是一种基于设计研究者与受访者直接接触的方法,收集对方关于感知、经历、态度、意见等的第一手个人描述,但有时也可以通过电话或视频通话远程进行。访谈中除了语言表达的内容,还要注意收集受访者表情和肢体语言在过程中呈现的潜在信息。

访谈有很多种形式,从问题的组织形式角度可以分为结构式与非结构式;在参与人数上,有一对一进行的,也有以小组形式进行的;在对象上,既可以针对用户,也可以针对行业专家等角色。从这些区别出发,访谈的方法衍生出多种形态。

所谓结构性的区别,在于结构性访谈依照问题脚本结构化推进,而相对非结构化(或半结构化)的访谈,允许在对话中灵活变通,发掘一些不在预设问题清单上的新内容。调查者的态度、经验、专业能力等方面都可能会影响访谈的结果,要避免将其主观意识和偏见带入访谈。访谈通常只是设计研究策略的一个组成部分，还需要问卷或观察等方法来验证和补全数据。

在访谈中可以使用阶梯式的问题设计策略，起始于产品或服务的表象，通过不断重复和深入提问涉及意义与价值，建立设计的某些特性与用户的心理模型和个人价值观之间的关系。不断让受访者思考"为什么这对您很重要"，将产品的显性特性与这些有深度的价值诱因联系起来。

产品或服务的显性特性是在问询中要首先了解的层面，这一层直接与设计的属性关联。当受访者被问到为什么购买产品或喜欢特定服务时，他们可能会通过描述产品的特性来回应。例如，"我喜欢这辆车，因为它是敞篷车"。对特性再深入挖掘，则可能触及人的属性和需求。例如，再询问受访者为什么喜欢敞篷车，受访者可能会表达出驾驶敞篷车会感到年轻和自由。价值观揭示了每个需求的满足如何与个人生活的核心价值相关联，揭示产品为何能引起人们的深刻共鸣。例如，关于汽车喜好的这个例子中，核心的价值在于：年轻的感觉使受访者感到有吸引力。

通过阶梯式的不断深挖，确定产品属性与个人动机之间的联系，这些动机就是人们购买或使用产品、服务的原因。

焦点小组是一种结构化或半结构性的访谈方法，一般由一个经过训练的调查者主持，预设部分或全部访谈问题，与一组被筛选出来的被访问者以会议的形式进行。主持人的职责是活跃气氛，调动每个人的积极性，以便其在每个问题上都发表观点。有时对于受访者较为难以直接回答的问题，主持人可以用投射的方式提问，比如将问题表述为：如果是您的朋友，他会怎么选择？但是主持人自己不能参与讨论，不能做诱导性的表达，尤其要避免就主题发表观点，否则会导致结果的可信度不足。焦点小组会议需要全程进行视频、音频记录，用于后续的综合分析。

和其他很多方法类似，在文创设计的流程中，焦点小组可以在理解用户和测试产品等多阶段被运用。

问卷的形式多种多样，应用广泛。这是一种从人们那里收集关于他们自身信息、看法、想法、感受或行为的自我报告信息的方法。问卷可以作为单一方法使用，也可以融入其他访谈方法的程序。如今，各种线上的问卷调查和分析工具的应用，让问卷的使用更加方便和灵活化。

问卷调查中的问题有多种类型，如封闭式的问题要求受访者从给定的答案中强制选择单一或多个选项；开放式的问题没有固定的答案范围，以鼓励讨论或更具体的描述性答案；假设式的问题启发受访者对行为或行动进行推测；比较式的问题要求受访者在两个或多个方案选项之间进行判断。

情书/分手信是从基本问卷调查发展出的一种方法。如今，产品或服务的使用者已经习惯了在点评平台或个人社交网络发表评论或推荐，与之类似的情书/分手信这一类方法邀请客户使用直观的媒介和格式表达对产品或服务的情感反馈。

受访者被要求向"拟人化"的产品、系统或服务写信,而不是写给一个人。例如,写给汽车或其特定功能的情书,可以揭示用户对它的喜爱和期待以及背后的原因。通过这份情书可以深入了解受访者与产品互动和产生情感联系的特殊时刻和感受。因为对什么引起喜悦、迷恋和忠诚的描述是情书中的常见主题。如果这是一封分手信,则会提供受访者对于与汽车的关系如何、何时以及在何处破裂的见解。

这样的信件可以让设计研究者深入了解人们为什么放弃特定的品牌或特定的产品、服务。此外,在写分手信时受访者通常会分享他们现在对什么新产品感到满意,以及这些新产品的信息和特性,它们具备哪些旧产品所不具备的价值。情书/分手信是一种很有针对性的方法,尤其适用于对竞品和自身设计的对比分析。

为产品的特性出价是一种直观和游戏化的探询方法。其形式是对产品的功能或特性进行标价,向受访者提供一定数目的虚拟代币,这些代币只够购买一部分有限的产品功能或者特性。让受访者使用有限的购买能力,在这些功能和特性间做出抉择,以揭示他们的价值观和偏好。通过一定数量的试验数据的积累,可以非常直观地将结果可视化地展示出来。这种方法也可以转化为一种模拟拍卖的形式,不仅要求受访者做出选择,还要求他们对看中的方面进行竞价。拍卖的结果能够更直观地凸显出最值得设计者注意的设计机会。

文化探针是一种设计研究者为被调查者提供工具包,让他们创造性地记录和展示自身生活中的想法和价值,从而激发设计想法的方法。这些工具包可以但不限于:相机、地图、录音笔、笔记本、贴纸等。它常用于探索与特定的一群人或文化背景相关的话题和主题,对于探索文创设计的主题尤其具有实践意义。

基本的流程是先对选中的被调查者进行简要的介绍,邀请他们在一段特定的时间内对其生活中发生的特定事件、行为和感受等方面进行记录,有必要时需要为他们提供一些工具包使用的范例,以确保结果的有效性。在规定的时间结束后,收集资料并进行汇报。通常为了验证和补充被调查者提供的信息,还会邀请他们进行一次简报,邀请他们描述他们彼时的体验和想法。

工具包的设计是该方法中的一个重要环节,不仅需要依照被调查者的行为能力合理组合,而且时常需要设计研究团队依据具体任务预先设计相应的图表或其他可视化工具。

3. 方法的局限性

访谈的方法对于调查者自身的相关能力有一定要求。调查问卷类的方法可能无法准确反映真实的想法、感受、观点或行为。文化探针是灵活和非正式的方法,很难确保获得科学的统计学信息。这类方法通常应该与其他信息收集方法(如观察、情境分析或协同设计等)共同运用、互为补充,实现对特定设计问题的全面把握。

六、可视化理解法

1. 使用场景

角色画像和体验地图等方法在形式上是对前面设计研究的结果的可视化理解。对内,其产出可以帮助设计团队更好地理解设计对象和设计问题并统一认识,发现核心痛点,启发针对性的设计思考;对外,它是与甲方或者其他相关者交流沟通的工具。

2. 内容和流程

为了深入理解设计的目标人群,同时强化设计团队对于设计需求和目标等方面的共识,人物角色画像是一种非常有效的设计研究工具。在对用户群体有了一些认知后,设计团队可以着手进行初步的人物画像勾勒,并随着认知的加深和修正不断对其迭代更新,以确保画像的可用性。

人物角色画像(图3-14)是基于对于设计对象的抽象认识的具象化表达,通常需要涵盖人物的年龄、性别、居住地、婚姻状况、习惯爱好、休闲时间、教育水平、职业职务、社会背景、生活环境、思维方式等信息,要求尽量具体翔实,以描绘出令人信服的鲜活人物形象。

图3-14 人物角色画像的简要模板

在这个过程中,要灵活使用观察与访谈等方法获取的照片、图像、受访者原话、故事等信息,帮助人物形象鲜活起来。设计团队需要跳出思维框架,激发创造力,建立同理心,灵活使用身边的各种材料制作剪贴海报,甚至绘制一个真实尺寸的人物,逐步为其添加和完善各种细节。

通过团队的头脑风暴可以产生一些初步的洞见来帮助加深理解,而观察和访谈的结果可以用以夯实画像。正如前文提到,整个设计程序是非线性的,在观察、学问和可视化的过程中,这些方法和工具是可以根据实际的进展交替使用的,以迭代更新得到更理想的阶段性结果。

AEIOU工具(图3-15)是帮助理解用户、从人物角色画像进入体验地图的中间一环;同时,它也适用于设计研究程序前期细化用户观察任务的阶段。AEIOU为活动(activities)、环境(environment)、交互(interaction)、物品(objects)、用户(users)几个英文单词的首字母。它帮助设计团队在具体的环境中捕捉用户与产品或服务的交互事件,并从中发现机会。

该工具可以用表格的形式呈现,每个关键词引领一列,对应着数项具体的研究任务。在活动一栏,团队需要解答如下问题:发生了什么?人们在做些什么?他们的任务是什么?他们实

图 3-15　AEIOU 工具

际上是怎样完成任务的？在这之前和之后发生了什么？在环境一栏，团队需要解答：环境是怎么样的？该空间有什么样的特性和功能？在交互一栏，团队需要解答：该系统中的人彼此是如何交互的？交互的触点都有哪些？操作由哪些行为组成？在物品一栏，团队需要解答：有什么物品和设备被使用？是谁在怎样的环境下使用了该物品？在用户一栏，团队需要解答：谁是用户？用户扮演了什么角色？利益相关者都有谁？谁在影响他们？

它提供了一种简明的结构，可以作为团队用以自查的量表，提升了设计研究任务管理的效率。更重要的是，它帮助设计团队有效地与被观察者接触和沟通，以发掘他们真正的需求。

体验地图是对前面两个工具的综合运用，以用户访谈和观察为基础，从用户的视角出发，以时间为线索，将他们在产品和服务使用流程中的体验可视化。通过对关键节点的情绪变化的分析判断，发现用户的痛点，洞见设计创意的机会点所在。

体验地图通常包括但不限于以下要素：阶段、用户目标、行为、触点、用户想法、情绪曲线、痛点等。

阶段指用户完成某一件事所经历的大的步骤，通常根据场景或时间的变化，分解为使用某产品或接受某服务前的准备和预热、具体的过程、其后的收尾和评价等。用户目标是提取用户在每个阶段要达成的真实诉求。行为是用户在流程中每一次对工具的使用及与其他相关者的互动。触点是用户在体验过程中直接接触到的有形或虚拟的交互对象，如银行服务中的柜员、表格、票据和相应手机应用等。用户想法是用户在每个行为背后的思考内容，通常要依靠访谈和观察的手段推断得出。情绪曲线是将用户在流程中实时的情绪起伏波动可视化的呈现和评价。情绪曲线上的低谷即体现出用户的痛点，对与之直接对应的体验要素进行分析可以发现设计的机会。

体验地图通常用于对现有产品或服务在真实场景中的使用体验的记录分析。对于文创设计而言,体验地图常可灵活用于前期的设计定义发现阶段,也可用于设计原型的测试阶段。

3. 方法的局限性

在使用人物画像工具时,要特别注意,那些描述过于简短的画像可能会导致错误的理解。即使核心要素相同,如果描述不够详尽,其所代表的潜在用户也可能完全不同。这也是为什么在完成画像时需要深入挖掘和尽可能详细地理解对象。

在生成体验地图的过程中,要着力用语言和文字传达感情,与团队共同创作以修正个人的情感偏差。此外,不要局限于形式,从一开始就过分注重美化和修饰图表而忽视对内容的琢磨推敲是一种本末倒置。

七、头脑风暴法

1. 使用场景

头脑风暴是所有创意工作者都在广泛使用的方法,在有限的时间内,基于无限制的自由联系和讨论,激发团队的集体思维,产生尽可能多的创造性想法。头脑风暴方法的核心在于营造一种创意产生的情境,让参与者尽可能开动脑筋、畅所欲言。它是产生设计概念的重要环节和方法,同时在文创设计的其他环节中也有应用价值。

2. 内容和流程

头脑风暴呈现为多种形式,既有非结构化的自由发挥,也有结构化的集体会议,还可以有一个人的头脑风暴。它的产出多种多样,除了提出新鲜概念想法以外,其产出还可以包括文本、草图等多种可能;除了定义潜在问题与寻找可能的答案外,也可以帮助团队定位各种阻碍问题解决的障碍与其背后的原因。

在此简要介绍一种被称作帽子游戏(hat game)的头脑风暴方法。这个方法给每个参与者分配不同的帽子来代表不同的角色或身份,鼓励他们从帽子代表的立场出发思考和表达,从而激发团队的创造力。

帽子是这一方法中的首要道具。在开始前需要准备一些不同颜色、形状或样式的帽子,每个帽子代表一个特定的角色或身份。可以有多个相同的帽子,以便多人扮演同一角色。帽子所代表的角色可以根据课题的具体情况确定,如领导者、创意者、分析师、协调者、观察者、反对者等。

在会议开始时,首先要将帽子随机分配给参与者,每个人只能拥有一顶帽子。确保每个角色或身份都有人扮演。一旦每个人都戴上了自己的帽子,就需要开始扮演自己的角色。每个人应该根据自己的帽子来思考和表现自己的角色特点。在有些情况下也可以在头脑风暴过程中安排交换帽子的环节,此时所有人都要根据新的帽子切换身份和立场。

在帽子游戏进行过程中,参与者需要与其他人合作,根据自己的角色特点来完成任务或解决问题。他们可以利用自己的角色优势,通过与其他角色互动,共同达成目标。

帽子游戏强调团队成员之间的沟通和交流。参与者需要清楚表达自己的角色意图、需求和观点,同时倾听和理解其他人的角色。这有助于加强团队协作和理解,产出有价值的结果。

游戏的过程中,需要将重要信息记录下来。在游戏结束后,还要及时进行反思总结。参与者可以分享他们在扮演不同角色时的体验和学到的教训,有助于团队成员更好地了解彼此、增进合作,并从中汲取经验。

除了这一方法,还有画廊游戏(gallery game)、故事接龙(story chain)、逆向思考(reverse thinking)、6-3-5法(6-3-5 method)等多种方法可以在文创设计的流程中灵活运用。

不论形式如何,头脑风暴的操作中都有几个必须注意的规则:鼓励所有人异想天开、畅所欲言,以量求质,重点在于产出想法而非对想法的评论;可以被别人的想法激发但要忠于原创;要在过程中保持清晰的目标并控制会议的时间。

头脑风暴的进行和总结可以借助思维导图的形式进行,有很多软件工具如Xmind、百度脑图等使这项工作变得更加简单快捷。

3. 方法的局限性

尽管头脑风暴方法在激发创意和促进团队合作方面有很多优点,但也存在一些局限性。第一,在头脑风暴过程中,团队成员可能受到群体思维的影响,即倾向于追随主流意见或避免提出不同的观点。这可能导致一些创意被忽视或被压制,影响头脑风暴的效果。第二,团队成员可能会产生大量的想法,但并不是所有的想法都是有价值的或可行的。有时候,过多的想法可能导致团队难以筛选和评估,从而浪费时间和资源。第三,头脑风暴通常在有限的时间内进行,这可能导致团队成员感到压力,影响他们的创造力和思考深度。有时候,创意需要更多的时间和空间来发展和成熟。第四,头脑风暴往往侧重创造性思考和创意产生,但可能忽略了实施的计划和执行的细节。没有明确的行动计划,创意可能无法得到有效的实施。

八、快速原型法

1. 使用场景

快速建立原型和以原型进行测试,是设计流程中的重要步骤,既是对前阶段产出概念的可视化尝试,也是开启后续阶段的必由之路。原型在设计操作中大致有两种解读:低保真原型(mockup),即用身边唾手可及的简单材料和工具制作的草模;高保真原型(prototype),即能够部分或全部模拟产品的造型、功能等方面特征的模型。前者要求较快的创建速度,它可以帮助设计创意团队可视化设计概念并借此做出决策。

2. 内容和流程

快速原型搭建的方法同样非常多元,通常与测试紧密相连。PD6(product development in 6 hours)是一个以团队形式进行的工作坊,由一支或数支团队参与,在六个小时的规定时间内针对给出的设计问题进行创意解答。在这段有限的时间内,团队要完成概念的发想、设计方案确定、快速原型搭建、简报文件编辑等工作,并在六小时后进行公开的方案路演。

由于有路演阶段的存在,这种方法更强调在时间限制中用创造性的方法搭建和展示团队的设计想法原型的能力,折纸、积木、视频、定格动画、故事板、角色扮演甚至各种天马行空的想法都被鼓励使用。

对于很多确定的设计课题，PD6是一种效率极高的推进方式，可以让设计程序迅速进入下一个阶段。同时，它也是一种对于团队日常工作节奏的打破，有助于提振士气和创造力。此外，它也是一种磨合设计团队、提升凝聚力的工具。对于文创设计项目而言，不论是初期对于产品概念的验证还是对潜在商业模式的模拟，都可以借鉴这种快速原型搭建工作坊的方式。

故事板（storyboard）起源于电影行业的分镜头草稿，是一种直观的、可视化的思考和展示工具（图3-16）。在设计流程中，它被用来对前期的调研结果进行整合演绎，或模拟产品、服务的使用情境与程序以验证或修正。故事板的主角通常是前阶段中描绘的典型人物画像，每个人物依据其不同的背景和价值需求等，有着各自独特的故事板。故事板以时间为线索，以充满镜头感的画面捕捉使用者与产品、服务或环境的互动，以及在此过程中他们的情感变化与价值评价。

图3-16　故事板创作

可以使用故事板直观地捕捉社会、环境和技术等因素，以及这些因素如何塑造和影响使用者与触点的交互。在设计测试阶段，故事板通过突出具体情境、行为目标和可能的行动顺序来建立同理心、揭示关键触点并测试备选设计方案。

角色扮演的方法是让设计团队成员扮演使用者，从他们的身份和视角出发，模拟在实际使用场景中可能体验到的产品和服务流程。可以使用身边简单的非技术材料，如用椅子代表汽车的座椅、用卡纸绘制道具等来辅助角色扮演。通过角色扮演，可以快速展示和评估设计概念。

该方法可以在设计概念的边界尚未被完全定义的情况下使用，以充足的灵活性来面对可能的复杂情境中更广泛的行为可能性和突发影响事件，探索在应用场景下和体验程序中可能出现的痛点与甜点。

对原型和产品的测试很多时候是基于观察和访谈等方法的，因此，前文介绍的一些工具往往也同样可以用于这个阶段。

3. 方法的局限性

快速原型法的目的是快速验证概念,可能会忽略一些细节和复杂性,导致在后续的开发和实施阶段需要花费更多的时间和资源来解决这些问题。原型的搭建和测试需要投入一定的时间和资源,在项目进程紧张或资源有限的情况下,可能无法充分利用这类方法。因此,使用此类方法时团队需要在时间和资源上做出权衡和规划。简化的版本或近似的模型可能无法完全反映最终产品的所有细节和功能,导致基于该原型的反馈和体验与最终产品有所不同。另外,测试通常在受控环境下进行,无法完全模拟真实的使用场景。

九、价值分析法

1. 使用场景

通过价值曲线与上瘾框架的使用,可以对文创产品的市场表现进行预测和监控,实现对文创设计全生命周期的把握。通过这类方法得出的数据和结论可以有效地指导产品或服务的改良与迭代。

2. 内容和流程

商业社会中,如果以价格为标志,设计成果价值的最高点往往就出现在它被售出的那一刻。正如迪耶·萨迪奇(Deyan Sudjic)所说:"几乎所有的物品,只要我们一开始使用,就会摧毁当初我们说服自己爱上它的原因。"[1]如何让其价值变化曲线上出现新的高点?这是设计者不能回避的课题。

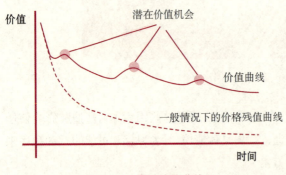

图 3-17　产品价值曲线

这里借用了商业分析中的价值曲线工具(图 3-17),并加以改造,以更形象地表述这一现象。试想存在这样一个坐标系:横轴是设计成果存续的时间,从使用者入手开始到其生命周期结束;纵轴为价值的高低,一般以价格来量化体现。价格通常可以代表价值,在这里将其设定为一个大众认可的固定购买价格,然后将其价值的时间性变化与这个固定值进行比对。当把一个个现实中的设计成果填入后会发现,大部分的曲线都是一路走低直至趋于零,这就是商业社会的现实。

总体而言,商业社会中产品的价值和生命周期还是在一种"有计划的废止制度"的操控之下。但现实生活中,总会有些偶然因素让价值曲线出现意外的高点。比如,购买朋友心仪已久的产品当作礼物送给对方,带来感动与惊喜的情绪价值;手机遗失后体现出来的附加在其上的

---

[1] [英]迪耶·萨迪奇. 设计的语言[M]. 庄靖,译. 桂林:广西师范大学出版社,2015:17.

信息的价值,让失主愿意付出高于其当下价格的金钱悬赏找回;购买一盆幼苗,精心照顾让其苗壮成长直至鲜花盛放、果实累累,这期间凝聚了消费者的时间和期待的价值。

产品价值曲线的使用价值在于推导设计或产品推出后与使用者和真实生活情境的互动中潜在的价值机会,然后将这些可能性植入设计的语言中。

商业上成功的设计要能够让用户产生依赖与使用习惯。先明确比约恩·福格(B. J. Fogg)的行为发生模型公式(图3-18):行为＝意愿＋能力＋触发条件。要想引发对象做出某种行为,就必须诱发其对此的意愿,降低对其能力要求的门槛,同时赋予一个触发该行为的契机。

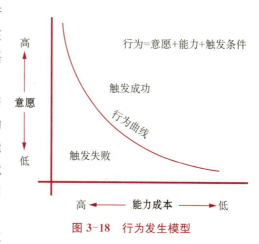

图3-18　行为发生模型

意愿,也就是欲望、需求或者痛点。亚伯拉罕·马斯洛(Abraham Maslow)将其分为生理、安全、社交、尊重和自我实现五个层次的需求。行为发生模型的提出者福格将其分为三大类:感觉,追求快乐,逃避痛苦;期待,怀抱希望,逃避恐惧;归属感,期待认同,害怕拒绝。

能力是相对的,实质上取决于用户需要付出的成本,所付出的成本越低就意味着其完成这个行为的能力越大。在行为发生理论中,主要涉及六种成本,即金钱、时间、体力、脑力、社会压力和习惯改变。在设计中最直接的任务是提升可用性和易用性,也要通过合理的工艺材料决策、市场营销模式的设计等直接降低金钱成本。

触发条件就是一个提醒,提示用户该怎么去使用产品,如微信未读信息的小红点。

行为发生模型的一个应用案例也与微信有关。彼时微信准备进军移动支付,而当时的移动支付领域是支付宝一家独大,想要劝说用户转而使用微信非常有难度,因为他们已经养成了使用支付宝的习惯,没有改变的意愿。微信要做的就是降低成本,提升用户尝试的意愿,并为用户们提供一个触发下载和使用它的条件。他们巧妙地在春节期间推出了微信抢红包的活动,手指点一点对话栏里的红包图标就可以参与,即使不太熟悉智能手机使用的老年人也可以轻易学会并乐在其中。收发红包本来就对春节期间的中国人有着重要意义,再加上"手慢即无"的设定,更激发了大家"抢"的行为。意愿、能力、触发条件都具备了,抢红包的游戏很快风靡起来。用户迈出第一步后,又逐渐在厂商的引导下完成银行卡绑定、扫码消费,从而让微信支付在很短的时间内大规模铺散开来。

文创设计总是一种创新驱动的尝试,无论是新的形式、功能,还是产品类属层面的创新,都需要从行为和习惯养成的视角审视,将意愿、能力、触发条件几个维度纳入设计思考。

行为模型揭示了行为产生的机理,而上瘾框架(图3-19)是一种帮助解析如何让用户将产品融入自身生活习惯的工具。这一工具基于行为发生模型,扩展了触发条件的范畴,加入筹赏和投入两个环节,深入探索使用习惯和用户黏性的形成条件。

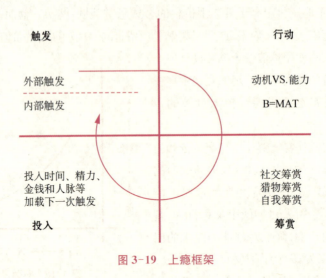

图 3-19　上瘾框架

在这个框架中，在更大的系统层面拓展了触发条件的范畴，外部触发条件除了小红点这种自主型触发条件，还包括付费型、回馈型和人际型触发条件。付费型主要指通过广告或搜索引擎的推送等模式，吸引用户尝试。回馈型主要指通过正面的媒体报道、热门网络内容等，获得用户的关注。人际型，顾名思义，是指社群和熟人推荐。内部触发条件则基于用户当下的行为和感情状态驱动，就如所谓"说走就走"的旅行。

筹赏是指对用户的行为进行多种多样的奖励刺激，不单单是经济方面的，更重要的是社交、自我实现这些高层次的需求的满足，是对产生行为的意愿的多层面和重复性的满足。比如，知乎平台吸引用户的地方就在于，人们可以在上面分享专业的知识而得到他人的点赞和认同，获得社交价值和自我实现的满足感。

投入是指用户为某个产品或服务提供他们的个人数据和社会资本。不仅包括金钱方面，更包括时间、精力和专注度的投入，应该可以获得更高的品质和价值。比如所谓的"宜家效应"，用户在宜家买了一个鞋架，得到的是一堆板材和五金件。当用户回家自己动手组装完成后，虽然这鞋架并不完美，但用户对它的喜爱很可能超过其他昂贵的成品家具。因为组装的过程中，用户投入了劳动，并因此对该物品产生了依恋。这也可以用上面提到的价值曲线工具进行分析：产品在设计的时候留有余裕，向用户发出共同完善它的邀约，这种深入的参与感带来了与产品的感情羁绊。

在文创设计产品中，我们看到一些广受欢迎的新的类型，如考古工具箱等，都是这一原理的现实应用。

3. 方法的局限性

无论价值曲线还是上瘾框架都是一种简化的模型，基于有限的样本、数据和使用者自身的经验及知识背景推导得出的结果不具备普遍性。关注的重点在于个体对产品和服务的价值评价和上瘾机制，往往忽视了社会文化等宏观因素的影响。

十、造字六法

1. 使用场景

从某种意义上讲,设计是"翻译"的过程——将新技术翻译成用户可以轻松掌握的功能,将新材料翻译为具体而亲切的形式。设计这一行为一直以来都和语言具有类比的可能。造字六法是对中国文字的创造方法的总结,也为文创设计中对文化元素的转化和运用提供了可借鉴的模式。

2. 内容和流程

汉字的造字六法(图 3-20)有象形、指事、会意、形声、转注和假借。严格说来,转注和假借这两种应属于用字的方法,换言之是一种二次创作。

象形,即通过描述客观事物的形态来传达字义。比如,汉字"日"是太阳的形象,"水"是蜿蜒的河流,"火"是升腾的火焰。同样地,在文创产品设计中,我们也看到很多有趣的形象化表达。

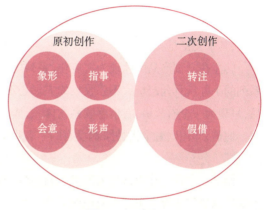

图 3-20　造字六法

这是最直观的一种方式,如取国画中"山"的形象制作的珐琅胸针、取窗格的样式制作的檀木书签、用上海标志性建筑剪影组合的折扇等,很容易让用户找到设计背后的文化原型,唤起审美共鸣。

指事,即一种抽象的造字法,也就是当没有或不方便用具体形象来创作文字时,就用一种抽象的符号来表示。大多数指事字是在象形字的基础上添加、减少笔画或符号。如"上",原本是在一横之上再书一短横,来表达位置在于高处;"刃"字是在"刀"的锋利处加上一点作为标示;"小"则是用三个点来表示微小之物。

这种侧重结构性的方式,在文创设计中体现为对经典元素的解构或者再创作,在原本的文化元素上增加的是新功能或者新审美角度,如将希腊柱式的柱头的样式用于座椅的设计,再如平遥古城将地图的线条和色块提取出来做成鼠标垫装饰图案的设计。这种方法要求设计者抓住素材的核心元素,并在设计中从功能或其他角度合理地突出这些元素。

会意,即"意义的交会"或"因交会而产生了新的意义",是将两个独体字的形式和意义组合起来合成一个字的造字方法。比如,日与月相会,构成代表光明的"明"。

会意在文创设计中体现为组合,通过组合实现一加一大于二的价值。如以乐高为代表的拼接玩具,从基础的元素开始,依靠用户的想象力和动手能力建造出完整的作品,使用户在过程中收获乐趣和成就感。2022 年北京冬奥会大火的吉祥物"冰墩墩",也是对熊猫和冰雪两种意象的创意组合。如何定位和选取基础元素,如何让设计最终呈现为和谐与惊喜,是见设计者功力之处。

形声，即使用形旁和声旁的组合来表达字义。如"架"字，木表意，加表声，合起来就代表木制的用来放置物品的用具；再如"悟"字，心表意，吾表声，是心里明白的意思。

形声的方式在文创设计中体现为运用"谐音梗"的设计，通常用人们熟知的动物、植物的形象，利用它名字的谐音传递好的寓意。如一对小象骑在马背上的摆件，代表了"马上有对象"的祝福；再如一对柿子形象的瓷罐，代表着"好事成双"的愿望。这一类设计要求构思巧妙、象形精美，不宜太过直白从而丧失思维的美感。

转注的解释尚有争议，暂且从义转、音转、形转三个层面演绎，指同样含义的文字有相同发音或部首，内核是文字意与形的联系与变化。如"颠"与"顶"，其本意都是头顶；再如"窍"与"空"，其本义都是孔。

转注在文创产品中体现为家族化、系列化的设计开发策略。如近年来大火的盲盒，用一个系列的手办玩具勾起玩家不停收集的完形心理；再如"Line Friends"卡通形象及其周边文创产品，呈现为一个有故事、有情感联系的体系，成员互为助力推高了整个系列的热度。

假借，即用同音字代替原本没有的字。例如，"自"本来是"鼻"的象形字，后来借作"自己"的"自"。

假借在文创设计中体现为所谓"替换""跨界"的方式。替换，最直接的是材料的替换。如前文提到的用废弃卡车篷布做出时尚背包的 Freitag 品牌；也有发挥杜邦牛皮纸防水、防撕特性，将其设计制作为纸钱包的国内小众品牌。跨界，则是摆脱原本范畴的束缚，通过文创设计的方式，将形象与功能引入新的领域。如经典电视剧《乡村爱情》人物形象推出了盲盒玩具；再如知名饼干品牌奥利奥（Oreo），在《权力的游戏》（*Game of Thrones*）最终季播出时，推出装饰有剧中家族徽记的饼干。跨界经常伴随着 IP 借用与联名等形式。

3. 方法的局限性

以上的造字六法，始于对优秀文创设计产品的归纳性分类，推而至设计创意过程中的工具与方法。其可以作为启发创意思考的框架，在设计的流程中需要与其他具体的创意方法共同使用。

十一、方法与程序的结合

上文以 10 个模块为标题简要介绍了部分适用于文创设计的方法与工具。从商业模式、市场研究和趋势分析开始，经过观察和探询形成可视化的理解，通过头脑风暴形成设计概念，以快速原型测试，运用价值分析工具监控市场表现。整体上又可以参照造字六法进行归纳分类以及生成总体的框架。对这些方法的合理选用以及组合串联起设计程序的不同阶段。有些方法的使用场景不限于单一的阶段或场景，读者可根据实际情况灵活运用。

文创设计的方法论是基于以人为中心的设计理念，运用设计思维，针对文创设计课题的难点和价值主张建构的。本章介绍了一些文创设计中可以应用的方法和工具，读者可以在实际的设计项目中灵活运用，依实际情境需要改良。切记工具要为人所用，人不能被工具控制而丧失了创造性。要坚持设计思维和开放性的创新态度，不要惧怕阶段性的挫折失败，以一种开放性的态度和非线性的程序去追索最佳的结果。文创设计的特殊性还要求将对文化元素和文化现象的把握贯穿设计程序始终。

 案例研读

同济大学的二十四节气视觉形象设计

一、设计背景

源远流长的中华文明孕育了数不胜数的文化瑰宝,其中,二十四节气就是一种对于生活节律精妙而诗意的阐释。

在那个没有先进科技和现代气象观测工具的农耕文明时代,人们不得不依赖自然界的物候现象来安排种植、收获及其他农事活动的时间。古代智者开始观察太阳在黄道上的运行轨迹,逐渐摸索出了一套基于太阳视位置的时间划分系统。最早在《礼记·月令》中记录了春秋时期鲁国的二十四节气名称。随着时间的推移,这一时间系统的设计逐渐完善和丰富,演进为中国传统历法的一个重要组成部分。汉代的《淮南子》进一步加深了人们对节气的认识,提供了有关节气更为详尽的描述和解释。

二十四节气不仅是人类对自然规律的认知和把握,也是连接古代与现代、传统与现实的纽带。它的产生、发展和影响展示了古代中国人民智慧的结晶,同时也对现代社会的农业、文化、环境、健康、科学研究等方面产生了积极的影响,仍然具有深刻的历史、文化和生态价值。它是中华文明的珍贵遗产,也是全人类文化多样性的瑰宝之一。

2006年中国的二十四节气被联合国教科文组织列入人类非物质文化遗产代表作名录。这让二十四节气得到了更广泛的保护和传承,也让世界各地更多人有机会了解和认识中国的传统节气文化。

一直以来,同济大学高度重视传统文化在校园中的传承和发扬。为了推动传统文化与校园生活的深度活态融合,同济大学以二十四节气等传统文化精华为载体,从文化宣讲、视觉传达、餐饮服务和活动等角度出发,进行了多维度设计的尝试,收获了丰硕成果。同济大学的二十四节气视觉形象设计就是其中一项卓有成效的尝试。

二、前期调研

在设计的前期调研阶段,如果时间等条件允许,不宜过早地聚焦具体的现象和问题,以至失去获得有深度的洞见的机会。该课题的调研以节气和同济大学校园生活两个重要元素为线索逐步展开,进而扩展至设计对象和相关设计成果等具体内容。

设计团队首先以对二十四节气产生系统化的理解为目标,通过二手资料调研、田野研究等手段梳理了巨量相关资料,绘制了较为完备的知识图谱。其中涵盖了与节气相关的方方面面信息,包括但不限于节气文化的产生传承与地域性发展、每个节气和其物候所对应的气候变化特征、标志性动植物、农事和庆典活动、文学作品、民间故事传说等内容,并不断完善。这样的调研工作不但为后续工作做好了设计材料的丰富储备，也让设计团队对节气文化有了更加深入的理解。

调研工作的另一重点是同济大学校园生活，设计团队通过对校史馆资料及互联网材料的发掘和整理，较为系统地提炼了同济大学自1907年创建以来的发展历史，梳理了重要的时间节点、事件、人物、标志性建筑、景观、校园故事及文化现象等。这些内容为后续的设计工作奠定了文化基调，构筑了其视觉语言的句法。

该课题的设计目标是可视化传播传统节气文化，促进校园生活与文化生活的活态结合。其首要受众是广大的在校学生群体，也包括其他与学校首页等设计触点发生交互的对象，如老师、校友、考生等。在设计调研工作中，以问卷和访谈等形式有针对性地对以学生为主的设计对象进行了研究，获取他们对于节气和同济大学生活等内容的知识、态度和期望。请他们对前期工作中整理的关于节气和同济大学生活的重要视觉符号进行了评价与排序，从而确定了被最广泛认可的设计元素。

此外，随着二十四节气愈发被当今社会重视，各类以之为主题的设计创作也愈加丰富地出现在生活当中，包括但不限于海报、插画、绘本、摄影、短视频、纪录片等。设计团队广泛收集了相关设计创作，一方面对作品本身的创作理念、表达风格和技巧等进行了深度分析，另一方面也对作品的评论进行了收集、整理和编码，从而更加准确地定位受众对于这类设计创作的态度与期许。

在前期调研工作的支撑下，团队进行了初步的视觉形象设计创作。然而，设计的研究工作并未就此画上句号，而是贯穿在设计的整个过程当中，以确保设计始终保持在以人为中心的正确路径之上。

三、设计过程

（一）团队组建

应对这一课题挑战的首要工作是组建适合的团队。设计项目开始之际，以同济大学设计创意学院认知和行为设计工作室为核心，同济大学博物馆、后勤处、餐饮服务团队、学生志愿者等部门和个体积极参与，组建了具有复合背景的设计团队。团队成员间对于设计目标的共情理解与无间合作无疑是该设计项目能够顺利进行并取得硕果的组织基础。在此过程中，各部门各司其职、各尽所能，推动了从设计调研到落地各个环节的顺利有序进行。这一设计团队的组建思路体现了对于协同设计方法的理解与应用。

（二）设计过程

设计团队先将同济大学的典型校园生活场景与节气生活元素结合，绘制了设计方案的初步线稿（图3-21至图3-24）。通过内部及设计对象对线稿的评议，确定最终设计的视觉风格与设计方向。在这一阶段，使用实景照片与单色线条的结合是一种高效直观的方式。

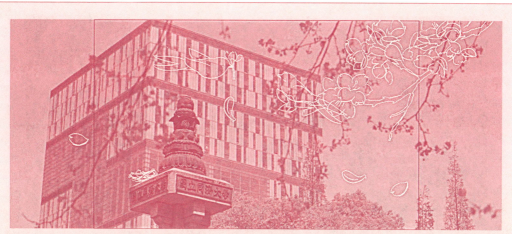

图 3-21　同济大学节气生活线稿——华表与樱花

图 3-22　同济大学节气生活线稿——图书馆与莲花

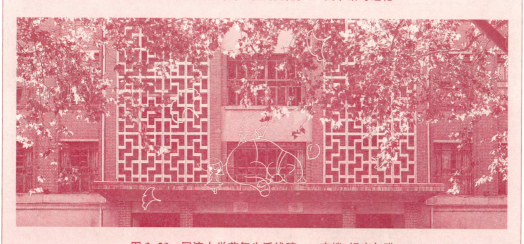

图 3-23　同济大学节气生活线稿——南楼、银杏与猫

图 3-24 同济大学节气生活线稿——雪后的三好坞与鹅

设计团队在图片线稿的基础上进一步进行了部分色彩稿的尝试,并基于反馈不断完善设计方案(图 3-25 和图 3-26)。

图 3-25 同济大学节气生活线稿——樱花大道与长桌宴

图 3-26 同济大学节气生活线稿——嘉定校区与龙舟

四、成果展示

通过与同济大学师生的访谈,听取他们的评价和意见,进一步修改和细化了设计方案。最终形成二十四幅清新生动的插画设计,每一幅插画中都巧妙地融入了校园景观、节气物候和对应的活动。该系列被用于对应节气期间的同济大学官网题图展示,下面展示其中一部分设计成果(图3-27至图3-33)。

图3-27　同济大学二十四节气之立夏

图3-28　同济大学二十四节气之小满

图 3-29　同济大学二十四节气之大暑

图 3-30　同济大学二十四节气之霜降

图 3-31　同济大学二十四节气之立冬

图 3-32　同济大学二十四节气之大雪

图 3-33　同济大学二十四节气之大寒

　　该系列视觉形象设计一经推出迅速获得了广泛好评,切实引发了同济大学师生对于节气这一文化传统和生活智慧的关注与热情。设计团队也因此获得了来自校方的更多相关设计委托,结合节气与饮食两大主题,先后在同济大学校园内完成了多重活动和服务的设计,并促使同济大学将迎宾馆餐厅改造为节气生活的主题餐厅——伴墨园(图3-34和图3-35)。伴墨园的设计自然也由该团队主导推动。节气和校园生活的故事,仍在同济大学里继续着。

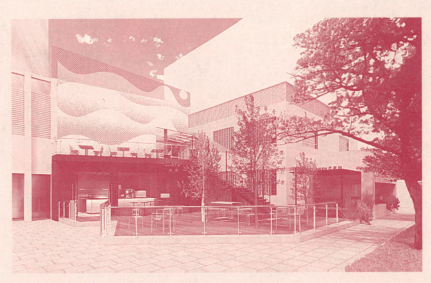

图 3-34　同济大学伴墨园餐厅整体外观设计

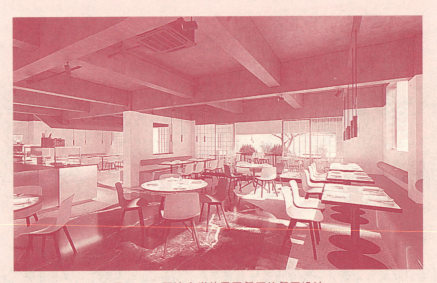

图 3-35　同济大学伴墨园餐厅就餐区设计

　—— 思考题 ——

1. 使用商业画布工具分析一个成功的文创设计案例,推导它对应的商业模型。
2. 在访谈的方法中,结构性与非结构性有哪些区别与相同之处?该如何选用?
3. 查阅并在课堂上介绍一种游戏化的头脑风暴方法。

第四章

数字技术对文创设计影响

学习目标

学习完本章,你应该能够:
(1) 了解人工智能的概念以及文创设计的影响;
(2) 了解大数据的概念及对文创设计的影响;
(3) 了解沉浸式技术的概念及对文创设计的影响;
(4) 了解数字化文创设计中的设计伦理问题。

基本概念

人工智能　大数据　沉浸式技术　设计伦理

当今的世界正愈发受到数字技术的影响。作为一个前沿的科技领域，数字技术将有望为人类带来颠覆性的创新成果，并成为塑造人类未来生活的重要力量。以大数据、云计算、物联网、人工智能(AI)、可穿戴设备、5G、虚拟现实(VR)和现实增强(AR)技术等为代表的新兴数字技术正在悄然影响着文创行业的方方面面。它们重构了企业、设计师、消费者之间的关系，颠覆了文创设计的内容和形式，促进了观众与文创产品的互动交流，改变了文创产品的感知和消费方式。这促使从业者重新思考和改进文创设计的方法范式、内容、形式和商业模式，以快速有效地应对技术革新带来的行业机遇与挑战。因此，数字技术在文创领域的创新中发挥着至关重要的作用，它极大地推动人们重新组织和思考新的文创设计模式。本章将详尽介绍数字技术对文创设计的影响，涉及 AI 辅助创意方法与设计工具、大数据和沉浸式技术等新技术对文创设计的影响、数字平台与设计素材管理和新技术影响下的文创设计伦理问题等内容。通过对本章内容的学习，读者可以快速了解文创设计领域中新兴技术的应用情况和未来趋势，鼓励读者拥抱技术变革，为文创设计注入技术驱动的创新力量。

第一节　AI 辅助创意与设计工具

一、人工智能的定义

人工智能一词是指那些将其功能描述为模仿人类思维的自然智能的"认知"能力的人造工具。通过对计算机系统进行算法设计和建模，它可以模拟人类思维的内容理解和决策能力。人工智能大体上可以分为三类：弱人工智能、强人工智能和超人工智能。

（一）弱人工智能

弱人工智能(weak AI)，也称为狭义人工智能(artificial narrow intelligence, ANI)，是经过人工智能训练并专注于执行特定任务的人工智能。目前，现实中的人工智能技术都可以被称为弱人工智能，它驱动了当今我们周围大部分的人工智能系统和硬件。对于这种类型的人工智能，"窄"可能是一个更准确的描述，因为它绝不是弱的，它已经可以支持一些非常强大的应用程序。阿尔法围棋(AlphaGo)就是弱人工智能的一个最好实例，AlphaGo 虽然在围棋领域超越了人类最顶尖选手，但它的能力也仅止于围棋。其他代表性应用实例还有中国深度求索公司的 DeepSeek LLM、美国苹果公司的 Siri、OpenAI 公司的 ChatGPT、特斯拉自动驾驶汽车的同步定位与地图构建(SLAM)。

（二）强人工智能

强人工智能(strong AI)，也称通用人工智能(artificial general intelligence, AGI)。强人工智能是指一种能够像人一样思考、学习和决策的人工智能系统，这种机器将会具有与人类同等级别的智慧。一般认为，一个可以称得上强人工智能的程序，它将具有解决问题、逻辑推理、知识表达、进行学习、规划未来和运用自然语言进行交流，并整合上述能力达成既定目标的能力。

目前,强人工智能仍是人工智能的一种理论形态,还没有实际应用的例子,但这并不意味着人工智能研究人员会放弃探索和发展。相信在不远的未来强人工智能将会变为现实,届时强人工智能的出现和应用将会改变行业乃至人类社会的发展进程。

(三) 人工超级智能

人工超级智能(artificial super intelligence, ASI)。牛津大学哲学家、未来学家尼克·波斯特洛姆(Nick Bostrom)在他的《超级智能》(*Super-Intelligence*)一书中,将超级智能定义为"在几乎所有领域都大大超过人类认知表现的任何智力"。人工超级智能正是一种超级智能,它应该"能实现与人类智能等同的功能,即可以像人类智能实现生物上的进化一样,对自身进行重编程和改进,这也就是递归自我改进功能……ASI 的思考速度和自我改进速度将远远超过人类,人类作为生物上的生理限制将统统不适用于机器智能"。[1] 与弱人工智能、强人工智能相比,人工超级智能的定义最为模糊,因为没人知道超越人类最高水平的智慧到底会表现为何种能力。尽管如此,人工超级智能的前景引发了广泛的讨论和担忧,因为很多人相信人工超级智能的出现可能会对人类社会产生巨大的影响,引发危机甚至导致人类灭绝。其实,对于这种尚且停留在理论设想甚至科幻文学阶段的技术,大可不必太过担忧:一方面,科学审慎态度是必要的;另一方面,我们也需要认识到科技发展的趋势往往难以逆转,对其运用得当为人类造福才是主流。

(四) 人工智能、机器学习和深度学习

人工智能意味着让计算机以某种方式模仿人类行为,但如今出现了似乎与人工智能关联紧密的词,如机器学习技术和深度学习技术,它们之间又是什么关系呢? 如图 4-1 所示,机器学习是人工智能的一个子集,它包含使计算机能够从数据中找出问题并提供人工智能应用程序的技术。与此同时,深度学习是机器学习的一个子集,它使计算机能够解决更复杂的问题。

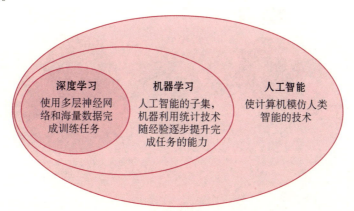

图 4-1 人工智能、机器学习和深度学习之间的关系

---

[1] 人工智能物联网网.科普:弱人工智能、强人工智能与超人工智能都是什么? [EB/OL]. https://17aiot.com/ai/867.html. [访问时间:2023-07-17]

二、人工智能的发展

在历史上,人工智能技术的发展经历过三次浪潮。1943 年,由沃伦·莫克罗(Warren McCulloch)和沃尔特·彼特(Walter Pitts)第一次创建了电子大脑(electronic brain)。1956 年的达特茅斯会议(达特茅斯夏季人工智能研究计划,Dartmouth Summer Research Project on Artificial Intelligence)将人工智能的概念正式化为科学的一个分支,这激发了许多人以自己的方式追求人工智能的应用目标,并引发了人工智能的第一次浪潮,这场浪潮持续了 30 年之久。到 20 世纪 90 年代,随着第五代计算机的兴起,人工智能再次进入了黄金期,但随着第五代计算机失败和美国国防部高级研究计划局削减投入,导致人工智能进入了第二次冬天。而后我们迎来了半导体技术和计算规模的快速发展,这一时期主要是利用机器学习(machine learning)技术来实现人工智能。例如,支持向量机(support vector machine, SVM)就是一种最简单的机器学习模型,通过对大量数据的分析,机器可以不断调整权值 W 和偏执 B,最终确定一个与真正目标函数接近的近似函数:

$$f(x) = Wx + B$$

其中:W 包含 i 个子权值 $\{w_0, w_1, w_2, \ldots, w_i\}$,$B$ 包含 i 个子偏执 $\{b_0, b_1, b_2, \ldots, b_i\}$。一组 (w_n, b_n) 被称为一个神经元,它可以通过反向传播算法调整自身的赋值,并计算处理传入的新数据。

深度神经网络(deep neural networks, DNN)在语音识别上的成功,卷积神经网络(convolutional neural networks, CNN)在图像识别上的成功,以及 Transformer 横跨自然语言处理(natural language processing, NLP)和计算机视觉(computer vision, CV)的新范式,使得人工智能的第三次革命浪潮就此爆发。目前机器学习技术主要分为三种,如图 4-2 所示,分别是监督学习、无监督学习和强化学习,三者解决问题的侧重不同。根据不同的应用场景和需求,应选择不同的机器学习技术,最终更好地解决实际问题。

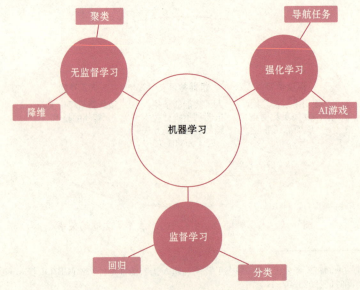

图 4-2 机器学习技术的主要组成结构

(一) 监督学习

监督学习(supervised learning)也称为监督机器学习,是机器学习和人工智能的一个子类别。它的定义是使用标记数据集训练,并准确地对数据进行分类或预测结果。当训练数据输入模型时,它会自动调整其权重,直到模型得到适当拟合,这是交叉验证过程的一部分。监督学习通常用于分类和回归问题。

1. 分类

分类(classification)即使用一种算法将测试数据准确地分配到特定类别中。它识别数据集中的特定实体,并尝试就如何标记或定义这些实体得出一些结论。例如,判断一张图片是猫还是狗,将垃圾邮件和普通邮件自动划分到不同的邮箱文件夹中,等等。常见的分类算法有支持向量机、决策树、k-近邻和随机森林。

2. 回归

回归(regression)用于理解因变量和自变量之间的关系。它通常用于进行预测,如预测未来1~2年的股票金融走势、未来的房价和天气情况等。线性回归、逻辑回归和多项式回归是比较常用的回归算法。

(二) 无监督学习

无监督学习(unsupervised learning)与监督学习不同,无监督学习使用机器学习算法来分析和聚类未标记的数据集。这些算法无须人工干预和标注即可发现数据中的潜在联系。因此,它们是"无监督的"。当专家或者设计人员不确定数据集中的关联属性时,这尤其有用。无监督学习模型常用于聚类、关联和降维这三种任务。

1. 聚类

聚类(clustering)是最常见的无监督学习任务,用于根据未标记数据的相似性或差异性对其进行分组。如使用 K-means 聚类算法将相似的数据点分配到组中,其中 K 值表示分组的大小和粒度。聚类任务有着广泛的应用场景,如目标市场预测、音乐类型分类、客户群体分类等。

2. 关联

关联(association)是一种无监督学习方法,它使用不同的规则来查找给定数据集中变量之间的关系。这些方法经常用于购物分析和推荐引擎,如抖音内容推荐系统、淘宝中"购买此商品的客户也购买了某产品"的购物推荐等。

3. 降维

降维(dimensionality reduction)是一种在给定数据集中的特征(或维度)数量过多时使用的学习技术。它将数据输入的数量减少到可管理的大小,同时还保持数据完整性。通常,这种技术被用于预处理数据阶段,例如,在自动编码器从视觉数据中去除噪声以提高图像质量时可以使用该技术。

(三) 强化学习

强化学习(reinforcement learning)是一种通过智能体与环境的交互来学习最优策略的机器学习方法,其核心目标是最大化长期累积奖励。在强化学习中,人工智能面临着类似游戏的情况。机器通过反复试验来提出问题的解决方案。为了让机器按照程序员的意愿行事，人工智能会因其执行的操作而获得奖励或惩罚。它的目标就是最大化总奖励。与人类相比，如果强化学习算法在足够强大的计算机基础设施上运行，人工智能可以从数千个并行游戏中收集经验。目前，强化学习主要用于自动驾驶汽车、机器人导航和控制、任务自动化等场景。

三、生成模型与人工智能创意

机器学习的本质是对数据的表征进行学习，因此，学会认识数据的向量表征是深度学习网络最擅长的工作。如何模仿这些学习后的表征成为人工智能领域新的研究方向。通过向人工智能模型输入一个随机的向量，经过多层神经网络后可以输出一个新的高维向量，这个向量可以代表一段文字、一个图像或是一个序列。这样的人工智能模型被称为生成模型（generative model）。不同于常见的预测和分类模型，生成模型的工作是让结果具有一定的创造力，而不是从已有的数据空间中随机抽取一个，这意味着模型的输出经过了自身的"思考"。研究生成模型有助于我们更好地利用计算机技术辅助创意设计，并将其应用在文化、产品、数字媒体设计等领域。

计算机视觉中的文本图像合成旨在理解视觉与语言之间的关系，并根据输入的文本提示生成相应的图像。这是一项复杂的生成性任务，因为机器学习模型必须先理解概念属性、空间概念以及不同概念之间的关系，才能在理解的基础上生成图像。文本到图像的生成要求机器对所创建的内容有深刻的理解，包括语义和上下文。这种多模态生成任务在图像制作、视频游戏等领域具有巨大的应用潜力。2015年，埃尔曼·曼西莫夫（Elman Mansimov）等人最早提出名为alignDRAW的生成模型。该模型将变分自动编码器（variational auto-encoders，VAE）和对齐模型生成的图像结合，可以生成对应于输入文本的创造性图像。短短一年后，斯科特·里德（Scott. Reed）等提出了基于生成对抗网络（generative adversarial networks，GAN）的零先验（zero-shot）转换生成模型。该模型奠定了条件生成模型的基础。此后，大量基于GAN的生成模型开始爆发式增长，如StackGAN、AttnGAN和DF-GAN，它们都在不同的细分领域上有不同的解决方案。GAN的兴起给计算创造力领域带来了活力，但生成的图像总体看来还过于生硬，且GAN网络相较于其他网络训练难度较大，基于GAN的模型在复杂的领域通用场景中仍然存在性能低下的问题，因而很难产生令人满意的结果。

2017年，机器学习领域迎来了一次新的革命，阿西什·瓦萨瓦尼（Ashish Vaswani）等人发表了一篇名为《注意力就是你所需要的一切》（"Attention Is All You Need"）的论文，提出了变革性的Transformer神经网络架构。该架构由一个编码器和一个解码器组合而成，并引入了注意力机制。Transformer会对数据信息进行上下文的解读，在计算一个特定时刻的局部特征的同时会考虑到整体特征的关系，并且解码器在解码时还能共享由编码器获得的特征。注意力机制使得机器对文本和图像的理解力提升到了一个新的高度，这种理解方式与人类对世界认知的过程非常类似，通过该结构能提高机器的创意表现。随后的几年里，许多研究人员开始集中于注意力机制与大参数深度模型集成研究，模型生成结果的质量和理解达到了前所未有的水平。

2020年，美国人工智能研究公司OpenAI提出了DALL-E模型，这是一种具备120亿个参数的GPT-3语言模型。它通过dVAE和Transformer模型进行训练，dVAE将一个图像压缩到计算机令牌(token)中，Transformer用于建模文本和图像标记的联合分布概率，训练期间使用最大似然估计算法生成所有token。DALL-E模型可以创建拟人的图像，变换对象的基本属性，包括表面材质、合成形式、内部和外部结构，并实现对场景视点的控制能力。此外，它还可以根据文本提示将不相关的概念组合起来，生成真实或想象的图像。这意味着它不仅可以扩展到各种设计任务中，而且还具有联想和创新发明的能力。如图4-3所示，当我们输入一段文字，希望生成有牛油果形状的椅子时，DALL-E可以生成许多不同的带有牛油果纹理、形态、颜色的椅子。

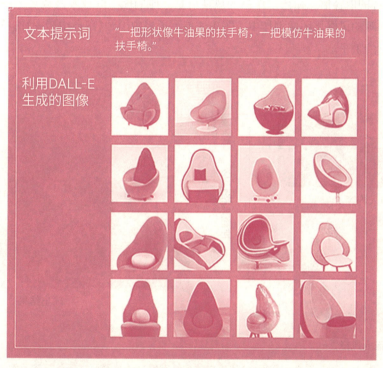

图4-3　DALL-E创意生成产品设计

生成模型的出现给计算创造力和创意市场带来了无限可能，如可以利用人工智能进行创意写作和创意绘画，给智能化的文创设计带来无限可能。我们将在下文具体介绍人工智能在文创设计中的应用。

四、人工智能技术在文创设计中的应用

(一)人工智能创意绘画

绘画是一种文化和创意的艺术表现形式。千百年来，无论是凡·高的《星夜》还是王希孟的《千里江山图》，都能体现时代和历史的文化内涵。人们在看到这些画作时都会被绘画的艺

术气息吸引。在文创领域,这类大师的画作通常会作为一种风格或模板被进一步设计到各类文创产品中,并通过文创产品进行文化传播。然而,以特定风格重新绘制创造性的图像需要训练有素的艺术家进行实作,这种方式将耗费人力成本和时间成本。因此,如何将艺术作品中的文化特征转化到文创产品中,这吸引了许多计算机科学研究人员的密切关注。

此前有大量的研究和技术探索了如何将图像转换为合成艺术品。在这些研究中,非真实感渲染(non-photorealistic rendering, NPR)成为计算机图形学中一个稳固且主流的领域。然而,大多数非真实感渲染风格化算法都是为特定的艺术风格而设计的,并且不能轻易扩展到其他样式。加蒂(Gatys)等人首先提出利用CNN特征激活函数来重新组织给定内容的照片和著名艺术品的风格。其背后算法的关键思想是迭代优化图像,目标是匹配所需的CNN特征分布,这涉及照片的内容信息和艺术作品的风格信息。他们提出的技术被成功地应用到了具有给定艺术品外观的风格化图像创作中。图4-4展示了将中国画《富春山居图》的特征风格转移到长城照片上的例子。

图4-4 将《富春山居图》的风格转移到给定照片的神经风格迁移算法示例

根据加蒂等人的算法,对风格图像的类型没有任何明确的限制,也不需要训练的真实结果,它打破了以往方法的限制。他们的工作开辟了一个新领域,称为神经风格迁移(neural style transfer, NST),该技术可以学习一种艺术作品的绘画特征,并将这种特征风格转换到任意的图像上,主要用于获取两个图像(内容图像和风格参考图像)并将它们混合在一起,使用卷积神经网络以不同风格渲染内容图像的过程。新的图像具有内容图像的原始内容,但"绘制"风格却是参考图像的风格。例如,机器可以模仿凡·高、达·芬奇等名画家的艺术绘画风格进行任意的绘画创作,这些图像可以是任意的图像。如图4-5所示,一张普通的照片,通过风格迁移模型可以输出为不同的艺术家创作风格。

图 4-5　通过神经风格迁移实现画家风格的绘图创作

近年来,由于图形处理器在张量(tensor)运算能力上的突飞猛进,人们已经可以处理一些数据庞大和系统复杂的机器学习模型。语音人脸识别、计算机视觉、自然语言处理等处于早期阶段的领域有了长足的飞跃。例如,通过一种"文本-图像"(text-image)的生成算法来生成令人印象深刻的逼真画作。其中最具代表性的是人工智能绘画工具 Disco Diffusion,输入一段提示性文字给机器,机器可以根据文字的上下文语境理解语义信息,并根据描述语句实现高分辨的机器作画。在文创设计领域,通过向 Disco Diffusion 传入带有文化特色的句子和创意需求,机器可以生成渲染或者手绘风格的图案。例如,输入提示语:"a beautiful painting of Chinese Shanshui landscape, clouds, inkstyle, trending on artstation"(即"一幅美丽的中国山水画,有云彩,水墨风格,符合'艺术站'上的流行趋势"),机器可以生成高质量的中国水墨山水画,如图 4-6 所示。

(二) AI 博物馆文化探索

在博物馆文化产业链中,为了吸引观众并提升个性化游览体验,人工智能技术可以改变历史文化藏品的探索方式。例如,对收藏品数据进行组织和重建,并分析用户观赏行为和个性化体验,再利用人工智能来赋能博物馆收藏品的数据可视化和交互体验。例如,人工智能可以对艺术品未知的策略偏好选择和多种艺术品的风格进行合成。例如,由 Meta(原脸谱网 Facebook)、微软和麻省理工学院合作开发的博物馆藏品个性化体验原型 Generist Maps(图 4-7)。

图 4-6　Disco Diffusion：通过文字描述生成高质量图像

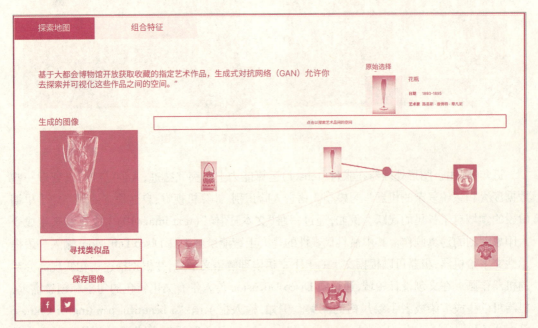

图 4-7　Generist Maps 博物馆藏品体验界面

除了对藏品风格的探索外，博物馆馆藏信息的数据处理和设计也是一项繁重的工作。随着文化机构将其收藏品数字化，文本、物品和艺术品都被进一步复制为电子记录，这些可用的文化数据量正在不断增长。然而，越来越多的人需要从这些数据中获得更多有用的信息和潜在关联信息。因此，仅仅将这些信息数字化并不能使馆藏信息实现自动访问、发现和自主理解，并且原来的标准界面不一定能实现用户希望的交互方式。为了解决这一问题，来自英国皇家艺术学院的博士奥利维亚·瓦内(Olivia Vane)进行了一项研究项目。该项目对伦敦威康收藏馆、V&A 博物馆、纽约库珀·休伊特史密森尼设计博物馆和斯德哥尔摩北欧博物馆的数据进行了新颖的时间线设计和可视化(图 4-8)。这项工作体现了一种博物馆文化、计算科学、数字人文和信息可视化等领域的交叉研究新范式。

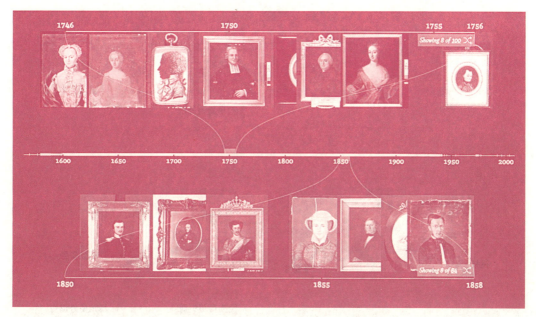

图 4-8 博物馆信息整理和可视化文化遗产数据

(三) 人工智能与非物质文化遗产

保护非物质文化遗产是保持社会连贯性和文化多样性的重要因素,但它也是现代社会的挑战。非物质文化的创意化数字产品及其人工制品的设计,已经成为保存和再利用非物质文化遗产的跳板,但非物质文化遗产提供的不仅仅是内容,还有过程和形式的体验设计。最近一项研究表明,人工智能技术为非物质文化遗产理解和感知开辟了新天地。研究人员开发一个名为 Chromata 的平台,用于提供在线资源和文化遗产的内容检索,并且利用人工智能分析多媒体数据,如三维姿态估计的民俗舞蹈识别和分析。各种各样的数据(如图像、视频、文本、音频和三维模型)通过人工智能分析被用于舞蹈识别和可视化、拉班动作分析和拉班舞谱生成、文本情感分析和文本生成等,如图 4-9 所示。设计师可以在其中创建虚拟体验的创作界面。此外,还可以采用三维重建技术来准确捕捉感兴趣的地方以及人类活动,以创建相关的虚拟空间。该平台旨在通过为用户提供兼具专业性和启发性的文创沉浸式体验来促进非物质文化遗产的设计创新。

(四) 人工智能诗歌创作

近年来,自然语言处理技术取得了巨大的进步。为了跨越人类和机器之间的沟通鸿沟,机器必须学习人类的语言和表达方式,理解不同语义和词义,并且认识到语义之间的关系,最终将非语言格式的数据转换成人类可以理解的语言格式。例如,谷歌的人工智能工具 Verse by Verse 允许用户使用美国经典诗人的"建议"来创作一首诗。其生成流程包括内容确定、文本结构、句子聚合、语法化、参考表达式生成和语言实现。如图 4-10 所示,程序从不同

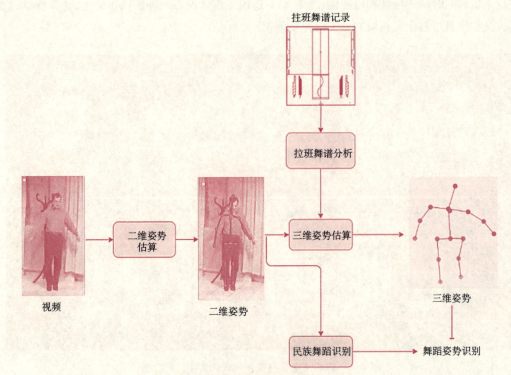

图 4-9　姿态估计、民俗舞蹈识别和文本分析以促进非遗文创设计

图 4-10　"Verse by Verse"人工智能诗歌生成界面

诗人各自的作品中收集信息生成创作建议,最终能够写出令人折服的优美诗歌。除此之外,用户可以选择不同类型的作诗风格,这是因为诗人们所作的诗歌在语言特征上会有所不同,而机器在学习过程中分别对不同诗人的诗歌做了划分。除了英文诗歌生成外,一些研究人员还实现了人工智能生成中文诗歌。该研究基于手写汉字识别和机器学习的藏头诗自动生成。首先,分别使用 AlexNet 网络和 ResNet50 网络训练手写汉字数据集,选择识别准确率较高的 ResNet50 作为诗歌生成模型的输入模块。其次,使用 GPT-2 模型训练 26 000 首五言诗,以构建藏头诗生成模型。最后,将这两部分结合起来。如果输入四张手写汉字图像,系统可以在字符识别后自动生成一首以这四个字符为首的流利的藏头诗,如图 4-11 所示。

输入字符	生成诗歌
米\箭\紊\簧	米尽山魈日,箭出塞垣空。 紊流金锁甲,簧中玉箫韶。
系\粉\酒\迎	系马随仙掌,粉墨含春色。 酒前红烛游,迎春入画筵。
雨\锁\那\箩	雨洗秋烟绿,锁高夕照红。 那知天地阔,箩花雨露寒。

图 4-11　人工智能生成中文藏头诗

第二节 | 大数据下的文创设计

一、大数据技术

(一) 什么是大数据

大数据,或称巨量资料,指的是传统数据处理应用软件不足以处理的大或复杂的数据集。简而言之,就是更大、更复杂的数据集,尤其是来自新数据源的数据集。这些数据集非常庞大,以至于传统的数据处理软件无法管理它们。但是,这些海量数据可用于解决以前无法解决的业务问题。大数据的意义在于其中蕴藏的内在价值和真实性,在发现价值之前它是没有用的,因而需要在大数据中寻找潜在的价值并以应用。

大数据可以帮助人们处理一系列业务活动,如产品研发、预测性维护、用户体验、隐私安全、机器学习、运营效率以及推动创新。网络科学(虚拟网络中的关系网络)和文本挖掘等技术从这些庞大的数据中提取知识,并识别非结构化内容中的模式,如垃圾邮件自动过滤器、淘宝和微博的协作推荐系统、婚恋网站上的配对功能、网上银行的欺诈检测等。除了作为新产品开发的基础之外,数据还可以成为洞察力的来源,使组织能够做出更好的决策,如委托导演拍什么样的电视剧才会更受观众喜爱,又如指导开发者开发什么样式的网页,或者建议公司老板如何奖励员工。

(二)大数据分类

大数据有三种不同的类别,分别是结构化数据、半结构化数据和非结构化数据(图 4-12)。

图 4-12 大数据的三种类别

1. 结构化数据

结构化数据指具有与自身相关联的适当结构的数据,具有对应的行列标注信息。例如,存在于数据库、CSV 文件和 Excel 电子表格中的数据可以被称为结构化数据。

2. 半结构化数据

半结构化数据指没有与之关联的适当结构的数据。例如,电子邮件、日志文件和 Word 文档中存在的数据可以被称为半结构化数据。

3. 非结构化数据

非结构化数据指完全没有任何结构关联的数据。例如,图像文件、音频文件和视频文件可以被称为非结构化数据。

二、大数据分析

大数据分析描述了在大量原始数据中发现趋势、模式和相关性以帮助做出基于数据的决策的过程(图 4-13)。这些过程使用熟悉的统计分析技术(如聚类、贝叶斯网络),并在更新工具的帮助下将它们应用于更广泛的数据集。随着近年来数据量的爆炸式增长,Hadoop、Spark 和 NoSQL 数据库等早期创新项目被用于大数据的存储和处理。数据工程师寻找方法来集成由传感器、网络、交易、智能设备、网络使用等产生的大量复杂信息,该领域不断发展。即使现在,大数据分析方法也正在与机器学习和云计算等新兴技术结合使用,以发现和扩展更复杂的创新洞察力。

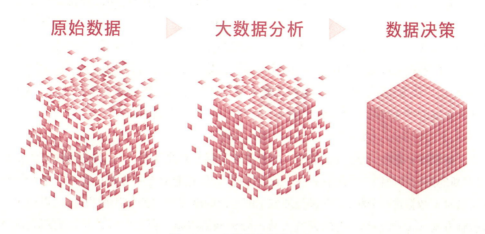

图 4-13 大数据分析处理流程

(一)大数据分析的工作原理

大数据分析是指收集、处理、清理和分析大型数据集,以帮助组织操作其大数据。

1. 收集数据

借助当今的技术,从云存储到移动应用程序,再到物联网嵌入式等,都可以直接或间接获得数据。一些数据将被存储在数据仓库中,通过商业智能工具和解决方案可以轻松访问这些数据。对于仓库而言,过于多样化或复杂的非结构化数据和原始数据可能会被分配元数据并存储在数据湖中。

2. 处理数据

处理数据的方式有批处理和流处理两种。收集和存储数据后,尤其是在数据量很大且非结构化的情况下,必须对其进行适当的重新组织构建,以便在分析查询时获得准确的结果。

3. 清理数据

为了获得准确且有效的结果,大数据或小数据都需要清理以提高数据质量。所有数据都必须正确标准化,并且必须消除或说明任何重复或不相关的数据。冗余数据可能会模糊和误导最终的结果。

4. 分析数据

分析数据一般来讲有三种方式。第一,数据挖掘对大型数据集进行排序,通过识别异常和创建数据集群来识别模式和关系。第二,预测分析使用历史数据来预测未来,识别即将到来的风险和机遇。第三,通过使用机器学习算法进行数据分层,并在复杂和抽象的数据中找到模式,以模仿人类的思维模式。

三、大数据对文创产业的影响

大数据对各行业创新和增长的影响令人兴奋不已,更多的数据和改进的分析方法可以帮助组织创造新的产品和服务,并优化决策能力。除了极少数文创产业外,如博物馆、图书馆与数字化馆藏,对于艺术和文化产业,包括艺术和文化机构以及音乐、出版、电影和广播等文化产业来说,大数据的产生和收集是一项极其富有挑战的任务。从这一点来看,大多数艺术和文化的相关产物并不在大数据世界中运作,但是许多开放数据却与文创产业息息相关,如网络社交媒体、来自用户反馈和评论的文本、视频音频以及传感数据等。当这些数据被放在一起时,文创产业大数据的潜在价值将会被挖掘出来,主要有以下四个方面。

(一)扩大和深化文创与用户的关系

为了精准设计定位,文创设计需要了解具体的目标受众是哪些人,并想方设法扩大目标受众,以创新的方式将他们与产品联系在一起。因此,大数据起着至关重要的作用。借助计算机技术可以对大数据进行分析,帮助设计师们了解当前的潜在用户群体和用户需求,以此进一步修改设计方案和设计决策。例如,通过大数据分析网络视频平台和电视台频道的观众群体和收视率,从而确定在哪个频道投放哪种类型的文创节目(图4-14)。

图4-14　北京卫视文创节目《上新了故宫》画面

(二)创造和衡量文创价值

文化和创意的价值是艺术设计的核心,在设计过程中应该强调文化和创意在产品上的附加价值,而不是赠送价值。也就是说,我们需要激励用户并为他们提供在文化和创意上难以忘怀的体验。事实证明,衡量这种非货币类型的价值,并将文创价值的重要性传达给投资商、赞助商以及终端用户,往往都比较困难。随着大数据的出现,这种情况正在发生变化。例如,通过社交媒体大数据来衡量文创因素如何为社会和个人做出贡献,分析并确定这些文创信息对社会和个人的影响力以及受欢迎程度,这种分析有助于更客观和精准地衡量文化创意在产品中所占的价值。

(三)开发新商业模式

近年来,文化创意领域的商业活动逐渐增加,其价值和影响力也在社会中不断提升,给新的市场和商业带来了多元化的创造性机会。但与此同时,商业模式的可行度存在着很大的不确定性。例如,难以确定消费者愿意为文创产品或服务支付多少费用,消费者愿意为一场剧院表演花费多少钱,或者如果是下载录播视频他们又愿意花费多少钱。当前的有效方法是采用"商业模式实验"收集大数据并分析学习。例如,在互联网上先发布广告和调查评价,收集大量数据后评估消费者对该文创产品或IP形象的态度和需求,最终根据需求进行文创直播商业投放(图4-15)。

图4-15　上海市文旅局正在利用直播大数据进行上海博物馆文创产品带货

(四)鼓励创造性的实验

如今,文创产业的跨界合作越来越多,人们也更倾向于在创造性的实验和数据中看到文化创意的价值。在游戏和娱乐方面,腾讯旗下手机游戏《王者荣耀》推出了西游记、三国、中国神话等相关文化的角色和创意装扮(图4-16)。虽然这种方式可以快速地投放文化并在下游产业迅速传播,但标新立异的文创融合产品往往会给最终的投放结果带来不确定性。例如,西游记和中国神话题材的文化创意设计是否能吸引年轻人,在设计之初需要进行详细和复杂的需求调研。如果明智地使用大数据,可以轻松地评估风险、识别问题和解决问题,支持文化创造力。

图 4-16 《王者荣耀》联动 1986 年版《西游记》国创文化经典原画设计

第三节 数据平台与设计素材管理

一、设计资产

设计资产是指进行设计的过程中需要的一切材料和知识碎片,如图标、符号、图案、数据等。从哲学的角度来看,设计结果是设计资产字典上的稀疏线性表出。这意味着任意一个设计产物都可以由设计资产中的元素构成,因此在设计资产字典中,设计素材的空间特征代表了对应设计目标的自由创作和创意程度。

设计资产可以是物理形式的,也可以是数字形式的。如产品设计时所用的原材料、器皿、手绘稿、故事板等以有形物理的形态构成(图 4-17);数字产品设计时所用的图标、文字素材、功能算法、图像、控件、流程图等以数字的形态构成(图 4-18)。虽然两者存在的形式不同,但这些设计资产的本质却是相同的,即以元数据(metadata)的形式存在于设计环境中。为了更好地规范和使用这些资源,便于公司项目标准化、流程化、可迭代化发展,设计资产管理已经成为当前设计公司重要的一环,使得不同素材可以得到正确的使用和迭代,并有针对性地解决设计问题。

二、文创设计的设计素材和资产

文化创意产业中的设计素材与日常设计中的素材和资产有一定区别。文创设计主要分为两部分:一部分是文化,另一部分是创意。因此,在进行文创设计时,将文化的知识内涵和创意

第四章 | 数字技术对文创设计影响　119

图 4-17　物理形态的设计资产——以产品设计为例

图 4-18　数字形态的设计资产——以交互界面设计为例

的设计方案提炼为设计资产是十分必要的。

(一) 文化素材与知识图谱

文化的背景和内涵是为文创设计服务的,在文创设计中,文化的底蕴和内容决定了文创产品的形态。合理地管理文化素材有助于设计师对文化背景进行更深入的了解和分析,并使其创造出更加符合文化特征的设计成果。然而,管理文化素材是一项极具挑战性的工作,因为文化是不可量化、非固定形态的。如果将文化视作一种历史作用的结果,那么通过管理文化历史知识可以更有效地区分和定义文化素材。这种知识性的素材通常采用知识图谱(knowledge graph)的结构来表示。知识图谱本质上是一种具有"有向图结构"的语义网络(semantic network)的知识数据库。目前,已经有利用知识图谱的结构来归纳整理非物质文化遗产关键词从而实现共现聚类的研究(图4-19)。知识图谱的构建可以让文化知识具备一种信息关联,这种关联包括实体(entity)、关系(relation)和属性(property)三部分。其中,实体指的是对客观个体的抽象,如文化中的作品、艺术名、作者、非物质遗产名称等。关系是指不同主题的实体之间的关系抽象,这种抽象可以是实体之间的某种相关性。例如,《红楼梦》实体与"曹雪芹"人名实体之间会产生一个编著关系。属性类似于关系,也是一种实体关系,但属性通常是同一个topic的实体之间的关系描述。例如,《红楼梦》实体与"四大名著"之间的会产生一个属性,即《红楼梦》的文化属性是四大名著。

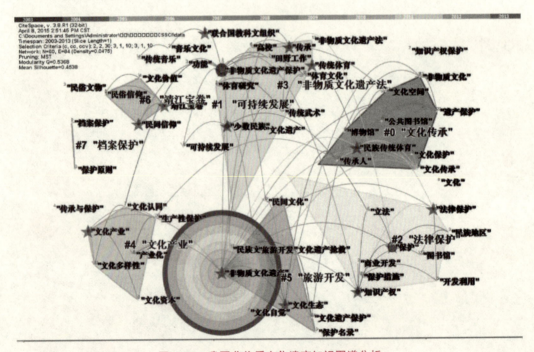

图 4-19 我国非物质文化遗产知识图谱分析

资料来源:汤立许,宋同顺.基于CSSCI(2003—2013)的我国非物质文化遗产知识图谱分析[J].广西民族研究,2016(1):124-135.

（二）创意素材

创意素材不同于普通素材，它指的是创作人员对生活中搜集到的、未经过整理的、分散的、感性的原始材料进行创意加工所得到的创意设计半成品。严格来说，自然界中不会自我产出带有创意和创造性的材料，因为创意素材是需要通过人们的创造力来提炼的。人们可以通过多种方式赋予普通素材创意，这些素材可以是文本的、图像的、三维的或者策略的。为了增加素材的创意程度，可以对不同素材中的信息进行发散式组合、抽取、类比，进而达到新颖的创意表达。对原始素材进行创意加工后，创意素材多以创意片段信息和创意局部元素的形式呈现。

三、素材和资产管理

基于桌面的设计管理模式可能会付出高昂的代价，设计团队每天都在更新设计的工作流程。例如，哪个设计稿或原型具有利益相关者，设计方案是否合理，设计素材能否继续迭代。设想某博物馆委托设计公司对其进行整体的文创设计，包括系统标识、室内设计、视觉传达、创意周边产品、文化宣传推广等。博物馆作为甲方需要不定期地向乙方提出预览和审查的要求，以方便动态地了解设计进度。当设计素材和资产较多时，基于桌面的预览并不能结构地、系统地、清晰地展示设计进度。因此，在进行文创设计的同时，设计素材和资产管理是必要的。

素材和资产管理需要关注设计整体的逻辑，要审查设计逻辑的结构是否清晰、排布是否明确、层级是否合理、是否易于查看等问题。充分利用设计素材管理理念可以很好地对设计进度进行总结，提炼当前进度的重点，并对当前素材进行归纳和整理。例如，区分素材类别，构建素材组件库，根据设计问题划分解决方案等。这些素材和资产都可以通过数据协作平台进行共享和分发，以方便管理和维护。

四、设计协作平台

（一）什么是设计协作平台

设计协作平台是通过互联网手段，轻松管理设计素材和资产数据的一种协同创造力工具。它通常被应用在交互设计、文创设计、产品设计等方面。设计小组的人员可以在平台上同步完成设计构思和设计开发，无须再打包设计素材通过其他数据传输方法进行内容分享。平台支持实时的协同创作、方案批评与修改、素材同步导入、实时迭代和方案沟通等功能。它能辅助文创设计产业的相关利益者更合理和方便地开展系统化、一体化的设计项目，并支持对设计素材和资产的设计、分享、储存、管理及调用。

（二）常见的设计协作平台

1. Figma

Figma 是一款基于浏览器、可协作的用户界面设计协作平台。设计师可以在任何操作系统（Windows、Mac、Linux 等）上使用它，而无须下载或更新。如图 4-20 所示，Figma 可以让设计团队与相关方（甲方、产品人员、开发人员等）都实时参与设计，更新设计进度。通过评论、标注、留言等功能进行同步协作，能有效减少设计偏差和后期返工概率，提高整体协作效率。与传统设计工具相比，Figma 最大的优势是支持多人实时协作的工作方式。由于 2020 年全球新冠疫情的大流行，远程办公的需求大量增加，Figma 也因此成为当今最流行的数字协同设计软件之一。Figma 主要服务于界面和交互设计，为此还预设了各类标准的 UI 组件，在元宇宙相关的文创开发上将具有极大的潜力。

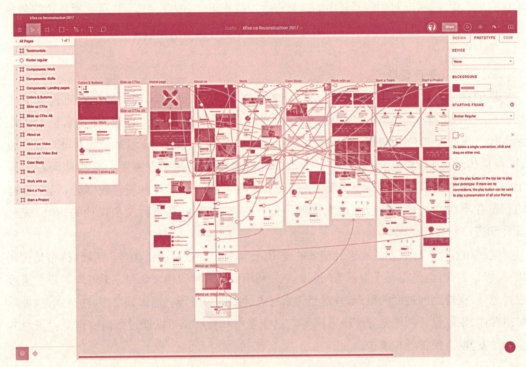

图 4-20　Figma 协同创作界面

Figma"永远在线"的特性给该工具提供了极大的效率优势。成员可以同时登录进行设计并同时对项目方案进行更改。在工作的过程中，系统程序将实时自动地保存设计过程需要的素材和设计进度，因此，设计师永远不必担心任何团队成员与项目不同步。除了所有这些实时协作工具，参与人员还可以直接在画布上发表评论。

2. CoDesign

Codesign 是腾讯推出的一个协同创作工具，具有高效写作、功能丰富、安全易用等特点。与 Figma 类似，Codesign 同样具备设计展示、标注交付、设计规范管理和版本管理等功能。使用者只需要简单地下载并登录程序，通过添加团队人员组和创建项目便可以开始实时协同创作。

在设计过程中，CoDesign 可以使设计共享变得更加高效，设计师只需要复制链接并一键分享给其他成员，就可以快捷方便地邀请成员加入设计项目。同时，与 Figma 类似，团队成员将共享所有的素材库。除此之外，CoDesign 还可以进行更简洁和清晰的版本管理，实现把同一套素材库应用到不同的下游方案中，在云端对方案进行备份，如图 4-21 所示。

图 4-21　CoDesign 协同创作界面

第四节｜沉浸式技术赋能文创设计

一、沉浸式技术

随着计算机算力的不断提高，沉浸式技术（immersive technology）越来越成为学界和业界的关注焦点，其对社会和商业的影响愈发巨大。过去的研究对于沉浸式技术的定义没有统一的描述，研究人员从不同的角度对其进行了定义。一部分研究者基于沉浸式技术的独特属性将其定义为"向用户提供高质量或大量感官信息的技术"，而其他研究者则基于沉浸式技术所带来的沉浸式体验将其定义为"能够模糊物理世界和虚拟现实世界之间界限的技术，该技术能创造沉浸感并增强虚拟体验的真实感"。沉浸式技术涵盖多种不同的技术范畴，包括虚拟现实（VR）、增强现实（AR）和混合现实（mixed reality，MR）。加拿大学者保罗·米尔格拉姆（Paul Milgrom）和日本学者岸野文郎（Fumio Kishino）在 1994 年提出了虚拟连续体（virtuality continuum），具体阐释了从现实环境到虚拟环境下虚拟现实、增强现实和混合现实之间的关系。

真实虚拟连续体的左边定义了仅由真实组件构成的一切环境，包括由人直接观测或通过其他物体及显示器间接观测到的真实世界场景。右边则定义了仅由虚拟组件构成的一切环境，包括基于显示器的或沉浸式的常规计算机仿真场景。混合现实则是真实虚拟连续体之间任意一个由同一设备显示的场景(图4-22)。

图4-22 真实虚拟连续体(reality-virtuality continuum)

(一) 虚拟现实(VR)

虚拟现实是一种能够使用户在任何情况下都有效沉浸在一个实时响应的虚拟世界中的技术,它旨在通过产生交互式虚拟环境,为用户模拟现实生活中的体验。在真实虚幻连续体中,VR被分为非沉浸式VR和沉浸式VR两种。

非沉浸式VR指用户仅通过计算机屏幕或显示器本身来获得虚拟内容,其交互方式主要基于鼠标和键盘等传统接口。它被广泛应用于联网或单机游戏场景,如《战神》《我的世界》等(图4-23)。

图4-23 游戏《我的世界》界面

沉浸式VR则能够通过更复杂的跟踪技术或设备来屏蔽来自用户环境的视觉干扰,同时使用户获得更多和更自然的交互方式,以增强用户的沉浸感。例如,目前市场使用率最高的是由Meta研发的头戴显示器Oculus Quest和由维尔福软体公司(Valve Software)研发的Valve Index HMD。这些设备被广泛应用于娱乐、训练等领域,但主要被应用于它们自身适配的VR游戏(图4-24)。

图 4-24　Meta 研发的 Quest2 头戴显示器使用场景

（二）增强现实（AR）

增强现实是指一种能够在实时互动和三维注册的帮助下将数字信息叠加到现实环境中的技术。具体而言，AR 技术能够将二维或三维虚拟元素实时叠加到设备摄像头捕捉的真实场景中，让这些数字内容自然地融入现实环境，从而为用户创造身临其境的交互体验。AR 将计算机生成的虚拟物体和真实环境进行融合，从而能够增强用户的视觉、听觉、触觉等多感官体验。AR 技术被广泛应用于各领域，如教育、交通、军事、医疗等。具体而言，它被应用于游戏、家装、书籍、危险标记、武器作战、药物识别等上百个应用场景中。

此外，美国苹果公司（Apple）也在近几年注重 AR 市场的发展。2017 年，苹果在全球开发者大会（Worldwide Developers Conference，WWDC）上首次推出自行研发的 AR 开发接口 ARKit。开发人员可以使用这套工具为 iPhone 和 iPad 设计 AR 应用程序。ARKit 结合了设备运动跟踪、相机场景捕捉、高级场景处理和显示便利性，以提升 AR 的实际体验。用户可以使用 iOS 设备的前置或后置摄像头，创建出与画面相融合的虚拟数字物件。ARKit 最好的例子之一是宜家虚拟体验家装应用程序 App（图 4-25），用户可以在购买家具前通过 AR 在家中预览宜家产品，并根据家中的环境空间进行放置和室内设计。AR 中的虚拟家具大小与真实环境匹配，因而用户不用担心因家具大小问题导致无法按 AR 设计方案购买家具。

2018 年，苹果继续在 AR 上发力，作为 iOS12 的一部分，苹果发布了 ARKit 的第二个版本，这次推出了虚拟乐高积木和小人仔的交互概念。图 4-26 展示了 ARKit2 的主要功能——多人游戏。不同的设备之间能够看到相同的 AR 场景，并且场景画面与设备所处位置相匹配。这项技术还可以随意暂停和恢复，以获得更真实的体验。人们可以随时回到虚拟场景，甚至可以在几天内多次返回。

图 4-25　基于 ARKit 的宜家家装体验 App

图 4-26　基于 ARKit2 的乐高体验 App

时隔两年后,苹果在 2020 年 3 月发布了新款 iPad Pro,这次 iPad 搭载了一个全新的硬件——激光雷达(LiDAR),如图 4-27 所示。激光雷达是一种飞行时间相机。传统的智能手机和平板电脑使用单个光脉冲或单目摄像机测量和估算深度。搭载激光雷达技术的智能设备则会以红外点阵的形式发出光脉冲波,并且可以使用其传感器测量每个点,进而绘制一个带有距离的点场和网格化的空间地图。苹果研发的激光雷达允许设备更快地启动 AR 应用程序,并构建场景内的快速地图,为其添加更多细节。激光雷达还可以将虚拟对象隐藏在真实对象后面(称之为遮挡),并将虚拟对象放置在更复杂的房间映射中,如桌子或椅子上,这种技术极大地增强了 AR 使用的真实感。

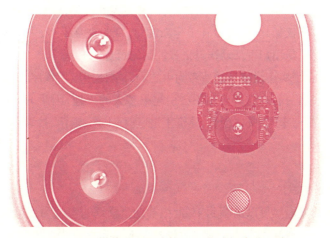

图 4-27　搭载激光雷达的 iPad 集成摄像头系统

(三)混合现实(MR)

混合现实是指通过计算机与环境的交互过程,将物理世界和数字世界融合的一种技术。MR 将计算机生成的图形和真实世界物体融合,令用户能够在现实环境中感知虚拟物体。目前,MR 的显示媒介主要分为头戴显示器、手持显示器、基于监测仪的显示器以及基于投影的显示器。其中最具代表性且最为成熟的设备是由微软研发的 HoloLens2(图 4-28),被主要应用在健康、制造、工程、教育等场景中。

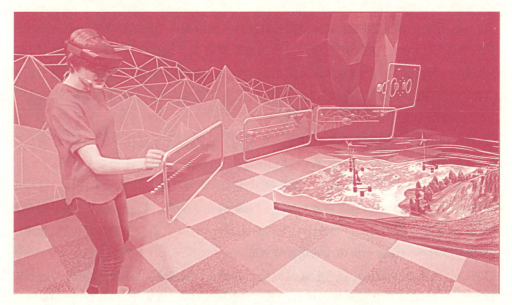

图 4-28　微软在舞台上对 HoloLens2 进行现场演示

HoloLens2 是一个独立的设备，带有嵌入式计算芯片和内置 Wi-Fi。它可以运行在本地客户端或云端上。与上一代 HoloLens 相比，它具有更强的计算能力、更好的传感器、更长的电池寿命以及一些额外特性。在沉浸式体验方面，它具有更大的视场，这意味着这种显示更接近人类的眼睛视野视觉。不仅如此，设备设计了全新的、直观的交互手势，可以使用户更轻松地操作内容。这种操作可以是用户手部动作与语音控制的组合。

到目前为止，混合现实还没有以消费者为中心的日常使用应用程序，仅有一些休闲游戏和一些生产力套件。显然目前的这些应用不会引起很多人的兴趣，因而 HoloLens2 被设计为一种专业工具，它将给制造车间、文化创意、建筑工地、远程工作、销售、教学和许多其他领域带来价值。

二、沉浸式技术的发展

沉浸式技术的开发最早可以追溯到 19 世纪初期。早期的尝试为目前先进的沉浸式技术奠定了深厚的基础。围绕沉浸式体验领域的技术以不同的方式结合共生，创造出了不同类型的沉浸式技术，包括虚拟现实、混合现实和增强现实。具体而言，沉浸式技术的开发包括对与视觉、听觉和触觉相关联的技术进行开发和设计。当视觉、听觉和触觉三个感官元素联合在一起时，用户将产生身临其境的感觉体验。沉浸式体验往往通过虚拟现实或增强现实来实现，因为这两种技术将视觉、听觉和触觉三个感官元素集成统一。沉浸式体验所提供的交互性和连接性极强，它为用户虚拟地呈现了一个可以灵活变化的新环境，并使用户能以最佳的方式与新环境产生互动。沉浸式技术已经对当前人类社会产生了巨大的影响，但随着技术本身的进步和技术伦理的逐步完善，其对人类社会的影响将更加深远持久。

（一）沉浸式技术的起源与发展

在 1830 年的早期摄影时期，立体镜作为首批具有虚拟现实功能的设备被发明和应用在用户眼睛的观察成像中。它的外形类似于目前的虚拟现实头显，通过在视野中放置略有不同的图形来创造一种三维效果。随着摄影技术在 19 世纪后期的迅速发展，立体镜逐渐退出历史舞台。1957 年，莫顿·海利格(Morton Heilig)发明了一种称为 Sensorama 的机器以增强电影体验，如图 4-29 所示。

该装置利用扬声器、风扇、气味发生器和振动椅同步电影播放过程中的场景，让观众产生一种沉浸在电影中的体验。Sensorama 模拟了摩托车骑行，让观众坐在想象中的摩托车上，同时通过屏幕放映街道场景，用风扇产生风并模拟城市噪声和气味。这些元素在体验过程中适当的时间点被触发。虽然该装置将各种感觉体验集成在了一起，但它的局限性在于观众无法与其互动，且无法根据用户的行为做出响应。即便 Sensorama 有着众多的体验问题，也无法撼动它使沉浸式技术得以进一步普及的里程碑式成就。

1991 年，世嘉公司推出了专为家庭街机使用的世嘉 VR 头显。然而，由于当时的技术限制，世嘉最终只发布了街机版。增强现实的迅速发展则发生在 20 世纪 90 年代，路易斯·瑞森伯格(Louis Rosenberg)创建了虚拟夹具(virtual fixtures)。如图 4-30 所示，这是首个用于空军训练的完全沉浸式增强现实系统。该发明旨在通过在外骨骼中使用两个机器人控制装置,提高操作员在远程任务上手动执行任务的能力。但受图形处理器性能的限制,3D图形在20世纪90年代初期计算太慢,无法呈现逼真的空间配准和增强现实体验。因此,该系统使用了两个真实的物理机器人来完成这项增强现实任务,其中一个完整的上层机器人控制外骨骼装置,而用户则通过穿戴外骨骼装置来完成训练任务。为了给用户创造身临其境的体验,该装置还采用了一种独特的光学配置,其中包括一对双目放大镜。用户能够通过放大镜观测到机器人手臂的画面。该画面则被提前显示在用户真实物理手臂的确切位置上。这种手段实现了一种具有空间感的沉浸式体验。用户移

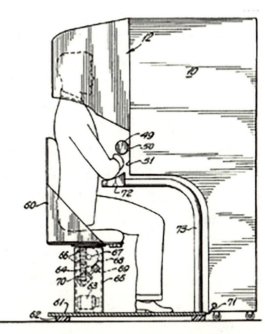

图 4-29　Sensorama 装置增强电影体验

动机器人手臂的同时可以在其手臂对应的地方看到机器人手臂的画面。该系统还采用了计算机生成的虚拟头盖以模拟物理障碍、场地和导航的形式,旨在帮助用户执行实际的物理任务。

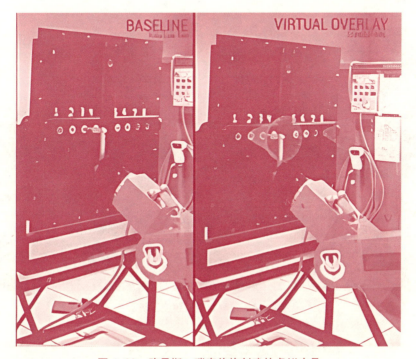

图 4-30　路易斯·瑞森伯格创建的虚拟夹具

1999 年,日本奈良科学技术学院教授加藤博和(Hirokazu Kato)开发了一个 AR 工具包。这是一个用于开发 AR 应用程序的开源库,人们可以试验 AR 并发布新的和改进的应用程序。2009 年,《时尚先生》(*Esquire*)杂志率先在其杂志正面使用二维码来提供附加内容。Oculus 于 2012 年问世后,虚拟现实技术才真正进入普通民众的视野,该项目最终筹集了 240 万美元,并向开发人员发布他们的预生产模型。Meta 于 2014 年以 20 亿美元收购 Oculus。

2013 年,谷歌宣布计划开发他们的第一款 AR 头戴设备——谷歌眼镜(Google Glass),它是一款配有光学头戴式显示器(optical head mounted display,OHMD)的可穿戴式电脑(图 4-31)。谷歌眼镜以类似智能手机的免提格式显示信息,佩戴者通过自然语言语音命令与设备交互(图 4-32)。由于担心其使用可能违反现有的隐私法规,该 AR 眼镜受到了大量批评,并于 2015 年停止生产。

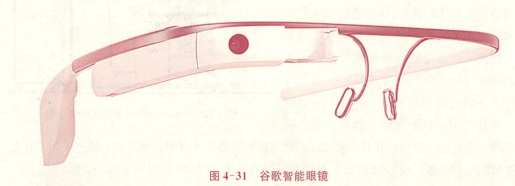

图 4-31　谷歌智能眼镜

图 4-32　谷歌智能眼镜交互界面

(二)沉浸式技术的应用及趋势

在过去的几十年中,沉浸式技术取得了巨大的发展,并且还在继续进步。在工业应用方面,VR甚至被描述为21世纪的学习辅助工具,头戴式显示器(head mounted display,HMD)可以让用户获得完全身临其境的体验。2022年,HMD市场的价值已超过250亿美元。目前有许多研究人员正在探索虚拟现实在课堂上的好处和应用。然而关于如何将HMD等沉浸式VR应用于高等教育的系统性工作很少。沉浸式技术最流行的应用发生在视频和游戏方面,HMD让用户完全沉浸在他们最喜欢的游戏中,让个人以全新的视角体验视频游戏。当前的VR沉浸式游戏如《星球大战:中队》《半条命:爱丽克斯》(图4-33)和《无人深空》,让用户以第一角色的身份加入虚拟世界,用户可以用真实世界的行为方式同样地控制虚拟角色,仿佛把自己带入了一个全新的世界。

图4-33　VR游戏《半条命:爱丽克斯》

虽然对于沉浸式技术及其所提供的功能仍有很多需要了解,但该技术已经逐渐在多个领域发挥价值,包括零售和电子商务、艺术、娱乐和视频游戏、交互式故事讲述、军事、教育、医学等。它还能在救灾和保护等领域的非营利行业中不断发展,因为它能够将用户置于一种能够引发更多真实世界体验的情境中,而不仅仅是一张图片。随着沉浸式技术变得越来越主流,它可能会渗透到其他行业。

三、沉浸式技术对文创设计的影响

沉浸式技术在文化创意产品的设计中应该扮演怎样的角色,起到什么样的作用?从用户认知角度而言,沉浸式技术扮演用户和文化创意产品的交互接口,使用户能够通过技术本身获得超现实的感知和体验。其突破物理空间和时间限制的特点令用户能够产生一种新的思维方式。在虚拟与现实交融的世界中,真实和虚拟的界限非常模糊,用户在此场景下,能够更加深刻地理解文化创意产品的内涵和底蕴。例如,对埃及金字塔、敦煌莫高窟等的虚拟导览,能够使用户身临其境地体验当前由于技术限制暂未开发的历史建筑。

从社会经济角度而言,沉浸式技术成为体验经济快速发展的基石之一。目前,体验经济正在当今的社会经济形态中呈现蓬勃发展的态势,其五个特性(非物质性、差异性、即时性、交互性和唯一性)已使其在各行各业中崭露头角。不同的消费者、消费群体具有不同的特性,包括生理区别和教育背景等多重因素。多种差异造成了不同消费者的体验差别。因此,文创产品在体验经济时代的重点应落在根据不同消费者细化多维度体验的创新设计。沉浸式技术由于其灵活性,即随着场景切换而快速改变用户体验感受,则成为体验经济时代创造独特用户体验的最佳工具之一。

从交互方式角度而言,沉浸式技术在文创产品的应用使传统文创产品脱离了二维空间的限制。结合体验经济而言,沉浸式技术能够通过创造因人而异的虚拟文化创意产品从而为用户带来更加身临其境的体验。全新的人机交互方式使用户能和传统的文创产品进行深度、沉浸的互动。例如,故宫所出的 AR 日历卡片将 AR 技术应用于传统日历,使日历上的瑞兽跃然纸上。这样的应用还发生在数字博物馆、酒店全景、旅游全景、动画游戏以及新型社交。

四、沉浸式技术在文创设计中的应用

(一) VR 技术在文创设计中的应用

当前 VR 技术被广泛应用于智慧展览和智能博物馆,通过 VR 技术,游览者可以远程实现云端参观博物馆和展览,从而了解活动规模、信息概况、馆藏艺术品与文物、历史文化、周边产品等。VR 展示主要是以 1∶1 的比例还原现实世界对应展示的信息,其中包含的虚拟展览物件、环境场景、结构布局等数据信息体现了信息构建的重要性。目前,VR 文创设计的虚拟元素搭建主要有两种方式:一是根据文物和馆藏信息进行三维建模,这种方式的优点是建模物件功能完整、干净,在虚拟环境中可用性高,但开发成本高,速度慢;二是通过三维全景扫描技术对环境和物件进行辅助建模,这种方式可以快速构建 VR 世界中需要的元素,缺点是扫描精度有限,模型的直接可用性较差,需要扫描后进一步调整。在通过 VR 体验博物馆展览全貌的同时,使用者还可以通过个性化开场方式及自定义导航按钮来辅助自己更顺畅地观展,这种方式提升了文化信息的传播速度。

VR 体验沉浸式参观博物馆全景技术通过映射现实世界的物件让用户了解到博物馆的全貌,并提供沉浸式的参观感受,使用户能随时随地获取博物馆的丰富知识和独家藏品讲解(图 4-34)。这类 VR 数字体验馆将传统博物馆单一的体验模式优化为多通道交互模式,能够使游客在不受空间和时间约束的情况下参观博物馆和艺术展。常见的数字博物馆通过数字沙盘、动态壁画、交互体验等不同区域的划分或结合使游客获得与传统博物馆截然不同的沉浸式体验。在视觉、听觉和触觉等通感方面给予游客身临其境的感受,不仅有利于游客理解博物馆所展现的内容,还能增强游客的体验,从而加强用户黏性。

以英国大英博物馆的数字虚拟游览为例(图 4-35),该项目与谷歌街景合作。通过谷歌街

图 4-34　数字博物馆的 VR 体验

景,人们可以轻松地远程访问博物馆的馆内藏品。除了让用户规划自己的路线,谷歌街景还可以在空间中提供游览指示以辅助用户完整地对博物馆藏品进行浏览观看。在沉浸体验过程中,还提供博物馆馆长的沉浸式语音导览,根据画面所处的位置和浏览的信息,系统可以播放对应藏品的历史介绍、文化背景等。这些语音导览被翻译成韩语、汉语、意大利语和西班牙语,方便不同国家的人使用。

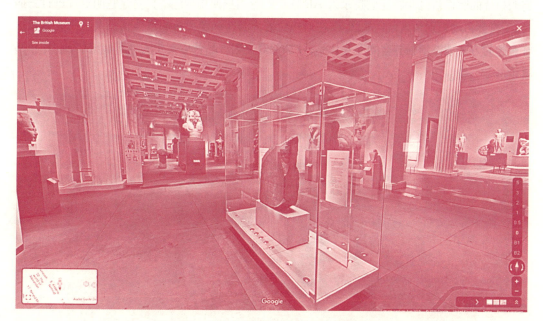

图 4-35　大英博物馆谷歌街景沉浸式游览体验

虽然 VR 具有增强博物馆展品吸引力的潜力,它使策展人能够将主题带入生活并改变观众的视角,但就像任何新技术一样,它也确实带来了挑战。首先,目前最大的限制因素之一是成本。VR 设备本身并不便宜,并且设计和管理 VR 程序可能非常昂贵。根据项目的规模,成本可能会迅速上升。除此之外,有很多因素需要考虑,从定制内容设计到更换损坏的头饰等。

坐落在新西兰的奥克兰战争纪念博物馆在使用 VR 设备仅仅几周后,就有大约 15 个损坏的 VR 头衔设备。其次,卫生健康是另一个需要注意的问题。使用者的皮屑、头发和油脂等物质很容易在头显中积聚,这有可能导致感染。许多博物馆选择让工作人员或志愿者在用户使用过后清洁设备,也提供一次性卫生口罩。最后,即使在文创领域,VR 体验过程产生的眩晕感问题仍然存在。一些用户可能会发现他们的首次 VR 体验令人不安,甚至令人恶心。这是因为使用者的身体知觉和感官视觉在现实和虚拟世界之间不一致。行为和视感的统一性脱节是导致眩晕感的基本原因,这些眩晕症状可能包括头痛、眼睛疲劳、迷失方向,甚至呕吐。

(二) AR 技术在文创设计中的应用

AR 技术与 VR 技术在浏览信息上有所不同,VR 是对所有场景和元素进行虚拟仿真,而 AR 是借用现实环境作为其元素的展览场景。AR 以真实世界中的物品为载体,将物品作为 AR 的启动密钥。当用户使用 AR 应用程序开启相机功能并透过相机识别到对应带有信息的物品时,AR 功能将会被触发,如在屏幕上会出现产品的对应信息或者是三维模型和三维动画。因此,AR 被广泛应用于传统旅游纪念品的创新,将虚拟场景和真实环境结合,对旅游胜地各类文化资源进行可视化展示。游客能够在旅游过程中通过手机等终端设备获得交互的虚拟文化旅游信息。例如,带有 AR 功能的文创明信片,即设计师在传统的明信片基础上叠加 AR 技术,将明信片的图像信息和特征信息录入 AR 软件。当用户使用智能手机对这些明信片进行扫描时,手机会自动识别录入信息的图案,在对应位置为游客展现更多的景点信息及三维元素。这样有趣的方式能够增强游客的交互体验,并加深对文创产品背后文化的理解和记忆,如图 4-36 所示。

图 4-36　通过扫描收集 AR 明信片体验卡片中蕴藏的信息

故宫博物院与AI公司商汤科技(Sense Time)在2022年合作推出了AR《故宫日历》系列(图4-37)。用户可以扫描该日历,探索故宫博物馆的数字文物藏品。该日历以"吉虎迎新岁,山河庆升平"为主题,在AR虚拟物件中选取了现实世界中故宫馆藏与虎相关的藏品,对这些藏品进行数字信息写入后,设计制作成变化多样的精美传统虎图日历卡片。AR文创日历在AR技术的驱动下使传统日历迸发出新的创意火花。读者在浏览日历时结合"故宫日历2022"小程序,就可以在虚实融合的视觉体验下品鉴文物,并且文物的设计在建模和贴图渲染上都进行了1:1高精度还原工作。用户在体验时会感受到一种身临其境的真实感,仿佛把故宫文物带回了自己家一样。除此之外,该项目还开拓性地将AR与防伪结合,通过日历封二处的一书一码即可绑定手机并激活AR功能,有效保障读者的权益。

图4-37 故宫2022年推出的AR《故宫日历》

 案例研读

绝灭动物数字化复原及开发运用工程

一、设计背景

"绝灭动物数字化复原及开发运用工程"是四川美术学院影视动画学院的科技部科技支撑计划项目。四川美术学院宗凯教授领衔构建的团队从2013年起至今,一直致力于有"中国印记"的古生物数字化复原和相关文创项目实践研究。通过多年的设计实践,在本次介绍的案例中探索出了新的数字化复原技术,研究了相关资源开发运用的现状及未来的运用模式,并且成功实现了中国动物复原体系独立知识产权及其内容产品的创建。

二、前期调研

前期调研主要集中在三个方面：古生物展示、相关文创和复原数字化技术。调研方式主要采用了走访、资料收集分析、博物馆实地调查等。

（一）走访

该创作团队从甘肃和政开始，至四川自贡、重庆永川、云阳等地区，通过咨询采访的方式对相关古生物进行了详细的调研，并收集了大量的一手资料和数据，为团队更好地了解古生物的形态特征、生活习性等相关专业知识，顺利开展复原设计工作做好了较为全面的前期工作准备。

（二）资料收集分析

收集了古生物的原生形态以及国内外团队曾经复原过的古生物图案脚本作为参考，总结出优缺点，为数字化建模提供强有力的图形支撑，并总结了需要注意的复原事项。

（三）博物馆调研

与古生物相关的博物馆进行合作，调查博物馆古生物展示现状、隐含或已经出现的问题、博物馆的发展历程以及大众科普文化消费的需求。

通过调研，该团队得出两个关键性结论。

（1）目前国内古动物学缺乏应用开发研究，因而不能满足日益增长的科研存档、博物馆展示、科普宣传、艺术品设计和教学开展应用示范需求。

（2）古动物学和艺术学的学科结合并不密切，且现有考古成果未能转化为社会文化成果。同时，相关资源和成果没有以创意方式开发走向大众，成为文创产业的一部分，转化为社会财富。

基于上述调研结论，提出了三个项目开发方向。

（1）研究三维数字复原、立体雕刻技术等立体复原技术，实现复原动物，以三维模型方式储存和展示，并实现高清精度渲染。

（2）构建复原成果可视化数据库和素材库，包括影视用三维模型库、科普平面运用渲染图集库和产品开发模具及工艺数据库。

（3）开发系列性科普传媒产品和工艺性衍生产品。

三、设计过程

（一）古生物调研和复原技术模板

基于前期的初步考察调研，根据项目的实际状况对古生物文献、复原的生物形象进行进一步的具体调查研究。归纳出了动物结构的共性，建立了古动物复原通用性造型原理，同时转化为生物解剖知识作为艺术解剖的模板（图4-38）。围绕生态与形态的关系凝练出古动物复原艺术表现的逻辑方式，确立"应科普、文化之用"的复原理念，创建数字复原成型布线分面与结构成型技术的规范。

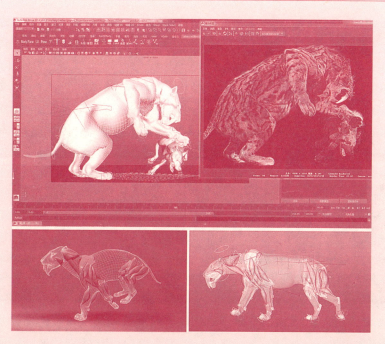

图 4-38　模型案例——剑齿虎布线图、肌肉骨架分析及渲染效果图

（二）构建素材数据库

构建复原成果可视化数据库和素材库,包括影视用三维模型库、科普平面运用渲染图集库和产品开发模具及工艺数据库（图 4-39 和图 4-40）。

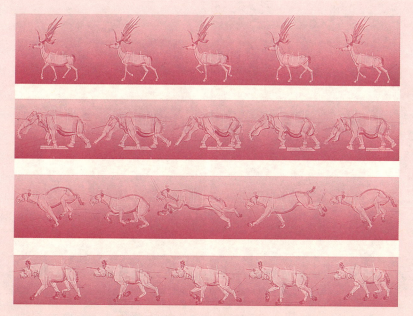

图 4-39　动作库（从上到下分别为鹿科基本动作、象科基本动作、猫科基本动作、狗科基本动作）

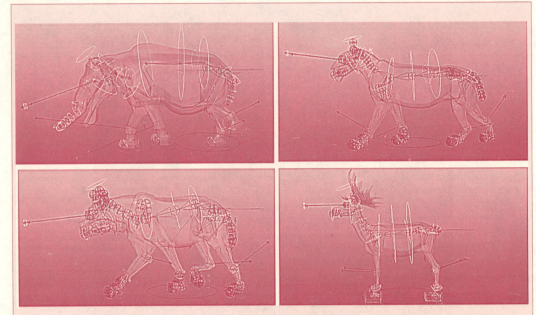

图 4-40　骨骼素材库

（三）挖掘提取设计元素，进行衍生设计

根据不同的设计需求，调取设计库的古生物动物基础模型，将其用于相关博物馆科研存档、博物馆展示、科普宣传、艺术品设计和动画电影制作等（图 4-41）。

图 4-41　该项目部分动画作品海报

四、成果展示
(一)《远古日志》

《远古日志》是一部由四川美术学院师生以"智力众筹"方式开发的三维动画电影,它是在科技部科技支撑计划项目"绝灭动物数字化复原及开发运用工程"支持下产生的成果之一(图4-42和图4-43)。

影片的主角是中国极具代表性的古动物剑齿虎、萨摩麟、铲齿象、巨鬣狗等,故事展现了远古时代生命生存竞争的残酷和自然界的生生不息(图4-44)。

图4-42 《远古日志》制作流程1

长片电影《远古日志》

场景设计：平面图，氛围图，元素图。成本控制，元素库三种场景搭建方式：完整场景，有光影关系的场景，背景图

渲染流程设计：三种视频合成方式，无地面阴影、角色投阴影到场景、场景与角色一起运动

 中等成本：角色+阴影+场景，单帧五分钟，不可摇镜头，角色三到五
 低成本：角色+场景，单帧两分钟，不可摇镜头，角色数量无上限

高成本：三维搭建场景和角色一起渲染，单帧十分钟，不可修改，可以摇镜头，角色数量不可超过三

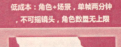

图 4-43 《远古日志》制作流程 2

图 4-44 《远古日志》视频片段节选

 思考题

1. 哪些数字技术通常被应用在文创设计中?
2. 简述人工智能的概念及其应用范围。
3. 人工智能技术对于文创设计具有什么意义?请简述。
4. 大数据在文化创意中扮演的角色是什么?
5. 简述设计协作和设计素材的关系。
6. 沉浸式技术对于文创设计具有什么意义?请简述。
7. 文创设计会涉及哪些设计伦理问题?

第五章

文创产品设计

学习目标

学习完本章,你应该能够:
(1) 了解文创产品设计的相关概念;
(2) 了解文创产品的价值属性;
(3) 了解文创产品的分类;
(4) 了解文创产品设计的基本原则。

基本概念

产品　文创产品　文创产品设计

近年来,随着文化消费的兴起,文创产品也愈发受到消费者的追捧,以故宫文创衍生产品为代表的大量爆款设计不断涌现。文创产品设计可以被视为产品设计与文创产业的结合,作为新兴的产品设计门类,它是文化元素、精神内涵、艺术审美、传统工艺、现代营销等构成的综合体,需要承载文化内涵,体现特色创新,同时具备产品功能属性。基于此,本章将对文创产品设计的相关基础概念、价值所在、产品类型、设计原则等进行讲解,并通过具体案例详尽展现文创产品设计的具体过程,以此帮助读者快速了解文创产品设计的基础理论知识和设计实操情况。

第一节 文创产品设计概述

一、产品

时至今日,产品与设计已经与人们的日常生活密不可分,互相影响,互相作用,甚至从根本上改变了人类的生活方式。它们存在于每个生活角落,从衣、食、住、行,到人们的精神文化生活,并不断从这种交互关系中汲取营养更新自身,也反向推动了社会的发展。

那么到底什么是产品呢?这个问题对于设计师和消费者来说似乎都很熟悉了,我们轻易就可以举出一系列有影响力的品牌及其旗下的知名产品。究其概念,狭义上的产品是指那些"由人类劳动生产出来的物品,用来满足人们需求的载体"。广义上来说,产品也指"作为商品提供给市场,被人们使用和消费,并能满足人们某种需求的任何东西,包括有形的物品,无形的服务、组织、观念,或它们的组合"。这里的产品就不仅指那些有物理载体的物品了,还应包括能够供给市场,让人们的使用和消费,并能满足人们某种需求的东西。这样一来,产品的概念既包括有形的物品,也包含无形的服务、组织、观念,或它们的组合。简而言之,产品就是"为了满足市场需要而创建的用于满足需求的功能及服务的组合"。

如图5-1所示,根据"现代营销学之父"菲利普·科特勒(Phillip Kotler)提出的产品三层次结构理论,任何一种产品都可被分为三个层次:核心产品(core product)、形式产品(actual product)和附加产品(augmented product)。核心产品是产品的灵魂,是指产品的有用性,是产品的使用价值或效用,是消费者真正购买或使用该产品的动因。形式产品是核心产品的具体表现形式,是整个产品内涵的有形载体,是一种看得见摸得着的产品层次,是消费者视角的产品。这一层次包含产品的五种典型特征:品质、特性、品牌、形式和包装。这些特征是最直观,也是最能吸引使用者的一个层次。因此,这一层次是购买的决定要素。附加产品即附加服务或利益,是指整体产品提供给消费者的一系列附加利益,包括运送、安装、维修、保证等在消费领域给予消费者的好处。这一层次能够给予消费者完整的满足感,是购买的影响要素,可以帮助提高消费者的满意度及再购率,以及带来传播效应。除此之外,社会还衍生出了一种更高级无形的产品形态"品牌",即心理产品。

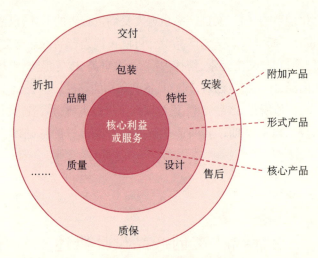

图 5-1　产品三层次理论

　　一个典型的例子就是苹果的产品,苹果公司的产品从一台 Apple I 电脑起步(图 5-2),逐步发展成囊括家用电脑、智能手机、平板电脑、智能手表以及相关配件产品的全体系电子产品家族(图 5-3)。此外,还构建起了相应的软件产品和服务体系,包括 iOS 和 macOS 操作系统、App Store 应用商店平台、iCloud 云端服务、iTunes 播放应用程序、Safari 网页浏览器,以及海量的专业软件(如 Soundtrack Pro、Compressor 和 Final Cut Studio 等)。它们共同构成了苹果庞大的产品体系,超出传统的实物产品范畴,与软件产品配合,包含了无形的服务以及它们的组合,形成了一个以产品为基础而构建起来的生态系统。这些产品以科技感和创新性为特点,在满足用户日常与专业需求的同时,也极大提升了产品的使用体验,甚至毫不夸张地说,它们在很大程度上改变了人们的生活方式。

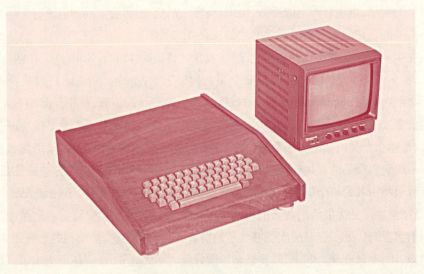

图 5-2　苹果的 Apple I 电脑

图 5-3　苹果的产品家族

从苹果产品的案例中我们不难发现,随着社会发展到今天,产品逐渐表现出生态和谐、高科技加持、注重体验与创新、人文属性强等有异于以往时期的特征,产品的概念和范围也因此一直在变化并不断扩大。图 5-4 与图 5-5 分别展示了中国清代和当代的书房,我们很容易发现它们在室内设计和陈设布置上的区别,特别是那显眼的电脑。同时,我们也可以发现一些一以贯之、延承至今的相似之处,如虽然改换了材质和工艺,但形制十分相似的书案设计。这种差异性与相似性反映着产品设计的一些本质属性,即它们都需要回应所处时代的生活方式,或得益或受限于当时的技术条件,并用以满足特定的功能和文化需求。

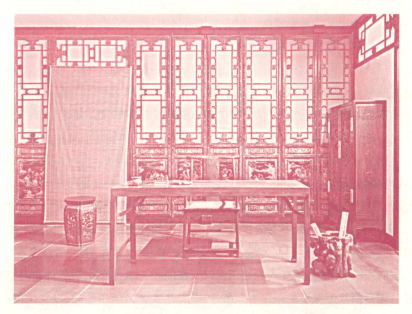

图 5-4　美国费城艺术博物馆复原的中国清代文人书房和陈设

图 5-5　现代中式书房和陈设

二、文创产品设计

在了解了产品的概念之后,我们可以继续对文创产品的概念的讨论。基于上文的论述,我们不难得出产品的概念在狭义和广义上的区别。狭义的产品概念是指一种基于特定物质形态和用途而被生成出来的实物产品;而广义的产品概念则是指一种不限于物理形制,满足更广泛的消费需求的有形物品以及无形服务的组合。同样,我们也可以按照这种思路对文创产品的概念进行阐释和界定。

文创产品的设计开发通常需要以一定的文化素材为基础,并强调有效的创意转化。首先,文创产品设计需要对文化素材所蕴含的文化信息(包括内容、形式、精神和风格等)进行挖掘和提取;其次,文创设计师需要运用创新思维与设计手段将提取出来的文化要素转化为设计要素;最后,还需要再进一步为其找到一个符合现代生活形态和消费市场需求的产品和服务形式。从这里我们可以看出,文创产品从开发之初就展现了显著的文化属性,关注对人的精神层面需求的满足。这一切使得文创产品获得了有别于一般产品的价值,即除了实用价值之外,还拥有更多的文化价值和体验价值,从而使其具备了超越一般产品的综合价值(图 5-6)。

综上,我们总结出了文创产品区别于一般产品的三个特点,即文创产品须"以文化为基础,以创意为核心,以文化赋值为特色"。因此,狭义的文创产品可以指具备以上三个特点的物质形态的产品,而广义的文创产品可视为具备这三个特点的任何能够满足人们需求的实物产品,以及与非实物的服务的组合。简而言之,所谓文创产品,就是以文化为创意来源的创新型产品,它们是文创设计师及相关创意人的知识、智慧、技能和灵感在文化创意行业内物化的表现。文创产品设计则是指基于现代工业化生产条件,以文化素材为创作基础,以文化创意产品为设计对象,结合技术与艺术的方式进行文化创意产品开发的设计活动。

图 5-6　大英博物馆的文创产品售卖页面

第二节 | 文创产品的价值

　　文创产品的产生与兴起反映了社会发展对产品物质功能和精神追求的综合性需求,因此,文创产品的价值构成系统就与一般性产品有着很大的差异。相较于一般性产品,文创产品的价值并不仅由生产所需的社会必要的劳动时间和个别劳动时间,或是消费者的使用需求、购买能力和价值效用等显性的生产或消费因素来决定,还受到文创产品的一系列隐性价值因素的影响。

　　文创产品的显性价值与一般产品并无太大区别,其差异性主要体现在以文化与创意为核心的隐性价值上,它们可以直接或间接地影响一件文创产品的附加价值,也是文创产品企业的核心竞争力。传统制造业通过改变或提升产品的功能来为消费者提供更高的使用价值,从而获得竞争力与高额利润;但是,文创产品则需要在为消费者提供使用价值的基础上,同时满足消费者的精神需求从而获得利润。

作为文创产品设计师,需要对文创产品的价值构成有充分的认识。通常,一件文创产品的价值可以从以下方面得到体现:文化价值、创意价值、实用价值、审美价值、纪念价值、娱乐价值、传播价值等。其中,文化价值、创意价值和审美价值在文创设计中具有一定的共性,已经在本书第二章中有过详细的讨论,此处不再赘述,下文仅就其余具有文创产品设计特色的价值构成要素展开讨论。

一、实用价值

在人们评判一件文创产品时候,实用性和功能性似乎没有那么重要,人们更在意它的审美价值和文化趣味。但从市场的反应来看,可以明显地感知到兼具实用与文化价值的文创产品更受消费者的青睐。比如,结合传统工艺的器物类产品就很受市场的欢迎,很大程度上可以归功于这类产品天然具备的使用价值(图 5-7)。这样看来,"形式追随功能"的准则在很大程度上对于文创产品来说是同样适用的。因此,设计师需要认识到,文创产品以文化与创意为特色,其实用性价值虽然不是必要选项,但依然是提升产品价值的重要因素,需要设计师给予重点关注。

图 5-7 基于传统的瓷胎竹编工艺的文创产品

二、纪念价值

对文创产品的纪念价值的开发,应注意对具有独特纪念意义的文化内涵的挖掘,同时应充分理解消费者想通过对这类产品的购买,保存一段美好的记忆的根本需求。以旅游文博类文创产品为例,在一次旅游中,游客在一地的游玩通常是愉快但短暂的,在离开景区之后,留下的最终还是一种回忆上的精神享受。那么,如果游客想要留存这样一段美好的记忆,以供日后分享和回味,旅游纪念品就成了很好的选择。

要能够在旅游产品设计中凸显这种纪念价值,设计师需要特别思考如何因地制宜,让产品与当地、景区,甚至游客的一段旅程中,那些具有代表性、别具特色、风格鲜明、令人难忘的文化元素以及记忆点结合,让纪念品与景区相得益彰。另外,设计师也需要对旅游文化和典型的旅行消费行为有所理解,推出与之符合的产品门类和形式。

例如,冰箱贴是旅游纪念品中销售最火爆的品类之一,对其进行分析不难发现,冰箱贴之所以受到游客的欢迎是有道理的。首先，冰箱贴具有很好的实用功能，并且具有一定的装饰功能和审美趣味；其次，冰箱贴这种产品形式很适合对各类文化元素进行展示，是很理想的特色元素的载体，方便保存和引发回忆；再次，冰箱贴体积小巧且价格相对低廉，方便游客携带，即便一次购买多个也不会增加太多行李和经济负担，同时也是理想的礼品；最后，也许是因为上述原因，冰箱贴从一种成功的纪念品，反过来影响了旅游文化。如今，在旅游过程中，购买和收集冰箱贴已经发展为一种旅游文化和风尚，这又进一步增加了冰箱贴的产品价值（图5-8）。

图 5-8　冰箱贴典型的使用场景和设计

三、娱乐价值

注重娱乐性是当下文化创意产业的重要价值趋向。文化创意行业的一个显著功能是娱乐享用功能，即让人们在对文创产品和服务的消费中获得愉悦，快乐地打发时光，这也是符合人类天性的根本性需求。近年来，大量娱乐性导向的文娱作品都在市场上大获成功，甚至催生了一些影响力覆盖全世界的文化产品和IP，如三体、原神、甄嬛、花千骨、钢铁侠、哈利·波特、星球大战、魔兽世界、精灵宝可梦、哆啦A梦等。它们涉及的文娱行业囊括影视、艺术、动漫、游戏、电竞等诸多领域，相关衍生文创产品开发也如火如荼，在带来极为可观的经济效益的同时，也产生了巨大的社会影响，甚至引发追捧的狂潮，成为重要的流行文化现象并参与流行文化的构建。

漫威影业（Marvel Studios，LLC）的迅速发展和壮大就是很好的一例，以一部《钢铁侠》(Iron Man)电影为起点，在十几年间打造了一个精彩纷呈、娱乐性极强的超级英雄世界。漫威准确地把握了市场对娱乐性的超级英雄电影需求，一改以往DC漫画公司超级英雄电影严肃阴郁的风格，打造出轻松明快且娱乐性强的超级英雄电影，并开创了"漫威电影宇宙"的概念，获得了巨大的市场成功。其中仅超级英雄电影衍生产品开发一项就让漫威每年营收超10亿美元（图5-9），让一个濒临倒闭的漫画公司起死回生，并一跃成为行业巨头。

图 5-9　漫威的衍生品商店

为了最大限度地赢得市场，文化创意要考虑到当下大众消费心理和趋势。当下的社会，竞争激烈，生活节奏快，工作压力大，即时获得放松和娱乐是很多人在工作之余和闲暇时间的文化消费选择。一方面，文创设计师应该对这种社会现状和消费心理有充分的认识；但另一方面，设计师也需要留意这种倾向进一步发展导致的文创行业走向泛娱乐化和文娱产品低俗化的现象。文创产品的娱乐性、消费性功能使得当下的文创产品在策划与设计初衷上常常选择尽量满足大多数消费者的即时放松和娱乐需求。其价值追求有意或无意放弃了产品设计一以贯之的服务和引导品质生活的职责，具有明显的娱乐化倾向。针对这种现象，文化和旅游部等八部门联合印发的《关于进一步推动文化文物单位文化创意产品开发的若干措施》指出："坚持保护为先，合理利用文化文物资源，避免过度商业化、娱乐化。革命历史类文化创意产品要以历史事实为基础，反对历史虚无主义。"相关规定和指导文件的出台为加强文创产品开发和设计工作提供了指导和依据，有利于规范市场环境和设计师创作行为，也有利于弘扬社会正能量和核心价值观。

四、传播价值

文创产品的传播价值在于准确把握时代和流行的脉搏，在恰当的时间推出具有合适的内容与形式的产品，借助引爆舆论带来爆炸式的传播效果，使设计成为市场上的爆款产品（图5-10），在短期内即可赢得丰厚回报。相较于日常所见的普通产品，文创产品本身就具有更强的文化和创意属性，因而也更具流行性与话题度。此外，很多文创产品自开发之初，其重要功能便是品牌形象塑造和传播。这些特点就注定了它在传播能力上强于普通产品。

　　随着科技的进步,特别是互联网与新媒体技术的进步,文创产品的传播方式更加多样化。在当前的互联网环境下,社交媒体的快速发展也使得文创产品逐渐由单向传播向互动传播进阶。公众有机会就感兴趣的文创产品在网络上进行分享并发表评论,也能提出自己关于产品的想法、喜好和预期,他们的反馈越来越受到重视,也越来越发挥着重要作用。反过来,网络平台又会利用大数据挖掘和分析技术,在对消费者的相关行为数据进行分析的基础上,为消费者定向推送符合其喜好的文创产品,针对不同客户群体实现信息的分众传播。又如,运用虚拟现实技术可开发现代化虚拟体验式文创产品,带给用户别样的产品体验,实现信息的沉浸式无意识传播,深化传播效果。这一切新技术带来的文创产品在传播途径与方法上的转变,都大大加强了文创产品的传播效力,从而使其获得远超以往的传播价值。

图 5-10　北京冬奥吉祥物在节日期间热卖,"冰墩墩"出现"一墩难求"的抢购场面

第三节　文创产品设计的分类

　　文创产品是一个比较宽泛的概念,目前在学界与业界并未形成对其清晰统一的界定和分类。本章对文创产品的论述主要依据艺术设计专业的教学和实践需要,对文创产品设计的分类也将遵循同样的专业视角。目前常见的文创产品设计分类角度包括基于产品的设计对象分

类、基于产品的市场需求分类、基于产品的材料工艺分类、基于产品的功能分类等。限于篇幅，本书无法详述各个分类方法，现选取以产品的设计对象为角度的分类方法进行讲解。

一、基于传统文化的文创产品设计

基于传统文化开发的文创产品近年来一直广受市场欢迎。所谓传统文化，是由文明演化汇集成的一种反映民族特质和风貌的文化，是各种思想文化、观念形态的总体表现[1]。传统文化中本身就存在大量优秀的内容与形式元素，将这些优秀的传统文化元素创意性地应用于创意产品的设计，可以有效提升设计的质量，还可以为产品进行文化赋值。我国作为文明古国，拥有灿烂悠久的文明史以及海量的传统文化遗产，随着近年来文化自信在我国成为社会共识和价值趋向，基于传统文化元素开发的文创产品也受到全社会的追捧。

根据不同的文化存在形态，可以把文创产品设计中应用的传统文化元素分为物质文化和非物质文化两个部分。物质文化是指那些物质形态的，在历史的进程中人类为了满足自身的生存和发展需要而创造的物质产品及其所表现的文化，包括食物、服饰、建筑、交通、生产工具以及乡村、城市等，是文化要素或者文化景观的物质表现；非物质文化就是指那些非物质形态的，在历史的进程中人类在自身的创造性实践中创造并延承下来的，有人文、历史和艺术价值的文化内容和技艺等及其所表现的文化，包括传统美术、音乐、舞蹈、戏剧、体育、医药、饮食和节庆民俗等。非物质文化遗产与物质文化遗产相对，合称"文化遗产"。

近年来，基于文化遗产开发的文创产品成为文创市场上的热点，成为保护和传播文化遗产的一种表现形式。物质文化因为有着基于实物的历史遗存，在设计上的应用其实从未中断。后人会天然地采取继承或批判的视角，在前人的产品基础上进行新产品的设计开发。非遗保护与文创产品开发则是近些年才逐步发展并火爆起来的。非物质文化遗产因其独特的技艺和文化属性在近年间备受社会各界的关注。设计师需要对传统文化元素进行深度挖掘和提炼，并能够通过与现代审美进行融合，找到合适的创意转化形式，以此来吸引消费者，激发他们的购买欲望。传统文化传承与文创产品开发的结合让传统文化萌发出了新的活力，在如今竞争激烈的市场环境中开拓出了新的领域与商机，其社会价值也因此不断凸显（图 5-11）。

比如，瓷器烧制在我国有悠久的历史，江西万年仙人洞旧石器时代洞穴遗址中出土了距今20 000 年左右的陶器，此后，制陶、制瓷技艺不断发展，在世界陶瓷历史上取得了无与伦比的成就。传承发展至今，在传统瓷器设计上想做出新颖的创新已经十分困难，但是从文创产品设计的视角出发却可以获得意想不到的创新机会。苏州博物馆开发了一款文创产品，即文徵明汝瓷衡山杯（图 5-12），在设计上很有新意的同时也取得了良好的市场反应。这款衡山杯设计将瓷器与印章两种物质文化结合起来，杯子材质选用汝瓷，在杯子底部加入了文徵明的衡山印章图案作为文化元素，整个杯子的造型又好似一枚印章。汝瓷和印章都符合文徵明的文人气度，

---

[1] 吴冬玲. 浅析中国传统文化与现代产品设计[J]. 工业设计, 2011(11):2.

图 5-11 "广东醒狮"非物质文化遗产文创产品商店

图 5-12 苏州博物馆文徵明汝瓷衡山杯设计

同时也符合苏州这座城市雅致的地域文化特点。这种组合创意利用其所代表的文化内容为杯子增加了文化价值,从而使得该设计获得了超越其材质本身的经济价值(图5-13)。

图 5-13　苏州博物馆文徵明汝瓷衡山杯销售情况

二、IP衍生的文创产品设计

在讨论 IP 衍生型文创产品之前,需要对文创 IP 加以定义。IP 即知识产权,是 intellectual property 的缩写,指的是"权利人对其所创作的智力劳动成果所享有的财产权利"。[1] 它最初是一个法律范畴的定义语汇,在营销领域慢慢演变成一个专业术语,通常指一个广为人知的品牌形象。本书中所说的 IP 特指以文创的方式创造的文创 IP。在文创领域,IP 被赋予了极强的文化属性,拥有知名度高、辨识度高、引流能力强、变现能力强等特点。我们将这种兼具文化符号意味的 IP 称为文创 IP。文创 IP 已经由早期的文学、影视领域逐步延伸到了动漫、游戏、传统文化等其他领域。

IP 衍生型文创产品则是基于文化 IP 的艺术价值、审美价值、传播价值、经济价值、精神价值而派生出的一系列商品,常见的有影视娱乐、艺术家作品、动漫游戏 IP 等衍生出来的产品。它源于作品本身,却改变了作品自主性、个体性、不可复制性等属性,成为具有审美价值和娱乐价值并可批量生产的一般性商品。此类文创产品的开发以文创 IP 创作内容特色为基础,以 IP 形象为核心,衍生应用于市场现有产品载体上,结合方式基本是在产品载体原有形态上进行结合,应用方式多以少量或者不改变原有产品载体特定形制的方式呈现。需要注意的是,文创 IP 形象只是外在的形式,IP 本身所包含的文化内容才是基础。

以动漫以及漫改影视剧领域为例,除了漫威旗下有"复仇者联盟"这样的超级 IP 外,DC 的"正义联盟"、皮克斯的"玩具总动员"、少年 JUMP 的"航海王"和"火影忍者"、吉卜力的"千与千

---

[1]　杨辉.工业设计与知识产权战略研究[J].科学导报,2016(9):203-203.

寻"、暴雪公司的"魔兽世界"以及任天堂的"精灵宝可梦"等都是各大动漫游戏厂商重点开发的IP,只要在各大电商平台中键入相关信息并进行搜索,就可以发现大量的衍生文创产品。基于动漫游戏及相关领域而衍生出的文创产品主要包括玩偶、玩具、服装、文具用品、主题乐园、日用品、饰品、食品等,范围宽泛,产品门类繁多(图 5-14)。

图 5-14　上海迪士尼世界商店与各类动漫 IP 衍生产品

2015 年,国产动画电影《大圣归来》以其优良的制作和耳目一新的人物设定,一经推出即取得了良好的口碑和票房成绩,紧随其后基于电影 IP 形象推出的衍生文创产品首日销售收入就突破 1 180 万元人民币,创造了国内影视衍生文创产品的日销售额新纪录。因此,2015 年也被看作中国影视文创衍生品产业化的元年(图 5-15)。2020 年,日漫电影《鬼灭之刃之无限列车》在日本上映,成为引发现象级的观影热潮的人气作品。据日本媒体《东洋经济》消息,其 IP 商品市场规模达到了惊人的 9 000 亿日元,约合人民币 470 亿元(图 5-16)。

三、文博旅游类文创产品设计

常见的文博旅游类文创产品是指游客在旅游过程中购买的精巧便携、富有地域特色和民族特色的工艺品礼品,以及让人铭记于心的纪念品。文旅类文创产品不同于一般的商品,它能反映旅游地的特色,浓缩了地域和民俗风情,沉淀着旅行的记忆。文博旅游类文创产品是一个国家或地区历史与文化的缩影,它是该旅游地独有的特色商品,在旅游市场上具有独占性。因此,文旅类文创产品的开发必须与地方(如国家、城市、博物馆与观光景点等)历史文化相结合,要做到不流于表面,而能够表现其神韵。对产品的文化背景挖掘得越深,其市场魅力就越大,产品的附加值就越高,顾客的购买欲望就越强。

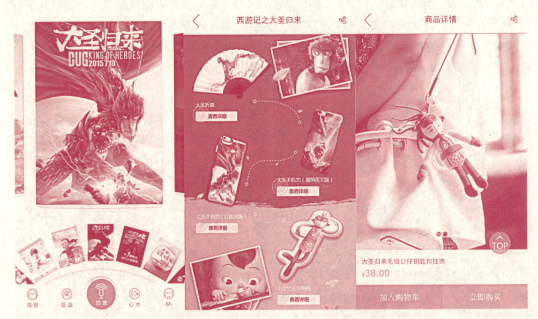

图 5-15 《大圣归来》相关文创衍生产品

图 5-16 《鬼灭之刃》相关文创衍生产品

中国产业研究院公布的《2022—2027年旅游纪念品市场投资前景分析及供需格局研究预测报告》显示,文旅产业目前在我国具有极大的发展空间,文旅文创产品市场大有可为。我国作为文化资源大国,据统计拥有1.08亿件(套)可移动文物、76.67万件不可移动文物、1 557项国家级非物质文化遗产。[1] 但就目前的文旅文创产品市场来看，这些丰厚的文化遗产并没有得到很好的利用，很多地方仍未给予充分的重视，存在衍生产品相对较少、数字化程度较低、设计制造粗糙、同质化程度高、抄袭成风和创意低下等问题。这些问题会让游客失去购买欲望，降低旅游体验和满意度，也会在一定程度上影响旅游经济的健康发展。有数据显示，目前发达国家旅游购物占旅游收入的比例在60%～70%，而我国旅游购物占旅游收入的比例还不到40%。[2] 有鉴于此，我国的文旅类文创产品开发迫切需要提升品质。

2016年5月，文化和旅游部、国家发展改革委、财政部、国家文物局共同颁布了《关于推动文化文物单位文化创意产品开发的若干意见》，该文件的出台给了行业发展必要的指导和强大的助力。据《2021年旅游纪念品行业市场需求分析报告及未来五年（2021—2026）行业发展预测报告》中数据显示，2019年我国文旅文创产品市场规模为655亿元左右，随着我国旅游纪念品市场不断成熟、完善，越来越多精细、优质、有地方特色的纪念品涌现，市场规模将进一步扩大。2021年，文旅文创产品市场规模已经达到723亿元，估算未来五年复合增长率约为11.26%，2025年将有望达到1108亿元。依据该报告中的预测，根据目前中国经济发展趋势和近年来中国旅游业的发展情况，旅游业在未来将继续稳步增长。

2013年，以故宫文创为首的博物馆文创产品设计做出了很好的尝试。中国台北"故宫博物院"开发了一款现象级爆款产品——"朕知道了"胶带。该产品的载体极为普通，就是常用的纸胶带文具，但设计者巧妙地加入了康熙的朱批"朕知道了"作为点睛的文化元素。产品一经推出，迅速引爆网络，获得了大量关注的同时也收获了良好的社会和经济效益。2014年，故宫微信公众号发送了一篇名为《雍正:感觉自己萌萌哒》的推文，再次引发广泛的关注和传播，从此故宫的文创属性正式开始觉醒（图5-17）。从这两次成功中，我们可以发现，它们的载体都十分普通，平平无奇的产品和公众号推文，不具备新奇和博人眼球的要素，但仅仅凭借极具故事性的文化元素，展示了著名的帝王们可爱的一面，便彻底引起了年轻消费者的兴趣，这里便足见文创设计的价值。

这两次成功之后，故宫便好像掌握了"流量密码"而一发不可收拾，做出了大量新的设计尝试，开发了一系列文创产品，其中不乏成功佳作。比如，基于故宫网红宫猫的系列文创产品设计，如图5-18和图5-19所示。目前，故宫文创已经成为业内的一块金字招牌，为文旅文创产品行业树立了成功的典范。在持续的设计实践以及与市场的互动过程中，故宫文创人也总结出了成功的经验。例如，围绕故宫文创产品开发，故宫文创团队于2013年提出了"三要素"原则，即"元素性、故事性和传承性"。其中，元素性是指产品要能够以故宫文化素材为基础，突出有效地展示故宫的文化元素；故事性是指通过产品要能够讲出吸引人的故事；传承性则是指产品要能够起到传承和传播中国优秀传统文化的作用，融入当代人的生活。

---

[1] 中国人大网.国务院关于文物工作和文物保护法实施情况的报告[EB/OL]. http://www.npc.gov.cn/npc/c30834/202108/33b43dc7a2ef4b2bb4e7753170c7d0cf.shtml.[访问时间:2022-07-22].

[2] 中研网.旅游纪念品缺乏新意产业亟待改变 旅游纪念品行业分析[EB/OL]. https://www.chinairn.com/hyzx/20211028/160034858.shtml.[访问时间:2022-07-17].

图 5-17　故宫《雍正行乐图》和"朕知道了"纸胶带

图 5-18　故宫网红宫猫为文化元素的系列产品设计之一（洛可可设计）

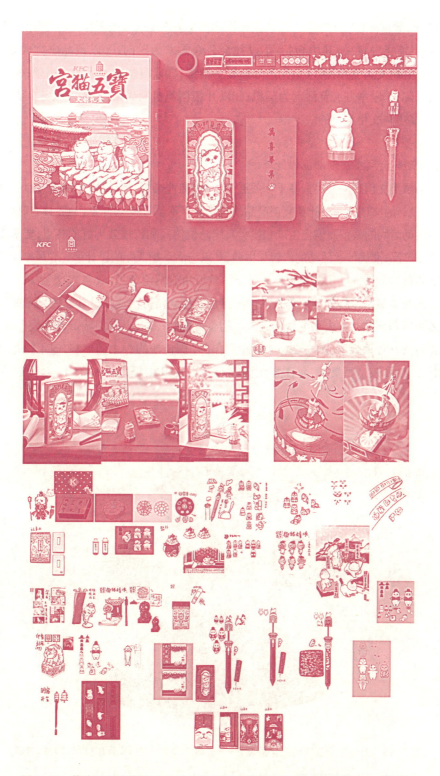

图 5-19　故宫网红宫猫为文化元素的系列产品设计之二（与肯德基 KFC 联名）

2016年,故宫博物院的单霁翔院长又根据故宫文创产品研发的工作经验,总结出了十项重要原则,很具有指导意义,其中包括:①以社会公众需求为导向;②以藏品研究成果为基础;③以文化创意研发为支撑;④以文化产品质量为前提;⑤以科学技术手段为引领;⑥以营销环境改善为保障;⑦以举办展览活动为契机;⑧以开拓创新机制为依托;⑨以服务广大观众为宗旨;⑩以弘扬中华文化为目的。[1]

四、活动与会展类文创产品设计

活动会展类文创产品一般指基于相关展会活动(商业会展、博览会、运动会、论坛、会议和庆典等)开发设计的文创产品。此类文创产品须特别为某次活动专门开发,一般具有时效性强(往往会随着活动时间的截止而停止生产和售卖)、纪念价值高和传播效力好的特点,要求设计师能够通过文创产品,准确传达活动的内容和主题,并以与活动相匹配的设计形式和风格加以呈现。

知名设计师刘传凯为上海世博会设计了一款城市旅游纪念品,取名"城市微风·上海",创造性地将上海的城市地标性建筑与极具中国特色的折扇结合。这款设计让使用者在打开折扇的时候就可以看到并想起上海的地标建筑。随着折扇的打开,上海的城市天际线也缓缓展开,极具纪念意义和传播效力(图5-20)。折扇采用了中国传统的香木扇形制,运用拉花、烫花、雕花等制作工艺,不仅造型美观,而且很有中国特色,令人印象深刻。

图5-20 上海世博会旅游纪念品设计——"城市微风·上海"折扇(设计师:刘传凯)

---

[1] 张亚民.故宫文创记[M].保定:河北大学出版社,2018.

案例研读

苏州博物馆——《梅花喜神谱》系列文具设计

一、设计背景

本案例是一套来自苏州博物馆的文创文具设计。设计灵感来自苏州博物馆的经典馆藏《梅花喜神谱》(复刻本)。《梅花喜神谱》由宋代宋伯仁撰绘,是中国第一部专门描绘梅花种种情态的木刻画谱。因宋时俗称画像为喜神,故名。现存最早版本为景定二年(1261年)重刻本,刀法古朴明快,在版画史上具有重要地位。全书分上、下两册,每图多枝一蕊,图左边题诗四句,图上部根据花的情态标以寓意性画题(图5-21)。画谱按梅花新陈代谢规律,画就生长凋谢周期不同形态的梅花百幅,风格清新,栩栩如生,百态千姿,状物传神。

图 5-21 《梅花喜神谱》内页

二、元素提取

设计团队首先对苏州博物馆提供的《梅花喜神谱》文物展开研究,了解文物所包含的具体内容。研究后发现,《梅花喜神谱》是按照梅花花开花落的顺序排列的,分八个阶段:蓓蕾、小蕊、大蕊、欲开、大开、烂漫、欲谢、就实。团队于是决定也采用同样的逻辑来安排设计。首先,用颜色来区分这八个阶段,色彩也和每个阶段的花的状态吻合(图5-22)。

图 5-22 以《梅花喜神谱》手账本色彩设计为例,色彩设计逻辑

其次,团队开始对《梅花喜神谱》的内容进行挖掘,把其中的梅花以及对应诗句提炼出来(图 5-23)。

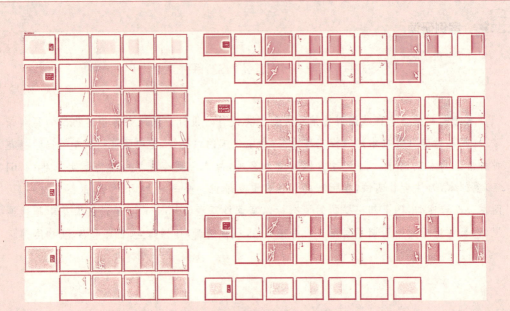

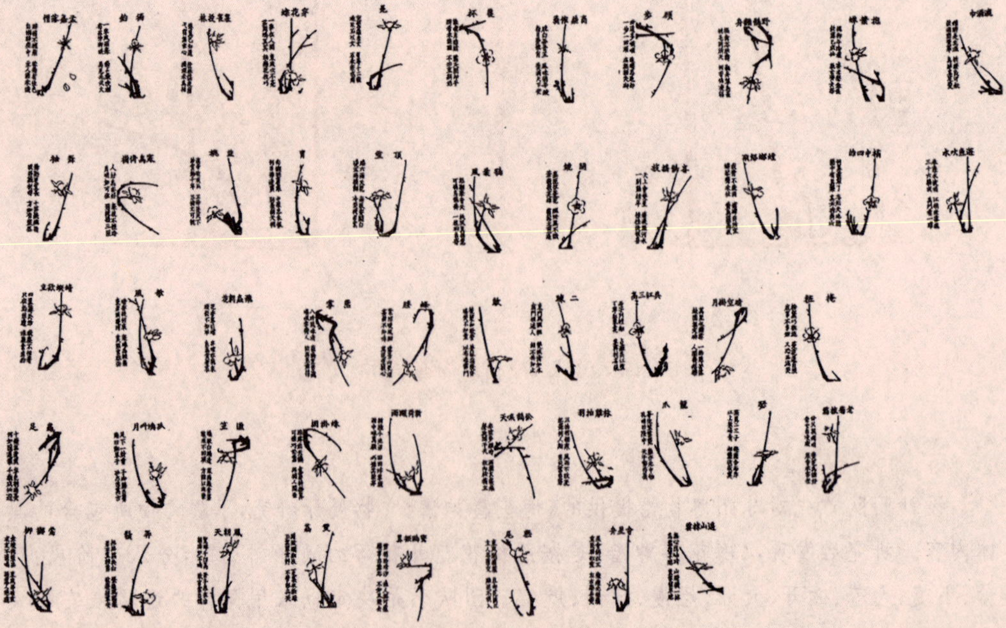

图 5-23 以《梅花喜神谱》内容挖掘

最后，设计团队对提取的文化元素进行一系列设计转化，变为符合产品定位与当前审美偏好的视觉化设计元素。例如，对《梅花喜神谱》的图文元素进行重新的排版（图5-24）和对梅花图案进行重新设计（图5-25）。

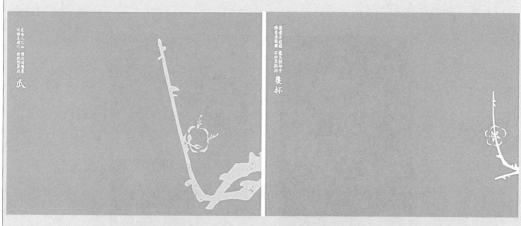

图5-24 《梅花喜神谱》手账版式设计

图5-25 梅花图案设计

三、成果展示

（一）手账本

每朵梅花都有着不同的姿态，古代的文人赋予了它们丰富多彩的名称。搭配着《梅花喜神谱》中想象力丰富的名称和诗作，笔记本的内页还原了梅花的蓓蕾、小蕊、大蕊、欲开、大开、烂漫、欲谢、就实这八个阶段。设计师用中国风的淡彩和简约的版式，将花开花落的瞬间定格于纸上，既满足了日常书写的功能，也可以让使用者学着临摹描绘，可谓现代版的《梅花喜神谱》(图5-26)。

图5-26 《梅花喜神谱》手账本设计

(出品，苏州博物馆；设计，黄屹洲、李毅然；策划，蒋菡、郁颖莹)

(二) 便携本(粉色/黑色)

设计师从《梅花喜神谱》中提取出形态各异的梅花图案,运用层次丰富的粉色和黑色,对图案重新进行排列组合,并同样采用了中国风的淡彩和简约的版式。这款设计是一本活泼、时尚的袖珍口袋本,随时随地记录灵感(图 5-27)。

图 5-27 《梅花喜神谱》便携本设计

(出品,苏州博物馆;设计,黄屹洲、李毅然;策划,蒋菡、郁颖莹)

(三) 文件夹

设计师从《梅花喜神谱》中提取出三朵形态各异的梅花图案,按照不同深浅的色彩和比例,组合成实用的多层文件夹,翻开的过程就如同拨开层层花瓣,将满园梅香尽藏于其中(图 5-28)。

图 5-28 《梅花喜神谱》文件夹设计

(出品,苏州博物馆;设计,黄屹洲、李毅然;策划,蒋菡、郁颖莹)

(四)便利贴

灵感源于宋刻本《梅花喜神谱》,设计师从中提取出形态各异的梅花图案,用柔美的色彩组合成一幅现代版本的梅花喜神图。花瓣形状的便利贴既实用,又有着极强的装饰作用,不论夹在书中或贴于何处,都是一幅赏心悦目的梅花图(图5-29)。

图5-29 《梅花喜神谱》便利贴设计

(出品,苏州博物馆;设计,黄屹洲、李毅然;策划,蒋菡、郁颖莹)

(五)眉颦红妆纸胶带

设计师从《梅花喜神谱》中提取出形态各异的梅花图案,将满园梅香尽藏于其中。不同深浅的粉色花瓣可以作为胶带使用,可以用它尽情装饰任何能想到的地方(图5-30)。

图5-30 《梅花喜神谱》胶带设计

(出品,苏州博物馆;设计,黄屹洲、李毅然;策划,蒋菡、郁颖莹)

(六）书签

设计师以《梅花喜神谱》为设计元素,选取蓓蕾、欲开、大开、烂漫四种不同的姿态,运用金属镂空工艺,达成浪漫轻盈的设计。精心选取优雅之形态,去古籍之厚重,反复修改,历时两月多次打样,最终而成。一本好书,再加上一枚雅致的书签,陪你走进书的世界。金和玫瑰金两种款式可选,为阅读增添一份雅致的温情(图 5-31)。

图 5-31 《梅花喜神谱》书签设计(出品,苏州博物馆)

— 思考题 —

1. 如何理解文创产品在文化传承和创新上的作用?
2. 如何理解文创产品设计与一般产品设计的联系与区别?
3. 请思考本章中文创产品的设计原则对你有何启发。
4. 请结合当前的文创产品,思考文创产品设计存在问题和发展的趋势。

第六章

文创视觉设计

学习目标

学习完本章,你应该能够:
(1) 了解文创视觉设计的概念;
(2) 了解文化创意产业与视觉传达设计的关系;
(3) 了解文创视觉设计的分类;
(4) 了解文创视觉设计的基本要素。

基本概念

视觉传达设计　文创视觉设计

视觉系统是人与外界联系的最主要的途径。在人们认知世界的过程中，至少有85%的信息是通过视觉获得的。通常来说，人们总是最先通过视觉来感受文创作品，因此，文创作品的视觉设计至关重要。本章对文创视觉设计的概念、类型和要素进行讲解，并通过具体案例展现文创视觉设计的具体过程。

第一节　文创视觉设计概述

一、视觉传达设计

视觉传达设计(visual communication design)是以某种目的为先导，使用视觉元素，并通过一些可见的艺术/设计手段来传达一些特定的信息到被传达对象，并对被传达对象产生影响的设计。在日常生活中，主要信息是通过视觉这一途径传达和表现出来的，由此也决定了视觉传达设计的重要性。视觉传达设计师是信息的发送者，其所传达的对象便是信息的接受者。视觉传达设计手段可应用于广告设计、包装设计、展示设计、环境设计、服装设计、产品设计，乃至所有与视觉相关的设计领域。[1-2]视觉传达设计以文字、图形、色彩为主要设计要素，在信息传播和文化生活领域以其独特的传达功能和艺术魅力影响着人们的感情和观念，在人们的日常生活中起着十分重要的作用。

视觉传达的设计实践由来已久，也许可以追溯到人类灵智初开的幼年时代，那时人类便对于更准确、更优美地进行信息传达产生了需求，时至今日从未停止。起初为了记录和传播自己的所思所想，早期人类便开始借助实物记事，典型的就是结绳记事。接着开始通过借由符号和图画来传达或具象或抽象的信息，甚至是脑海中的想象，最具代表性的便是图腾的产生。随后，图画与符号的意义逐渐规范化，产生文字。文字的出现使人类进入手工图像时代，这个时代视觉传达的主要形式还是标识、文本、字画、书籍和一些包装物，此时文字成为主要的载体，并与图画形成搭配，誊抄和后来的印刷是这些手工图像进入社会公众视野的主要方式。工业革命的产生和发展不仅揭开了社会发展的新序幕，更为设计的发展提供了机遇，它不仅影响了当时生活的各个方面，也推动视觉传达设计的发展。科学技术的进步为视觉传达设计的发展提供了新方法，开启了视觉传达设计发展的新篇章。例如，摄影技术从诞生起对视觉传达设计就起着举足轻重的作用，从以前的手绘图到摄影图，无疑提升了视觉传达设计更多的素材选择可能性。因此，若没有摄影技术的发明，没有它作为传达手段提供更加丰富的可能性，当代视觉传达设计的形式可能会大相径庭。

进入20世纪中期，电影、电视、录像等一系列电子传播技术与媒介相继产生，使人类视觉信息的传播速度和丰富性有了质的飞跃，这时期的视觉传达已经不仅仅是美术技能和印刷技

---

[1]　何蕾.视觉传达设计中的"视觉设计"与"信息设计"[J].艺术与设计:理论版,2011(4X):3.
[2]　刘瑶.新媒体时代视觉传达设计的"再设计"[J].艺术百家,2021(2):202-206.

术的简单组合了,而是设计与新兴媒介的全新组合。也就是在此时,视觉传达设计诞生了,这一术语最早见于 1960 年在日本东京举行的世界设计大会,当时其涉及的内容包括报刊、招贴海报及其他印刷宣传物的设计,还有电影、电视、电子广告牌等传播媒体,把有关内容传达给眼睛从而进行造型的表现性设计被统称为视觉传达设计。简而言之,视觉传达设计是"给人看的设计,告知的设计"。[1] 进入 20 世纪 90 年代后,随着计算机、互联网和新媒体等技术的进步和普及,信息数字化进程加速,整合了声音、图像、数字、文字和语言,从而带来了全新的视觉传达形式和特征,开始了从实物信息媒介向数字信息媒介的转移。[2]

进入 21 世纪,社会的发展和科技的进步已经来到了一个新的阶段。特别是随着移动互联网、AI、大数据和元宇宙等为代表的一批新技术的崛起,新兴媒介和应用场景也不断涌现,视觉传达需要更多体现出时代特征,遵循技术发展趋势,并满足日趋多元的消费需求。特别是在智能化和沉浸式技术崛起的当下,人们的视觉感知和交互方式发生了巨大变化。通过互联网和数字设备,信息能以更加丰富和精准的方式被发送和接收。但信息多样化和冗杂化也使得人们在处理信息时更加烦琐和吃力,这就需要通过更专业、有针对性的视觉符号来进行信息传递和促进理解。视觉传达作为一种工具和语言,可以帮助人们更加有效地处理、整合和传递信息,提升文化和对话的质量,拓宽视野和思维。它的发展更加符合数字化时代的趋势和需求,因此,从事视觉传达的职业具有很强的现实意义和前景。

二、文创视觉设计

近年来,我国文化创意产业发展势头迅猛,这不仅带来了传统文化的复兴,同时也使得文化资源不断转化为文创产品。视觉传达作为文化创意行业的重要分支,其自身的内涵和外延也在新的产业形态中不断地发生着变化。视觉传达设计从传统工艺美术和平面设计逐渐延伸到影视、动画、展览、网络、游戏、元宇宙等新兴领域,成为支撑文化创意产业发展的重要力量。文创视觉设计可以被视为视觉传达设计在文化创意领域的应用,发展至今已经深度融入了文化创意产业,表现出设计形式更加新颖、内容传播方式更加多样、文化创新更加鲜明的特点,极大地促进了文化创意产业的发展。

如今,我们正处在一个视觉文化盛行的时代,阅读图片和观看短视频已经成为信息传播的主流趋势。这是新技术、新媒体与视觉文化融合发展的结果。在消费型社会中,媒体文化的作用已从以语言为中心转向以视觉为中心。正如美国纽约州立大学尼古拉斯·米尔佐夫(Nicholas Mirzoeff)教授在《什么是视觉文化》一文中指出:"新的视觉文化的显著特点之一就是把本身非视觉的东西视像化……视觉的事物也瓦解和挑战着任何想以纯粹的语言形式来界定文化的企图。"文创视觉设计利用视觉元素给文创作品打上特定文化的"标签",通过图形、文字、色彩等方式将文创作品的内涵和情感传达给消费者,让消费者在视觉和情感上得到享受和共鸣,进而引发购买欲望,促进文创消费。在文化因素和消费因素的共同推动下,视

---

[1] 韩禹锋,姚民义. 设计概论[M]. 北京:化学工业出版社,2018.
[2] 侯伟. 视觉传达设计的发展历程及社会文化价值[J]. 魅力中国,2009(35):1.

第六章 | 文创视觉设计

觉传达设计正以前所未有的深度和广度渗透到文化创意产业的各个细分领域,也改变了人们日常的视觉经验和审美趣味。例如,在助力农产品方面,文创视觉设计可以有效帮助实现品牌升级。米茶食堂准确把握产品定位,以黑白两色作为产品主题配色,并结合简洁清雅的图文风格,形成了一套完整的品牌视觉系统,成功将品牌形象传达给消费者(图 6-1)。在文化遗产保护和 IP 转化方面,文创视觉设计发挥着不可替代的重要作用。在"虎气来敦煌文创 IP 视觉设计"项目中,设计师将敦煌壁画元素融入设计,提取了壁画中的人物手势和动作进行再设计,既表达了敦煌插画 IP 设计的主题,又通过天马行空的设计思维对传统文化进行了新的诠释(图 6-2)。[1]

图 6-1　米茶食堂系列产品包装设计

---

[1] 小红书."虎气来敦煌文创 IP 设计视觉|插画及包装设计[EB/OL]. https://www.xiaohongshu.com/explore/6248002c0000000021034ca1.[访问时间:2023-07-22]

图 6-2 虎气来敦煌文创 IP 视觉设计

由以上案例不难看出，文创视觉设计与文创产品设计密切结合。文创产品的平面设计、广告宣传、包装设计等需要借助视觉设计手段，视觉传达设计注重精准的信息传达和良好的视觉效果。通过对文化要素、品牌气质和产品创意进行视觉化提炼和加工，赋予产品个性化和具有识别性的品牌标签，可以通过直观的视觉形式将抽象的意涵传递给消费者，让消费者充分了解产品并产生购买欲望。可以说，视觉传达设计贯穿了文创产品从研发到推广的整个过程。因此，在融合视觉传达进行文创产品设计研发时，设计师应该清晰认知产品定位和市场需求，并对产品所具有的文化和创意元素进行搜集、整理和分析。然后，通过视觉传达手段对这些元素进行视觉提炼和处理，并融入产品整体设计。这也对文创视觉设计师提出了要求，需要他们打破传统的视觉传达设计的思维模式，与产品设计师密切合作，准确描绘消费群体形象，注重文化融合和设计创新。通过理解文化的不同方面，利用美学特点、人文情怀和文化元素，将其与产品结合，实现文化的传承与创新以及价值的重塑，从而最终形成文化创意产品。

第二节　文创视觉设计的基本要素

一、图形

图形作为一种视觉符号，伴随着人类文明的发展而不断丰富，其中蕴含着深刻的社会功能和文化意义。无论是在原始社会时期还是现如今的信息时代，图形符号都是人们日常生活中不可缺少的表达语言之一。图形的传播不受文化、种族、阶层、年龄和时空的限制，具有认知度强、传播范围广的特点，创意新奇的图形往往富有感染力，可以给受众留下深刻的印象。

（一）图形的分类

图形按其功能可以分为技术图形、艺术图形和装饰图形。

1. 技术图形

技术图形是指服务于特定功能的图形，它以综合分析、理性表达为特征，使用专用符号表达内容，以传达信息为其根本，不具备审美意义。例如，医生解读的心电图和X透视片，建筑师解读的施工图，工程师解读的电路图等，这些图的共同作用是把人们看不见的信息变成能看见的信息。

另外，还有介于技术图形和艺术图形之间的图形，这部分图形起着双重作用。例如，城市交通图、旅游地图所使用的符号要求尽可能形象化，因为旅游地图上的设计符号可以为旅游者提供信息，使旅游者了解各旅游景区的分布；又如专用地图，表达的是专用信息，如海拔、地形、矿产分布、行政区域划分，供专业人士使用，也有让大众使用的。日本日光市推出了以动物为主题的城市观光旅游地图（图6-3），集艺术与技术于一体，带给人们强烈的视觉冲击感。

2. 艺术图形

艺术图形是指通过艺术手段创造的图形。艺术图形以传达信息为目的，用审美形态增强

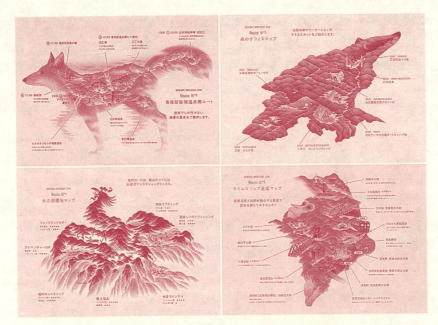

图 6-3　日本日光市城市旅游地图（作者：矢野惠司）

信息的传达。艺术图形的审美特征使艺术图形具有接受面宽、说明性强的特点。艺术图形以鲜明的形象和形式出现，以其智慧性、趣味性、简洁性，直接或间接反映设计师对事物的认知，创造出形态美、内容真、形式生动的艺术形象，来吸引人的注意。

2020年一场突如其来的疫情席卷全球，打破了人们的日常生活的常态，2020上海设计周以"非常设计"为名，来纪念这一非常时期。设计周主视觉海报将"非常设计"四个字转化为积木形态的立体图形，表达"设计重构、相融共生"主题（图 6-4）。

图 6-4　2020上海设计周·非常设计主视觉海报

3. 装饰图形

装饰图形以装饰符号和固定的形式搭配体现人们的思想观念和生活态度,往往在图形中隐含着深刻的文化内涵,尤其是中国传统图形中所蕴含的传统文化更盛。

装饰图形可以用于器物的装饰,以传达美感为主要目的,也可以应用在建筑物中的门饰、墙饰、柱饰、家具器物上的花边、柱角的装饰,以及平面设计中的底纹、各种产品上的装饰图形中,这种图形以美化装饰为主,所承载的信息为辅。

以敦煌研究院收纳盘设计为例(图6-5),设计师从敦煌莫高窟第26、361、158窟的壁画中提取棋格团花、雁衔珠串等图案运用于收纳盘的设计。在家中放上这样一个收纳盘仿佛使壁画中的朵朵繁花绽放于家中,雁衔珠串带来敦煌的祝福,赏心悦目间似闻花香阵阵,鸟鸣耳畔。

图6-5 敦煌研究院文创收纳盘

(二) 文创图形设计

在现代文创视觉设计中,图形不仅具有装饰与说明的功能,还具备更多的象征功能。设计师经常会将一些经典的故事、文化元素通过抽象、隐喻、移植、再生等设计方法转换为现代图形,以创造独特的文化意境。

1. 基于传统文化的文创图形转化

基于传统文化的图形设计在文化创意领域的运用十分广泛,主要通过对传统文化元素进行提取、简化,并赋予一定的艺术化改造,形成外形独特美观的文创图形。以三星堆博物馆的文创书签设计为例(图6-6),书签的图形提取自馆藏文物"青铜大立人"和"铜神树枝头花蕾及立鸟",立体的文物外观经过扁平化设计处理,形成了辨识度高、装饰性强的现代图形。

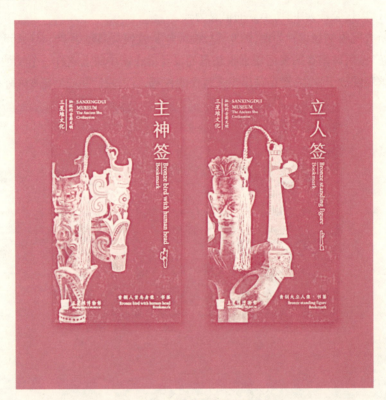

图6-6 三星堆博物馆文创书签

2022年,有着中华老字号企业之称的广州酒家推出"德高望粽"端午礼盒,融合了岭南建筑、龙狮文化、南粤山水以及今日之羊城风采、木棉花开等元素,于古今之间表达对美好生活的向往和憧憬。此外,盒面空间遵循中国传统图案特有的格律体构图原则,通过对称、裱纸、镂空、依圆为曲等表现形式,"古今相望",使画面更具纵深感(图6-7)。

2. 基于历史文化的文创图形转化

中华民族有着5 000多年的悠久历史和灿烂文化,这是我们取之不尽、用之不竭的思想宝库,为历史文创产品的开发提供了丰富的资料。

陕西历史博物馆于2012年推出了其官方IP形象"唐妞"(图6-8)。"唐妞"以唐三彩仕女俑为原型,糅合了西安十三朝古都的历史文化底蕴,结合现代漫画特色设计而成。这位来自唐朝的小胖妞保留了唐朝特色妆容,高髻娥眉,面如满月,体态丰满,身穿襦裙,以新颖又不失传统的卡通形象示人。一经问世,就迅速收获众多粉丝的喜爱。随后,陕西历史博物馆推出一系

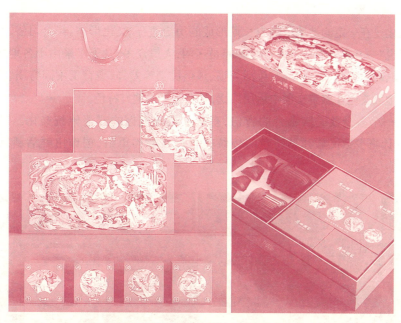

图 6-7　广州酒家推出了"德高望粽"端午礼盒

列"唐妞"衍生品(如公仔、保证、手机壳、冰箱贴等),并于 2021 年陕西历史博物馆建馆 30 周年,推出了以"唐妞"为主角的首套儿童历史科普绘本——《唐妞带你游大唐》。如今,"唐妞"已经成为陕西最有影响力的原创 IP 形象之一。

图 6-8　陕西历史博物馆 IP 形象"唐妞"

3. 基于地域文化的图形转化

地域文化是在一定的地域范围内长期形成的历史遗存、文化形态、社会习俗、生产生活方式等。俗话说"一方水土养一方人",我国幅员辽阔,人口众多,几千年来由于各地域的自然地理、环境气候、政治经济、历史渊源、生活习惯、风俗民情等差异,孕育了不同特质、各具特色的地域文化。地域文化在旅游文创中运用广泛,具有强烈的地方特色。

贵州是一个多少数民族融合的省份,有很多值得发掘的非遗传统文化。"贵州印象"文创品牌设计将少数民族独具特色的传统文化重新解构重组,创作出鲜活新颖的视觉表达(图 6-9)。

图 6-9 "贵州印象"文创品牌设计(作者:雨的折耳根)

"贵州印象"运用特色的元素和苗族花纹进行抽象设计,呈现仰阿莎文化特色风格,采用苗族牛角龙的元素搭配民族花纹进行重新分解设计,形成地域特色显著的现代装饰图形。除此之外,部分图形采用插画手法表现苗族舞蹈,人物轮廓夸张的头身比凸显出舞蹈动态,服饰纹样和色彩体现民族特色。

4. 自然文化的图形转化

自然文化是涵盖了宇宙虚空、天地万物等所有自然存在的根本文化形态。自然界中从来不缺乏美,艺术领域中常常提起的黄金分割比例也来自大自然的创造。自然文化充分具备转化为艺术作品的潜力。

贵州省地质博物馆出品了名为"黔石之华"的文创丝巾丝带(图 6-10),设计灵感来源为显微镜下矿晶薄片里的微观世界。矿晶是贵州的宝藏,矿晶晶体不仅具有美妙的闪烁外表,更具备深层次的奇妙结构。在高倍显微镜下,岩石与矿物相依相存,呈现出美轮美奂的规律性对称画面。设计师提取画面中的图形元素,搭配和谐美观的色彩,赋予丝巾丝带独一无二的魅力。

图 6-10　贵州省地质博物馆"黔石之华"丝巾丝带

二、文字

作为传达的工具,文字具有无可替代的作用。一方面,文字通过被"读"的语言特征直接表达确切的语意,传达的内容具体而又准确,还可以进行逻辑推理;另一方面,文字的字体和排列又具有审美和视觉传达的功能属性,通过被"看"表现出强烈的形象特征,通过视觉感受给人留下深刻的视觉印象。文创中的文字设计可以分为文案设计与字体设计两部分。

(一)文案设计

文案来源于广告行业,是"广告文案"的简称,多指以语词进行广告信息内容表现的形式。广告文案包括标题、正文、口号的撰写和对广告形象的选择搭配。好的文案设计可以引起消费者的共鸣,拉近产品与消费者的距离。

因文案而一炮走红的文化创意产品莫过于"朕知道了"胶带,此款胶带是由台北"故宫博物院"典藏的康熙真迹衍生的文化创意产品,一经上线,立即获得了年轻人的追捧。北京故宫博物院推出了雍正御批系列宣纸折扇(图 6-11),从雍正真实的御批文字中选取符合当代生活的话语,有傲娇质问,有体贴勉励,诙谐又不失霸气。

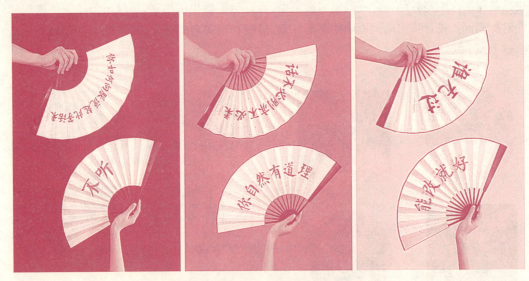

图 6-11 故宫博物院雍正御批系列宣纸折扇

(二)字体设计

字体实际主要是指文字的外观设计,字体设计包括创意字体设计与印刷字体设计,文创视觉设计中的字体设计主要指创意字体设计。字体设计应当遵循无碍阅读、以意为先、整体统一、艺术美观的原则。

文创字体设计主要有以下三种方法。

1. 外形变化

外形变化,即在不改变字体的笔画、结构的基础上,通过拉长、压扁、倾斜、弯曲字体的外形进行变化。这样处理过的字体,由于并没有改变字的基本架构,所以非常容易识别,却因为拉长呈现出优雅美,因为压扁呈现出可爱感,因为倾斜呈现出动感,因为弯曲字体呈现出面积感等,有不同于普通字体的风格变化。具体实例如图 6-12、图 6-13 和图 6-14 所示。

图 6-12 外形变化(一)

图 6-13 外形变化(二)

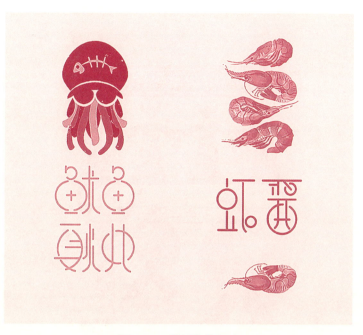

图 6-14　外形变化（三）

2. 图形替换

文字可以说是特殊的图形，所以非常适合以各种各样和字体有关联的图形来取代字体的局部笔画，或者由字体与图形共同组合成一个完整的设计内容。尤其对于汉字来说，象形本来就是其中一种构字方法，这样设计出的字体浑然天成。具体实例如图 6-15、图 6-16 和图 6-17 所示。

图 6-15　图形替换（一）

图 6-16　图形替换（二）

图 6-17　图形替换(三)

3. 结构变化

结构变化的文字设计方式可以分为两种,一种为结构打破,另一种为结构重组。结构打破往往与文字内涵息息相关,缺失的笔画留给观众更大的想象空间,如图 6-18 和图 6-19 所示。

图 6-18　结构变化(一)　　　　　　　　图 6-19　结构变化(二)

结构重组主要表现为异字共生,即对字体进行减笔同构变化,字与字的笔画相互借用、共用处理。既然文字是线条的特殊构成形式,是一种视觉图形,那么在进行设计时,就可以从纯粹的构成角度和抽象的线性视点来理性地看待这些笔画的同异,分析笔画之间的内在联系,寻找它们可以共同利用的条件。因此,无论是汉字的字素、词素横向左右组合,或纵向上下组合,还是拉丁文字母的横向左右组合,都可以在排列的过程中,试图借用笔画与笔画之间、中文字与拉丁字之间存在的共性而巧妙地加以组合。具体实例如图6-20和图6-21所示。

图6-20　结构变化(三)

图6-21　结构变化(四)

三、色彩

在视觉传达过程中,色彩是第一信息刺激,人类的视觉对色彩的感知和反射是最敏感、最强烈的。一个人在接收外界信息的时候,视觉接收的信息占全部信息量的83%,其中色彩语言所承载的信息量占绝大多数。当人接触到文创设计作品的时候,首先就会对色彩有所感知,并对色彩的设计表现力予以识别,所以,一个成功的文创设计作品要能够有效地运用色彩。

从自然科学的角度而言,色彩是物理现象,色彩之所以能够对人的情感具有影响力,并不是因为色彩本身有灵魂,而是因为色彩会对人产生视觉刺激,将人的主观思想激发出来,并使人产生想象力,加上情境的渲染,就会调动人的情感。事实上,色彩对人的情感的影响与人的心理具有直接关联。心理学研究人员已针对相关问题进行深入研究,总结出色彩的象征意义。

当人接触到暖色调,如红色、橙黄色等,视觉神经受到色彩的刺激,人的大脑中就会浮现火焰、太阳等事物,于是人主观上就会有温暖之感;当人接触到冷色调,如绿色、蓝色等,大脑中就会浮现大海、山泉等事物,于是人主观上就会有凉爽之感。文创设计师要能够充分掌握各种颜色对人的视觉冲击及产生的效果,从人对色彩的主观感受出发选择色彩,使人能够对文创设计作品准确解读。比如,人们对可口可乐的经典图标是非常熟悉的。这个图标在色彩上以红色为基调,因为红色会给人以热情之感,似乎喝了可口可乐就会精神百倍、充满活力。如果对制冷的家用电器(如冰箱、空调等)进行商标设计,在色彩基调的选择上就应该以冷色调为主,让人看到商标之后,凭第一感觉就能够对品牌的性质予以定位。

此外,人们对色彩的理解与感知还会受宗教、文化等社会因素的影响,因此在文创作品的色彩设计中,设计师要对作品所面向的市场背景进行全面了解,避免与当地文化发生冲突。

第三节 文创视觉设计的分类

一、文创标志设计

标志(logo)是狭义的符号,以精炼的形象代表或指称某一事物,表达一定的含义,传达特定的信息。相对于文字符号,标志表现为一种图形符号,信息高度概括化、凝练化,具有更直观、更直接的信息传达作用。

早在原始时期,原始人类为了记录,创造了符号、印记、图形等视觉语言,最具代表性的图腾可以被视为标志的起源。图腾作为部落或联盟所信奉和崇拜神灵的符号,被用以区别和标识群居部落,后来不断演变成为城堡、家族标记,如欧洲早期王室和贵族的纹样徽章,代表家族的传统和历史。直到今天,世界各国的国旗和国徽都可被看作民族精神文化的延续和传承。标志设计在文创领域中非常常见,包括企业标志、地区(场馆)标志、活动标志等。

文创标志设计往往蕴含着大量的文化内容。以杭州城标为例(图6-22),城市标志是城市独特文化和精神的直接展示,是城市品牌的形象代表,是城市的识别符号。

杭州城标以汉字"杭"的篆书为基础进行演变,体现了中国传统文化特色;"杭"字古意为"方舟"或"船","杭"又通"航",标志整体形态似一艘船,呼应"大禹舍舟登岸"的杭州得名典故,体现了杭州作为历史名城的底蕴,又象征着今天杭州正扬帆起航,展现出积极进取、意气风发的精神风貌;标志巧妙地将航船、城郭、建筑、园林、拱桥等诸多要素融入其中,标志右半部分更是隐含了杭州著名景点"三潭印月"的形象,体现了杭州的地域特征。

图6-22 杭州城标

二、IP形象设计

目前关于 IP 的定义尚没有很统一的说法，通常来说 IP 是指小说、动漫、影视剧、游戏等各种基于创造性的智力成果所产生的，具有一定知名度和影响力的作品、人物或形象等，如《红楼梦》中的林黛玉、迪士尼动画里的狮子王等。

IP 形象设计是指根据已有的 IP 进行视觉设计，或者是通过视觉设计的形式打造出一个具有一定影响力和知名度的 IP。比如我们看小说时，只是对里面的主角和各类角色有一个比较模糊的想象，只有当其转化为漫画或者电视剧时，我们才能将一个个模糊的概念转化为具象的形态，刻印在心中。当前，也有一些 IP 形象原本并没有 IP 基础，而是从一开始就以设计出大家喜爱的卡通形象为出发点，然后不断围绕这个卡通形象衍生出更多的内容，当这些内容越来越多地被人接受和喜爱时，这个 IP 形象也就打造成功了，典型的如兔斯基、阿狸（图 6-23）等。

IP 形象作为品牌重要的形象代言人，一般具备平易近人、可爱有趣的特点，令品牌更易被大众或目标消费群所接受。

图 6-23　阿狸表情包

三、品牌形象设计

品牌形象设计也称企业形象设计。20 世纪 60 年代初，美国首先提出企业形象（corporate identity，CI）设计，20 世纪 70 年代在日本得以广泛推广和应用。企业形象设计是指对企业经营理念和企业精神文化加以整合和传达，使公众产生一致的认同感和价值感，是使现代企业走向整体化、形象化和系统管理的一种全新理念。

企业形象识别系统（corporate identity system，CIS）由三部分构成，包括理念识别（mind

identity，MI)、行为识别(behaviour identity，BI)和视觉识别(visual identity，VI)。理念识别是指企业经营理念定位，用于确定企业发展的目标，是企业对当前和未来一个时期的经营目标、经营思想、营销方式和营销形态所做的总体规划和界定；行为识别是指企业实际经营理念与创造企业文化的准则，是对企业运作方式所做的统一规划形成的识别形态；视觉识别是指企业的视觉识别系统，将企业理念、企业文化、服务内容、企业规范等抽象概念转换为具体符号，塑造出独特的企业形象。三个部分是一个整体，紧密联系，在设计应用的过程中，要强调差异性、标准性、规范性和传播性。

视觉识别设计系统(visual identity system，VIS)设计，是以企业标志、标准字体、标准色为核心展开的完整视觉传达设计(图6-12)。视觉识别系统分为基础系统和应用系统两部分：基础系统部分主要包括标志、标准字、标准色、象征图案等；应用系统部分主要包括办公用品、环境应用、产品包装、交通工具、公关与交流应用等，是最具有传播力和感染力的企业形象。

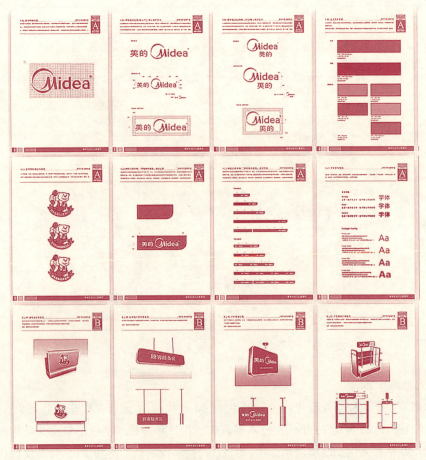

图 6-24　美的视觉识别设计（部分）

改革开放以来,中国民族工业不同程度地受到外来品牌的冲击,对成长中的中国企业而言,品牌战略成为企业决胜的关键。企业通过企业形象设计实现企业形象的树立,对内寻求员工的认同感、归属感,加强企业凝聚力,对外则树立企业的整体形象,不断强化受众的意识,从而获得认同,对于打造民族品牌具有重要的现实意义。

四、文创包装设计

包装设计是指对产品的容器、结构和外观进行的设计。它可以传达商品的信息,兼具保护商品、方便运输、树立品牌、进行销售展示等功能,是视觉传达设计的重要类型之一。包装的视觉设计在设计方法和步骤上以市场调查为基础,从商品的生产者、商品、销售对象三个方面进行定位,选择适当的包装材料,先进行包装结构的设计,然后根据包装结构提供的外观版面,通过文字、标志、图像等视觉要素的编排将商品的信息表现出来,做到信息内容充分准确,外观形象抢眼悦目,富有品牌的个性特色。

在商品品种繁多和市场同质化竞争激烈的今天,一方面,包装设计要求能够增强视觉吸引力,增强包装信息的传递,以便在同类产品中凸显出来;另一方面,消费者个性化的心理需求成为包装设计考虑的主要因素。优秀的包装设计可以提高商品的价值,沟通商品与消费群体的情感,以附加在商品包装上的心理价值激发消费者的购买欲。

随着当代社会文化形态的更迭以及数码、印刷技术的进步,包装设计的发展必须符合时代精神,设计理念应充分体现现代人的审美观、价值观和消费观。情感设计是包装设计的趋势之一,包装设计应体现以人为本的思想,充分考虑受众面对商品的心理感受,寻找商品特征与消费者心理之间的契合点,展现品牌的独特魅力。

2021年中秋之际,中国国家博物馆推出了一款精致的文创月饼礼盒(图6-25)。纸雕的盒盖以馆藏文物"堆彩赤壁赋圆漆盘"为元素,巧妙还原了苏轼《赤壁赋》中描绘的景象。礼盒还设有发光装置,当你开启灯光,便仿佛看见了挥洒着的月光,浪漫至极。

图6-25 国家博物馆"圆漆盘"月饼礼盒

尽管优秀的包装设计可以在一定程度上提升商品的价值,但设计师需要注意避免盲目采用昂贵的包装材料,增加包装成本。过度包装不仅会损害消费者和社会的利益,还会造成环境资源的浪费和污染。绿色包装是全球可持续发展战略对包装设计提出的要求,尽量减少对自然资源的消耗,尽量避免造成生态环境的破坏和污染,采用高性能的包装技术,提高包装的重复使用率,在材料上选用可控的生态材料、可降解材料、水溶性材料等,节约能源、保护环境,体现人与生态环境和谐发展的理念。

五、文创广告设计

广告设计是利用视觉符号传达广告信息的设计,是对观念、商品及服务的介绍和宣传。广告包含五个要素:广告信息的发送者(广告主)、广告信息、广告信息接收者、广告媒体和广告目的。广告设计就是将广告主的广告信息设计成易于接收者感知和理解的视觉符号,如文字、标志、插图等,通过各种媒体传递给接收者,达到影响其态度和行为的广告目的。

传播功能是广告最主要的功能,它通过视觉形象完成经济信息、社会信息、文化信息等信息内容的传递。文创广告兼具商业性与文化性,其传播的广告信息可以是具体的文创商品,也可以是某种特定的文化内涵。

广告以媒体形式进行分类,分为静态广告与动态广告。静态广告以印刷品广告为主,是在二维空间内进行的广告设计与传播。2020年,麦当劳在沙特阿拉伯发布了一组题为"24小时营业"(Open All Night)的星空主题创意海报,画面上星光、色彩相融,美食若隐若现(图6-26)。设计师将麦当劳特色餐品圣代、薯条、巨无霸汉堡放入了梦幻而绚烂的星河,体现了沙特阿拉伯"恒星之乡"的文化特色。

图6-26　2020年麦当劳沙特阿拉伯海报(作者:李奥·贝纳,即 Leo Burnett)

动态广告以影视广告为代表,具有注目率高、表现力丰富的特点。视听语言的运用是影视广告最突出的优势,所以影视广告的设计要充分关注视觉要素和听觉要素的配合。真实、直观、简洁是影视广告的特征,它以简洁明快的画面力求让观众瞬时看懂所传达的信息,形成感官刺激和心理触动,并同广告主题融为一体,体现出广告的深刻内涵。地方旅游宣传片是典型的文创影视广告,通过展示当地的自然、文化特色吸引观众前往。

近年来,随着自媒体行业的快速发展,一些创作者自发地进行短视频创作,对品牌文化、传统文化进行宣传。如中国美食短视频创作者李子柒,她用视频记录东方风情,与世界各地亿万粉丝分享中国传统文化,秉承"用视频记录诗意栖居"的信念,传递美好的生活方式(图 6-27)。

图 6-27 李子柒文创短视频截图

六、文创展示设计

展示设计是指将特定的物品按特定的主题和目的,在一定空间内,运用陈列、空间规划、平面布置、灯光布置等技术手段传达信息的设计形式,包括各种展销会、展览会、商场的内外橱窗及展台、货架陈设等。展示设计是综合应用视觉传达设计、产品设计、环境设计等多种设计技术的复合性设计,运用了较多视觉传达的表达方式。展示设计具有综合性,需要以较为全面的设计专业学科知识作为基础,以从空间规划到平面表现给人的视觉和心理感知作为目的,以图形、文字、色彩为基本元素,通过造型和空间元素的综合运用,创造出视觉美感。博物馆、展览馆和商店是文创展示的主要阵地,文创展示设计要求设计师围绕展示主题进行整体设计,既要符合展示空间的环境要求,又要凸显展示主题的独特文化氛围。

以可口可乐博物馆为例(图 6-28),场馆内部大面积地运用了红、黑、白三种颜色,呼应可口可乐产品的经典配色。纵向空间中充分利用场馆高度,高低错落地陈列各类相关展品,有壁挂的、悬挂的、立式的,通过不同的展陈方式给予游客丰富的视觉体验。

图 6-28 美国亚特兰大可口可乐博物馆展示设计

案例研读

滇国往事——非遗造物坊品牌形象设计

一、设计背景

现代云南民族审美里流淌着古滇国文化的血液,古滇国的器物传递着神秘与质朴的气息。西汉诅盟场面铜贮贝器是古滇青铜器中的独有器物,蕴含着丰盈的人文历史和珍贵祝福。古滇国独特的屋檐建筑造型是具象化的文化符号,"滇国往事"的品牌形象由此延伸。

滇国往事的"古"并不是陈旧而衰老的,而是将文化融入非遗手作,借由新的器物传递祝福。滇国往事的"古"也不是一种特权的专属,而是贴近世俗生活的历史传承。本案例借力非遗文化,将项目定位为"非遗造物坊",从器、技、食、艺四个具体维度诠释古滇非遗文化的内容,同时将色彩和民俗符号结合,创造独特的视觉体验,明确品牌形象,希望引发人们对于民族文化新生的思考,赋予品牌新的生机。

二、设计过程

设计团队前往云南进行调研,探寻深厚的古滇文化,揭开封尘千年的历史,唤起云南历史文化记忆。当地独特的屋檐建筑造型极具地域特色,绚丽的色彩彰显着民族风情,可观可玩的旅游体验使古滇文化从无形到有形,被列为非物质文化遗产的匠人手艺与民俗文化更是将古滇文化推向世界的舞台。

设计团队首先以古滇屋檐造型为基础设计了滇国往事这一文创品牌的标识形象,并确立了"非遗造物坊"这一品牌主题,然后分别从"手造·器""民艺·技""农作·食"和"礼乐·艺"四个方面对古滇文化进行考察与梳理,提取相关图形进行设计创作。

(一)手造·器

乌铜走银是云南特有的汉族传统铜制工艺品,始创于云南石屏,距今已有280多年的历史。制作该工艺的匠人须以铜为胎,雕刻各种花纹图案,并将熔化的银(或金)水填入花纹图案,冷却后打磨光滑。时间久了底铜自然变为乌黑,透出银(或金)纹图案,呈现出黑白(或黑黄)分明的装饰效果,古香古色,典雅别致。由于一般多以镶嵌白银为主,故称乌铜走银。乌铜走银(金)工艺品一般有小花瓶、笔筒、墨盒等。

在"手造·器"这一部分,设计师提取乌铜走银墨盒上的"麒麟送书"纹样,并简化形成品牌特色图形(图6-29)。在民间传说中,麒麟与儒家学派的创始人孔子有着密切的关系。传说孔子降生的那天晚上,有麒麟降临孔家,口吐玉书三卷,上有"水精之子孙,衰周而素王,征在贤明"的字样,意思是说孔子非凡人,乃龙之子孙,降生在周朝末年,虽未居帝王之位,却有贤明的帝王之德,堪称"素王"。孔子长大后精读此书,果然成为"至圣先师"。至今,在文庙、学宫中仍经常可见以"麒麟送书"为图案的装饰,以示有祥瑞降临、有圣贤诞生之意。

图 6-29　乌铜走银墨盒与麒麟送书图形提取

（二）民艺·技

少数民族刺绣被誉为"指尖的艺术"和"心灵的花朵"，是少数民族群众表达认知世界的经验和情感的重要方式，是宝贵的非物质文化遗产。云南几乎每个民族都有独具特色的刺绣文化和刺绣技艺，如彝绣、苗绣、傣绣等。其中，彝族（撒尼）刺绣也叫"撒尼十字绣"，彝语称为"拿窝"，是流行于云南省石林彝族自治县彝族支系撒尼人聚居区的一种民间刺绣艺术，2008年6月7日被列入第二批国家级非物质文化遗产名录。

这些民族刺绣作品中的民族元素散发着浓厚的魅力。设计师提取云南传统纹饰与民族刺绣图案，并用现代设计语言进行转译，形成"民艺·技"的代表图形（图6-30）。

传统纹饰　　　　　　　民族刺绣

图 6-30　云南传统纹饰与民族刺绣的图形提取

（三）农作·食

一方水土养一方人，每一个地方都有属于自己的特色食作和饮食风俗。设计师以云南哈尼族的传统习俗"长街宴"、特色农作物红米以及特色农业景观"元阳梯田"作为灵感来源，提取"农作·食"的代表图形（图6-31）。

长街宴　　　　　　　　　红米　　　　　　　　　梯田

图6-31　云南特色食作图形提取

（四）礼乐·艺

葫芦笙是广泛流行于云南彝族、傣族、拉祜族、傈僳族、佤族、布朗族、阿昌族、德昂族、纳西族、怒族、普米族等民族中的一种古老的簧管乐器。葫芦笙由笙斗和音管两部分组成，不同形制的葫芦笙音管数量不同。葫芦笙旋律优美，可独奏、合奏和舞蹈伴奏，被广泛地运用于云南各民族的娱乐活动、婚丧嫁娶、祭祀及年节庆典。

设计师选取两种不同形制的葫芦笙，并以此为依据绘制平面图形作为"礼乐·艺"的代表图形（图6-32）。

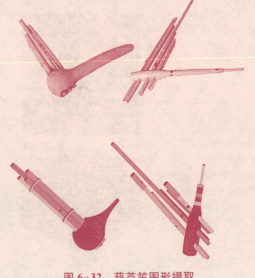

图6-32　葫芦笙图形提取

除此之外,设计师还以云南代表性动物孔雀的翎羽、代表性植物山茶花为基础,提取了相关装饰图形(图6-33)。

孔雀翎羽

山茶花

图6-33　孔雀翎羽与山茶花图形提取

三、成果展示

基于图形提取,设计团队完成了"滇国往事|非遗造物坊"整套品牌形象的设计,具体如图6-34至图6-38所示。

图6-34　品牌标志设计

图 6-35　品牌字体设计

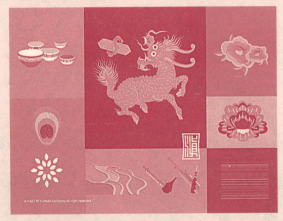

图 6-36　辅助图形设计

图 6-37　品牌插画设计

图 6-38　品牌衍生品设计

思考题

1. 文创视觉设计的基本要素有哪些?
2. 如何理解文创视觉设计与一般视觉设计的联系与区别?
3. 选择一个文创视觉设计案例,尝试从图形、文字、色彩等方面对其进行分析。

第七章

文创数字媒体设计

学习目标

学习完本章,你应该能够:
(1) 了解文创数字媒体的概念;
(2) 了解媒体、数字技术与文化创意之间相互作用的关系;
(3) 了解文创数字媒体设计所具有的特性;
(4) 了解文创数字媒体的分类;
(5) 掌握文创数字媒体设计的基本设计方法。

基本概念

媒体　数字媒体　文创数字媒体设计

第一节 文创数字媒体设计概述

文创数字媒体设计作为新兴发展的文化创意产业之一,是数字媒体设计的重要组成部分。尤其是在新时代软实力竞争激烈的社会背景下,保护优秀文化遗产,推进文化创新与数字技术创新的融合,借助数字媒体技术增强文创产业竞争力,这些因素成为推进文创产业向前发展的主要催化力量。因此,对于文创设计师来说,培养文化创新与数字媒体技术相结合的整合性设计思考能力就显得尤为重要。本章将为读者介绍文创数媒设计的基础概念、设计思想、设计技术、设计实践等各方面的知识,同时还总结了数字媒体设计必备的软件和技能,并配以完整的案例分析,以此帮助读者掌握文创数媒设计相关的基础知识和相关操作的技能,并启发读者培养文创数媒设计所需的整合性设计思考能力。

一、媒体

媒体(media)一词源于拉丁语"medius",意思是介于两种物质之间,被人们用来代指信息传递的一切中介。人类除了用肢体语言和口述的方式进行直截了当的信息传递之外,在一定的情况下还需要用其他可控的物质载体来承载和传播必要的信息。因而这种可以用来传播信息的可控性物质载体以及技术手段就是媒体。媒体又被称为"媒介""传媒"或"传播媒介",它具有两种含义:第一种指的是具备承载信息、传递信息功能的实体,如语言、符号、声音、图像等,具有基础性;第二种指的是从事信息的采集、加工制作和传播的社会组织,即传媒机构,如电视台、杂志社、广播电台等,被称作"大众媒介"(mass media),具有社会性和广泛性。

纵观人类历史,文明向来与媒体的发展密不可分,从我国远古时代的结绳记事(图7-1),到后来"手携双鲤鱼,目送千里雁"的"鱼雁传书"和3 000多年前的"烽火狼烟",最后到隋唐印刷术的发明,从在希拉康坡里斯发现的公元前3100年左右的那尔迈(Narmer)调色板和那尔迈权标头(图7-2),到位于埃及塞黑勒岛上的饥荒碑(图7-3)和古埃及人在坟墓中刻画的来世审判图,再到书信,以及当代人们日常使用的智能手机和平板电脑、手提电脑等电子设备,还有具有公共性的影视节目,都属于媒体的范畴。可见人类文明以及现代科学技术的进步与媒体的变革更新互为因果,相辅相成。

加拿大原创媒体理论家,思想家马歇尔·麦克卢汉(Marshall McLuhan)在《理解媒介:论人的延伸》(Understanding Media: The Extensions of Man)一书中写道:"媒体即讯息。电子媒介是人的中枢神经系统的延伸。媒介研究的最新方法也不光是考虑'内容',而且还考虑媒介及其赖以运转的文化母体。"同时他还将媒介分为"热媒介"和"冷媒介"两种。收音机和电影之类的媒介被称为"热媒介",电话和电视之类的媒介被称为"冷媒介"。他提出区分的基本原则:

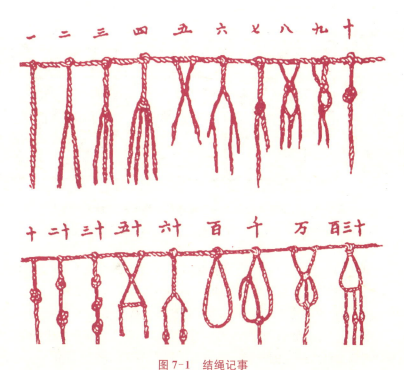

图 7-1 结绳记事

注：结绳记事，远古时代的人类为了摆脱时空限制记录事实、进行传播的手段之一。

图 7-2 那尔迈(Narmer)调色板

（资料来源：王海利. 埃及通史[M]. 上海：上海社会科学院出版社，2014：42）

图 7-3　埃及塞黑勒岛上的饥荒碑和古埃及的来世审判图

（资料来源：王海利.埃及通史[M].上海：上海社会科学院出版社，2014：115）

"热媒介只延伸一种感觉，并使之具有'高清晰度'。电话是一种冷媒介，或者叫低清晰度的媒介，因为它给耳朵提供的信息少得可怜，大量的信息还得由听话人自己去填补。因此热媒介要求的参与程度低；冷媒介要求的参与程度高，要求接受者完成的信息多。"他还对媒体所做出的巨大贡献给予了明确的肯定，他认为："媒介之间相互影响，媒介杂交释放出新的力量和能量，正如原子裂变和聚变要释放巨大的核能一样。这些媒介杂交和化合，提供了一个注意其结构成分和性质的特别有利的机会。"麦克卢汉还指出："这些媒介是我们的延伸，同时它们的相互作用和衍化发展又要依靠我们。它们相互作用、繁殖后代的事实，是一代又一代人迷惑不解的根源。"[1]通过麦克卢汉对于媒介的解说我们不难得知，媒介不仅是传统意义上利用听觉和视觉传播信息的方式，随着科学技术的逐步发展，媒介已经发展成为将视觉和听觉，甚至触觉都融为一体的信息传导器。它不仅使人类的感觉能再次回到视听、触感的平衡，还无时无刻不缩短着人与人之间的距离，将人类重新部落化，进而将全世界变成了一个紧密联结的"地球村落"，人类社会正在经历着"部落化—非部落化—再部落化"的过程。在这个过程中，媒体再也不仅仅是人类行为的一种延伸，还是社会发展的基本动力和不同社会形态区分的标志。

虽然上文通过引用麦克卢汉先生的语录对媒体的概念已经进行了基本的阐述，但是媒体的概念不是一成不变的，它与时俱进发展至今，人类最终进入数字媒体时代，因而媒体的概念又有了新的补充和完善。清华大学李四达教授在他的《数字媒体艺术概论》中对媒体的概念做出了非常具体的解释。他认为："媒体是人与人或人机之间信息交流行为依赖的物质和能量信号。信息就是信息，不是物质也不是能量。但是信息必须依附或寄存于具体的物质和能量形态中，一切信息都是由特定的物质运动过程产生、发送、接收和利用的。信源发送的和对象接收的都不是纯粹的形态信息，而是携带着信息的某种物质形式，这种物质叫作信息载体或媒体，如声波、光波、电磁波等。"[2]因此，媒体是在任何信息传递的过程中都不可或缺的一个重

---

[1] 马歇尔·麦克卢汉.理解媒介：论人的延伸[M].何道宽，译.北京：商务印书馆，2000.
[2] 李四达.数字媒体艺术概论[M].2版.北京：清华大学出版社，2012.

要环节,是传播活动必需的构成因素之一。我们需要通过微信联络亲人朋友,通过小红书分享与获取生活经验和信息,通过新浪微博了解最新娱乐新闻和时事,等等。这些具有通信和分享意义的应用程序作为一种信息传播的数字化媒介,以最高效的速度通过文字、图片、影像等方式向全世界的人民传达最新的讯息及提供虚拟的线上交流平台。

二、数字媒体

从14世纪的印刷到19世纪的摄影,对现代社会与文化的发展都产生了革命性的影响。21世纪,数字技术席卷全球,使人类进入另一场新的革命——数字媒体革命。在这场革命中,所有文化都朝着由计算机介入生产、分发和传播模式的方向转变,影响远超14世纪、19世纪的那两场革命,其波及范围不仅包含传播的所有阶段,也包含所有的媒体类型[1],文创设计也是深受影响的领域之一。

数字媒体概念的出现从时间方面来看最早可追溯到1967年。当时作为美国哥伦比亚广播电视网络的技术研究所所长,彼得·高尔德马克(Peter Goldmark)在他发表的开发电视录像商业计划中首次提出了"数字媒体"(digital media)一词,"数字媒体"的初始概念由此诞生。尔后1969年,美国传播政策总统特别委员会主席尤金·罗斯托(Eugene Rostow)在一次向尼克松总统提交的《罗斯托报告》中也多处使用了"new media"等词汇,由此数字媒体的研究方向开始在全美流行,扩张至全世界。不同学科的专家、学者、机构、媒体实践者开始以自身的认识企图对"数字媒体"的概念进行定义。其中就包括联合国教科文组织(UNESCO)、美国《连线》(*Wired*)杂志,以及《圣何塞水星报》(*San Jose Mercury News*)的专栏作家丹·吉尔摩(Dan Gilmor)等。我国"数字媒体"一词的流行和广泛熟知应从近几年开始算起,对于"数字媒体"这一概念的论述也众说纷纭。

2006年,上海交通大学蒋宏和徐剑两位教授在《新媒体导论》一书中对数字媒体进行界定,他们认为:"在通信领域,数字和模拟相对应,它们都是信息处理的方式,不同的是,模拟通信通过连续的物理量传递信息,而数字通信则通过不连续的数字来传递信息。同时数字媒体是以数字形式(0/1)存储、处理和传播信息的中介,包括机构、载体、介质等。因此,从数字媒体的策划、制作、传播到用户消费的全过程系统来看,数字媒体是由数字媒体机构、数字媒体产品、数字媒体技术、数字媒体内容、数字媒体网络和数字媒体终端六个方面构成的一个系统。"[2]到了2008年,由方兴东、王俊秀创始的互联网实验室所发布的《中国新媒体发展研究报告(2006—2007)》则将"数字媒体"分为三类:"一种是基于技术进步引起的媒体形态的变革,尤其是基于无线通信技术和网络技术革命基础上出现的媒体形态;一种是利用数字电视技术、网络技术,通过互联网、宽带局域网、无线通信网和卫星等渠道,以电视、电脑和手机为终端,向用户提供视频、音频、语音数据服务、连线游戏、远程教育等集成信息和娱乐服务的一种传播形式;

---

[1] Manovich L. The language of new media[M]. Cambridge, Mass: MIT Press, 2002.
[2] 蒋宏,徐剑. 新媒体导论[M]. 上海:上海交通大学出版社,2006.

一种是一种相对的概念,'新'相对'旧'而言。"[1]总之,"数字媒体"和"媒介"的概念一样没有绝对的定义和界限,它们始终跟着科技发展的潮流而与时俱进。

三、文创数字媒体设计

设计是对所处时代的表达和反映,文创设计则可被视为一种以融合多元文化为设计元素、利用不同的载体达成设计创新的文化和商业现象。当前,计算机和各种数字技术成为人类生活生产中不可或缺的工具,当文创设计遇到这样的时代背景,文创设计工作者开始依靠计算机和数字科技取代传统的设计工具、对象、创作和展示平台,一种被广泛称为文创数字媒体的新艺术设计形式应运而生。如前文所述,计算机的诞生对人类的影响和意义超乎寻常,无论是在人类的科技史还是在艺术设计史上,都具有划时代里程碑式的地位和意义。计算机与艺术相融合的历史可追溯到 19 世纪。1946 年,在数学、逻辑学、电学的交叉研究下,利用二进制作为计算系统,"爱尼亚克"(ENIAC)计算机诞生。随着不断的改进,艺术设计的创作者们开始通过撰写编程语言来完成艺术设计的工作,计算机也开始逐渐在人类的艺术设计活动中扮演起特殊的角色。其中,1950 年最早的电脑系列艺术作品就由美国数学家、艺术家本杰明·拉波斯基(Benjamin Laposky)使用早期的计算机和电子阴极管示波器通过黑白电脑图像的展示方式创作完成,取名为《示波》(*Oscillon*),如图 7-4 所示。1976 年,露丝·莱维特(Ruth Leavitt)出版了《艺术家与计算机》(*Artist and Computer*)一书,书中这样评价数字媒体艺术:"有些人认为《示波》系列以及其他类型的电脑艺术是'机器艺术',是冰冷、没有感情甚至是非人性化的,也因此反对这种艺术创作。从某些例子的表象上来看,这也许是事实,但这些机器和工具其实都是想象力和企划力的产物;显而易见地,从原始的出发点上来看它们都是人创造出来的。呈现方式是创作者用智慧去构思和控制的;其结果是依照个人美学标准去筛选的。在我看来,如果电脑能够创造艺术,这个能力一定是人透过程式来赋予它们的。"[2]其中肯的表述也对以前乃至今天对于数字媒体艺术的质疑声给予最理性的回应。1980 年前后,软件应运而生,艺术设计者们无须从电脑的初始语言学起,开始改用 Photoshop 图像处理软件进行影像的修改,利用动画编辑 Softimage 绘制三维动画以及采用 Premiere 进行非线性影片的剪辑等。如今,数字技术的高速发展启发了很多艺术家和设计师,他们尝试将过去的文化语汇融入现代的视觉形式,进行了很多有趣的探索。其中,由艺术家塞尔吉奥·斯卡利特(Sergio Scalet)和娜迪亚·斯夸奇(Nadia Squarci)组成的黑桃(Hackatao)米兰艺术组合就大胆地将过去的文化元素、艺术语汇与当代的数字技术融合,创造出一系列趣味性强、富有想象力且刚柔并济的平面雕塑。如近期由伦敦市与黑桃组合合作的《列奥纳多·达·芬奇》(*Leonardo da Vinci*),这件作品就是在达·芬奇巨作《熊的头部》(*Head of a Bear*)的基础上,通过无休止的图案以及几何元素将其连续成一个与整体相统一的序列,并通过数字技术加持。当观众将鼠标停留在达·芬奇的熊头的视

---

[1] 互联网实验室.中国新媒体发展研究报告(2006—2007)[R].北京,2007.
[2] Leavitt R. Artist and computer[M]. London: Creative Computing Press, 1976.

觉图像上时,通过Aria应用程序,熊头便开始随声音毛皮竖起,逐渐重塑且三维立体化,随即它开始转动头部并张开嘴巴发出熊的嘶吼,最终再逐渐回归达·芬奇所画熊头的线性平面图(图7-5)。

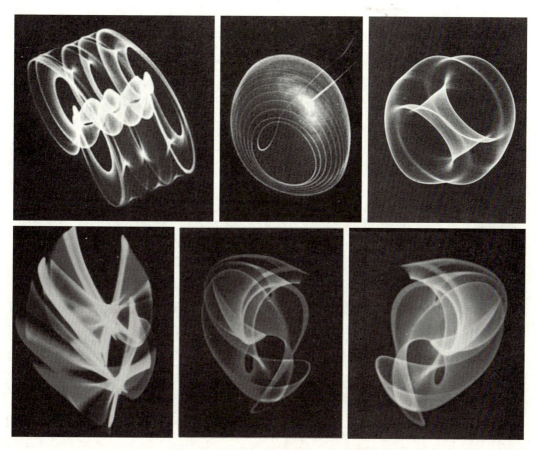

图7-4 本杰明·拉波斯基《示波》系列

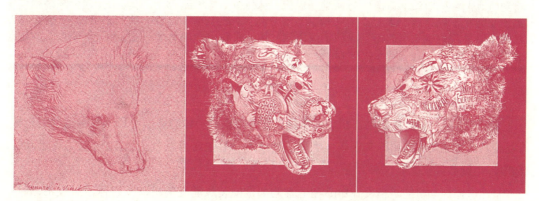

图7-5 黑桃组合《列奥纳多·达·芬奇》

上文对数字艺术发展的起因、变化等进行了简要概述和举例,我们可以清晰地知道数字媒体设计是以数字科技和现代传媒技术为基础,将人的理性思维与艺术的感性思维相融合而形成的一个新的交叉学科。其中,在数字艺术不断的发展过程中,许多数字媒体的艺术家和设计师为了凸显某一优秀的文化以及主题,将一些相关的元素以及创作形式融入创作,从而提升文化价值及精神价值,这就是文创数字媒体设计。换言之,文创数字媒体设计实质上是数字媒体艺术领域里一个小的支系,同时也属于数媒设计在文创产业内具体应用的体现,其特色在于设计多基于文化资源,借助数字技术对文化资源进行创造性的设计转化与表现,从而产生出高附加值的数媒产品或服务。因此,两者之间存在相互作用、互相支持的关系。

第二节 文创数字媒体设计的分类

当我们了解了文创数字媒体设计的特性之后,我们将从文创数字媒体设计的呈现形式出发,依据媒体的可视化、叙事、交互、社会属性将文创数字媒体分为动态机能数媒、光动数媒、互动数媒、综合数媒四大类别进行讲解,其形式不固定且多样化(表 7-1)。文创数字媒体设计的形式分类不是绝对的,也不是一成不变的,它会根据大时代背景下科技发展的现状进行延伸和改善。尤其是像文创数字媒体设计这种科技性很强的快节奏设计门类,它的类型会随科技的迅速发展而产生变化。

表 7-1 文创数字媒体设计的形式类别

动态机能数媒	光动数媒	交互数媒	综合数媒
常将机械动能与各种有利的动能融入媒体,展现动能在不同速度运转下所呈现的视觉美或视觉信息	常采用流动的色光或影像作为视觉呈现元素形成主架构。不同的色光律动呈现不同的光动视觉色彩	常结合虚拟现实,主要体现在交互产品、移动设备、信息屏等媒介中。强调用户的体验价值	常将光动媒体、交互媒体、社会媒体等多种媒体的形式进行整合运用,用于大型建筑、演出中心、自然空间之中

一、动态机能数媒

文创数字媒体设计中的动态机能通常是指在一个相对立体的造型中带入可供运动的机械设备使其产生运动的性质的文创媒体类型。其技术一般包含自然气流风动机能、马达带动旋转机能、电脑数控机能等技术手法。

自然气流风动机能是指设计作品在适宜的部位安装风动旋转机以及媒体投影设备,利用自然风力在空气中自上而下时所产生的动力使作品的扇面部分进行自然风力的旋转运动,从而实现美学性的视觉效果——扇面的形式是不固定的。当然这种依照自然气流风动机能设计的动态机能数字文创作品受到自然风力强弱的限制,因而在设计制造的过程中需要对无风时、有风时、弱风时、强风时等多种情况下所形成的视觉效果进行考虑,以保证任何情况下动态机能数媒装置在运转时都能产生不同形态的美。

在动态机能文创数媒的类别里,除了自然气流风动机能以外,还有非自然动态机能的文创数字媒体,即马达带动旋转机能。这种带有马达设备的装置,基本上一头连接电动机,另一头则连接关风器主轴,装置中间有钢珠和弹簧,由动轴阻力进行控制,主要以不同速度运转的马达对文创数字媒体装置的某个部位进行运转速度的控制,从而对艺术里外的造型产生影响。同样可以通过影像色彩渲染烘托,增强该机能的丰富性。

另外,电脑数控机能则是指在文创数字媒体设计的造型中设有一个专用的可储存程序的数控系统,它可以执行一些或者是全部的数字控制功能,可以通过感应周围环境状况的变化,经由信息传输电脑自动控制造型运动的速度以及视觉形象的变化。

在动力机能媒体的类别中,韩国动力雕塑家崔有让(U-Ram Choe)算得上是最具代表性的艺术家之一。他的作品金卡克拉灯利用金属材料、机械、电子设备,利用云彩图腾、花瓣的形态作为视觉元素进行创作。金卡克拉灯中心是一个逆时针旋转的中心轴,六个圆柱体同时顺时针旋转,祥云元素的镂空雕版层层有序地堆叠,将该装置分为五层,每个圆柱体都与特定图案制作的金属板啮合,通过 90—120 度角上下移动,循环重复。这不仅在结构上进行了元素比例的精密分配,同时,灯光透过镂空的金属材料所产生的美感也使得该装置展现出刚中带柔的顽强生命力——祥云之花(图 7-6)。

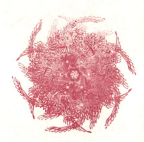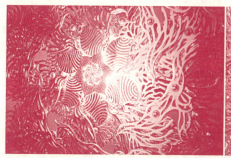

图 7-6　崔有让(U-Ram Choe)金卡克拉灯

二、光动数媒

光对于我们来说并不陌生,它除了有照明、提示、装饰等作用以外,还具有历时性的意义。利用光不仅可以在一定程度上反映现时社会发展的水平和状态,而且光产业的不断发展以及与文化产业的不断融合也慢慢形成了光学文化。文创数字媒体中的光动数媒实际也是光学文化的一种,从宏观层面讲可以说是一种"灯光秀",主要以光线为主题,呈现媒介上着重强调色光,常用于工程照明和灯光设计。光动数媒是指文创数字媒体设计的视觉展现形式在光电支撑下使造型呈现发光效果的媒体类型。这种类型按照设计者的不同构思,配合声音、音乐、场景等其他媒介,使静态的造型通过光电配合增强作品的视幻效应,具有较强的视觉特色。

2020年全球疫情期间，日本的设计师们为了舒缓人们在新冠病毒肆虐扩散时期下的紧张情绪，在 NAKED. INC 与丰川稻荷神社联合创作下共同推出了艺术作品《NAKED 花蹲®》，为疫情下的民众创造出了一个浪漫愉悦的空间环境（图7-7）。该作品在日本丰川市展示，整个《NAKED 花蹲®》作品的开始由一捧虚拟的粉红樱花开启。每一位前来游览的观众在进入该空间之前都需要进行手部的酒精消毒。当观众将手浅浅地放于消毒器下时，自动喷洒的酒精液剂以及唯美温柔的樱花花瓣便映射在观众展开的手心之中，星星点点，营造出了粉色蝴蝶翩翩起舞的浪漫和温情。同时，观众在夜游时可以购买专为疫情期间距离保持设计的唯美花灯。当观众点亮花灯时，具有强烈文化感的日本花卉图腾便会通过光影投印到地面，且投印出的图案直径刚好是一米，巧妙地为每一位观者保持社交距离做出了正确的指引，同时又不失美和浪漫的氛围。更特别的是丰川市的一家手工艺中心专卖店"一年狐"所设计的面具，非常具有文化特色，其设计的艺术面具在夜晚会发出有颜色的亮光，非常具有仙侠小说的气氛，同时又可替代口罩起到防病毒的效果，即便在疫情期间观者也可以安心游玩，享受浪漫温馨且具浓厚文化气息的市井漫步。

图 7-7　日本 NAKED. INC 与丰川稻荷神社合作共同推出的艺术作品《NAKED 花蹲®》
注：左图为樱花消毒液，中图为社交距离指引灯笼，右图为可替代口罩的发光狐狸面具。

三、互动数媒

互动数媒是一种混合了现代最新科学技术，通过虚拟与现实进行实时互动的一种文创媒体类型。该文创媒体类型常常利用观众的好奇心理与交互形式同观众进行联结，给观者创造各种新鲜的体验机会，使观者主动融入作品，将观者转化为作品的一个动态要素。文创交互媒体的技术则常以电子工程技术为基础，是一种结合了多种学科的交叉技术，在设计语言运用、接收回应手段、影视制作技术等方面都具有独特的制作特点。

在文创数字媒体的领域，互动数媒近几年大量被运用于博物馆和画廊项目。以往，当观众进入博物馆或者是画廊，会跟着讲解员观赏被玻璃罩保护好的文物和艺术作品，但是随着数字媒体技术的发展和介入，观众的这种观赏行为也慢慢发生改变。通过虚拟现实技术，博物馆可以更有效地再现历史情景、展现文物内涵、立体化、多角度地展示文物，使观众有更深层次的交互体验。就像在美国克利夫兰艺术博物馆 ArtLens 画廊里（ArtLens 画廊是该艺术博物馆的一个体验空间），有多种不同功能的沉浸式交互区域，包括 ArtLens 墙、ArtLens 应用、ArtLens 工作室等。其中,ArtLens 墙(图 7-8)宽约 12.2 米(约 40 英尺),是一面具有多点触制屏的交互式多媒体数字墙。它由 150 个可视 Christie MicroTiles 组成,显示的分辨率超过 2 300 万像素。通过这块超级触摸屏,观赏者可以更细致地欣赏和观察他们想深度了解的雕塑和绘画作品,并且这块触摸屏上还经常展示着大大小小的藏品图(一般 4 200—4 500 张),不仅每天会刷新屏幕里展示的内容,还能通过不同的类别进行分组展示,被借出的藏品也会被人性化地做出标记,以便观赏者更清楚地了解每一件作品的去向。ArtLens 应用则更加贴心地为观赏者提供更便捷的用户指南体验(图 7-9),观赏者们通过这个开发好的应用程序可以直接将自己的手机变成一个博物馆观赏指南,观赏者们可以在进入画廊之前完成下载,事先规划好自己的观赏路线或创建分享等。观赏时,互动地图化身向导辅助游玩,不仅代替了之前的人工解说,还能跟踪观赏者最喜欢的艺术品,整个观赏过程都充斥着人性化设计以及科技化体验。ArtLens 工作室(图 7-10)则利用最先进的技术专为青年群体创造了对藏品再创造的探索空间,为下一代艺术鉴赏能力、美感、视觉素养的培养提供了一个有组织、有设备、有指导的创作空间,为青年一代的艺术培养提供了一个很好的教育平台。

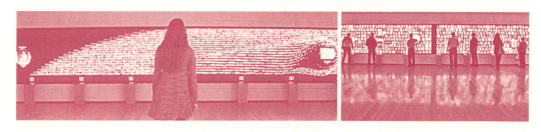

图 7-8　ArtLens 墙

(资料来源:美国克利夫兰艺术博物馆官网)

图 7-9　ArtLens 应用程序

(资料来源:美国克利夫兰艺术博物馆官网)

图 7-10　ArtLens 工作室

（资料来源：美国克利夫兰艺术博物馆官网）

四、综合数媒

综合数媒实际上来源于一种整合性的设计思想，是当今的设计师为了使文创数字媒体设计的呈现形式更具独特性所采取的一种解决问题的途径和方法，也可以说是动态机能数媒、光动数媒、互动数媒三者的有效综合运用。为什么需要建立这种将文字、图片、影像、声音等整合起来的数字媒体语法呢？就如同美国建筑师里查德·沃曼（Richard Wurman）所说："随着宣传广告媒介的不断增加，把所有信息统一起来变得越来越重要，寻找向客户施加影响的所有手段，而不只是陷于广告与销售宣传手册"。[1] 从文创数字媒体设计的角度来看，某种单一媒介的视觉表现形式已经不足以满足人们对于接收多元化的信息的需求了，因此，对各类数字技术手段（数码动画、影像制作、电脑编程设计、空间造型设计、光电机能技术、声音媒介等）进行有效的综合，构建起系统化的数字媒体的语法就显得非常必要。它可以创造更大的号召力和想象力，给观者带来全方位的综合体验，并充分刺激和调动观者的情绪（图 7-11）。

图 7-11　综合数媒整合关系示意图

2019 年举办的上海国际文化装备产业博览会称得上文创数字综合媒体的一次盛会。这是一场灯光、互动、影像、音频、虚拟现实等技术合为一体的综合媒体艺术博览会。其中，有青年艺术家们利用传统的非遗染织技术与现代的数字灯光技术结合，使得传统的布艺纹样在黑暗的空间中能按

---

[1]　Wurman R. Information anxiety[M]. New York: Doubleday, 1989.

照纹样的造型走向发出不同颜色的亮光,不仅能使观赏者从中感受到传统布艺文化的图案美,同时在灯光技术的配合下,也使得整个艺术作品更加具有神秘感以及视觉冲击力(图 7-12)。

图 7-12　2019 年上海国际文化装备产业博览会参展作品之一

第三节　文创数字媒体设计的特性

文创数字媒体设计是文创设计行业中极具特色的细分领域。它的产生与发展都与数字媒体技术的进步密不可分。随着 21 世纪信息科学技术的飞速发展和数字媒体技术的广泛普及,数字媒体技术成为文创产业走向新时代和表现新创意的驱动力量。中国知名创意产业理论学者金元浦教授就曾指出:"我国当代文化创意产业已进入一个全面展开的新阶段。近年来,以数字技术为载体的内容文化产业迅速崛起,在世界产业中的比重逐年增加,成为一个高速增长的产业,并引领着当代文化产业发展的新趋势。这种内容文化产业以创意为动力,将各种'文化资源'与最新数字技术相结合,融会重铸,产生了新的产业群落,并以高端技术带动传统产业实现数字化更新换代,创造出了惊人的经济社会价值,未来更是前途无量。"[1]可见,文创数字媒体设计不仅具备一般文创设计所拥有的文化特性,还与数字媒体技术及其衍生文化相融合,兼具数字媒体所具备的特性,如软件的特性、虚拟沉浸的特性、交互的特性等。以下将具体阐述文创数字媒体设计的四种显著性特征。

一、文化特性

想要清晰地了解文创数字媒体设计的文化特性,首先我们需要明白什么是文化。《尚书·序》中说:"古者伏羲氏之王天下也,始画八卦,造书契,以代结绳之政,由是文籍生焉。"也就是说伏羲氏族创造了八卦,将其刻于木片上,替代结绳记录事物的方式,由此以文为形式的籍册便产生了。因此,古人理解中"卦"的出现代表了"文"的产生。《黄帝内经》中又有"物生谓之化",可以理解为一个事物在不断地发生变化达到质变的时候叫作"化"。由此可以粗略地理

---

[1]　金元浦. 从文化产业到数字内容产业[J]. 今日中国论坛,2005(12):4.

解,将达到质变的事、物记录下来为"文化",但从更深的角度来看,古人所理解的"文化"应是通过人文来教化天下。也有学者认为,文化的核心是观念文化(即价值观念,简称价值观),[1]但是最值得我们注意的是面对不断变化的社会环境,金元浦教授提出了"文化+"的理念。他认为"文化+"具有两方面的重大意义:一是文化的生成性,即"+文化",它对于科技等各行各业有着强大的助力作用;二是真正的"文化+",即文化成为我们时代的主旋律,21世纪是走向文化的世纪,文化的繁荣成为发展的最高目标。同时,他还提出,目前阶段"文化+"的内容包含"文化+信息""文化+建筑""文化+旅游""文化+体育""文化+生态建设""文化+城市发展""文化+养生康体"等多种正在运行的文化发展形态。当然,"文化+"一定是在"互联网-科技+"[2]的协同运营中展开的。

文创数字媒体设计下的产品作为一种文化载体,通过数字媒体的呈现形式将不断传承发展的文化精髓融会其中,从而反映一个国家和民族的特性,守护优秀文化的价值。同时,创新时代语境下的新产品、新艺术、新时尚等,其核心依旧是传承和发扬优秀文化传统,具有极强的文化属性。这就要求文创数字媒体设计在承载和表现文化内容的时候具备多层面性、开放性、包容性、传承性、保护性等特性。设计师还需要认识到,文创数字媒体设计所孵化的文创产品,绝不单单只是以生产和销售为终极目的,它身上还需要肩负起相应的社会使命。从2017年1月,中共中央办公厅、国务院办公厅印发的《关于实施中华优秀传统文化传承发展工程的意见》强调,我们当前开展文化工作的重点任务包括深入阐发文化精髓、贯穿国民教育始终、保护传承文化遗产、滋养文艺创作、融入生产生活、加大宣传教育力度和推动中外文化交流互鉴。[3]由此可以进一步确定文创数字媒体设计肩负的责任与义务,因此,文创设计师应该以此为指导,将以上精神加以贯彻,在文创数字媒体设计工作中认真践行。

二、软硬件的特性

美国加州大学视觉艺术教授列夫·曼诺维奇(Lev Manovich)在他的《新媒体的语言》(*The Language of New Media*)一书中提出:"数字媒体实质上是一种'software media'。这种软件媒体的特征就是可计算和可编程。"他认为在计算机时代,电影以及其他媒介形式已经明确地变成了程序代码。文创数字媒体设计实际上是优秀文化信息,是计算机技术、网络技术、数字通信技术将媒体信息融合的结晶,同时也是发散的艺术与收敛的技术相融合的产物。它所涉及的学科非常广泛,包括信息传播、影视制作、游戏开发、应用程序等,所包含的技术达到八种以上,其中最常用的包括数字音频处理技术、数字图像处理技术、计算机图形技术、计算机动画技术、数字影视剪辑技术和数字影视特效技术等。[4]因此,不管是在文创数字媒体产品的开发还是输出上,都需要软件以及硬件的支撑来开展工作,并且这项工作不是一个软件或一个硬

---

[1] 林升梁.33年中国社会价值观念的变迁[M].厦门:厦门大学出版社,2012.
[2] 互动媒体是一种混合金元浦."互联网+"催生"文化+"产业新形态[J].人民论坛,2016(18):90-92.
[3] 中国政府网.中共中央办公厅 国务院办公厅印发《关于实施中华优秀传统文化传承发展工程的意见》[EB/OL]. http://www.gov.cn/xinwen/2017-01/25/content_5163472.htm.[访问时间:2022-07-28]
[4] 张铭芮.数字媒体导论[M].2版.北京:人民邮电出版社,2013.

件就能顺利完成的,而是需要通过多个软件及硬件,利用不同性能的配合最终实现。因此,工欲善其事,必先利其器,选择合适又有针对性的软硬件开展文创数字媒体设计将会达到事半功倍的效果。例如,按照普通文创数字媒体的设计流程来看,在设计的前期即资料收集阶段我们可能需要用到 Microsoft PowerPoint、XMind、Microsoft Excel、Miro 等软件进行信息的整合和分析(图 7-13);在平面视觉开发的阶段,我们可能需要用到 Adobe Photoshop、Adobe Illustrator、Vectornator、Procreate 等软件来完成平面视觉的造型塑造以及配色工作(图 7-14);在动画开发的阶段,我们可能需要用到 Adobe After Effects、Adobe Premiere Pro、Autodesk Maya、Cinema 4D 等软件来完成动画的运动轨迹以及特效等工作(图7-15);有时我们还需要进行文创数字媒体与观者的交互设计,这时我们可能需要通过 Processing、Touchdesigner、p5.js、Arduino 等软件来支撑(图 7-16)。

当然,提到交互技术在文创数字媒体中的应用,光靠软件的功能可能很难实现。例如,当我们需要完成一个关于文创类的数字化虚拟现实的交互设计时,我们可能需要用到信息整合和分析型软件、平面视觉开发型软件、三维软件等,但是为了实现虚拟现实的效果,我们还需要运用跟踪技术、力反馈技术、嗅觉技术、触觉反馈技术等,这个时候就需要面向交互硬件设备的研究及操作。现阶段在数字化虚拟现实中常用的硬件设备可以分为以下四类:①建模设备,如三维扫描仪;②三维视觉显示设备,如三维展示系统、大型投影系统(如 CAVE)、头戴式立体显示器等;③声音设备,如三维的声音系统以及非传统意义的立体声;④交互设备,包括位置追踪仪、数据手套、3D 输入设备(三维鼠标)、动作捕捉设备、眼动仪、力反馈设备以及其他交互设备(图 7-17)[1]。总之,想要全面地完成文创数字媒体的设计,就必须掌握多种不同方向的数字技术,以便更快速地解决在设计中遇到的问题。

图 7-13　信息整合和分析型软件

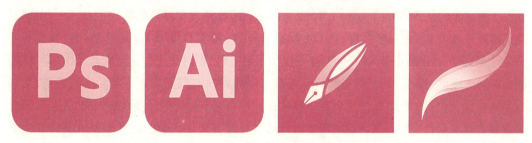

图 7-14　平面视觉开发型软件

---

[1] 周晓成,张煜鑫,冷荣亮.虚拟现实交互设计[M].北京:化学工业出版社,2016.

图 7-15　动画开发型软件

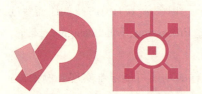 

图 7-16　交互开发型软件

图 7-17　交互开发型硬件

三、虚拟沉浸特性

"沉浸式"作为数字媒体行业内一个新型的产业面，从 2011 年兴起至今已成为全球各地的热点。其涵盖领域甚广，不管是传统的戏剧领域，还是当今的餐饮领域、游戏领域、魔术领域、科技领域等，都充斥着"沉浸式"的身影。这个充斥全球的热点产业是怎样开始它的席卷之路的呢？这需要追溯到 20 世纪 90 年代，美国硅图公司（Silicon Graphics, SGI）制造成功了一款高性能的图形计算机——Reality Engine。这款计算机可以生成实时的、有趣的三维图形，并且可以用来开发计算机游戏、电影以及电视特效，还可以运行科学可视化模型和计算机辅助设计软件。更重要的是，Reality Engine 已经成为运行高端虚拟现实环境的常规工具。[1] 奥地利克莱姆斯多瑙大学图像科学教授、艺术史学家奥利弗·格劳（Oliver Grau）也感叹："我们身处一个开创交互、进化图像空间的时期，这不仅预示着一种'即时文化'，也意味着作为'记录'的图像的历史地位的丧失。"[2] 这些都昭示了数字媒体将向虚拟沉浸式方向发展的趋势，文创数字媒体设计也是如此。既然文创数字媒体设计也将逃不过虚拟沉浸式技术的"洗礼"，那么其主要表现又是什么呢？文创数字媒体设计通过将具有文化底蕴的视觉形象以及物理性的

---

[1] Manovich L. The language of new media[M]. Cambridge, Mass: MIT Press, 2002.
[2] 奥利弗·格劳. 虚拟艺术[M]. 陈玲, 译. 北京：清华大学出版社, 2007.

光、电、声等综合运用起来,同时融入新兴的虚拟现实技术、增强现实技术、混合现实技术,最大限度地提高沉浸性及虚拟性的效果,并有效地激发用户的心流,玩转用户的眼睛,使他们仿佛置身于现实环境。最具代表性的便是澳大利亚 Grande Exhibitions 公司出品的"不朽的凡·高"感映艺术大展以及日本 teamLab 沉浸式数字媒体艺术展。"不朽的凡·高"感映艺术大展以凡·高的油画作品为核心内容,采用最新的 SENSORY4™ 感映技术,在高清晰度的连环巨幅屏和幕墙上以及交响音乐的衬托下实现了视觉动、静态画面之间的来回切换,并且将多媒体画廊与展厅结合,让观众以最直接、最清晰、最震撼的方式全方位感受凡·高笔触下惟妙惟肖的色彩以及景色,并且让全球都为之振奋(图 7-18)。除此之外,日本 teamLab 也则打造出了"在人们聚集的岩石上,注入水粒子的世界"(Universe of Water Particles on a Rock where People Gather),设计师们巧妙地将虚拟岩石设置在三维空间之中并根据岩石的形状模拟水的运动,通过无数粒子之间的相互作用关系形成虚拟的瀑布,使观赏者只要进入这个沉浸式的三维空间中就如同置身于森林瀑布而流连忘返(图 7-19)。

图 7-18　Grande Exhibitions 公司出品的"不朽的凡·高"

同时,这种来自数字媒体本身的虚拟沉浸特性还有不同寻常的意义。匈牙利籍心理学家、积极心理学奠基人之一米哈里·契克森米哈赖(Mihaly Csikszentmihalyi)曾在他的《心流:最优体验心理学》(Flow: The Psychology of Optimal Experience)一书中提到心流(flow)的相关概念:"心流是一个人完全沉浸在某种活动当中,无视其他事物存在的状态。这种体验本身可以给人类内心带来莫大的喜悦,使人愿意付出巨大的代价。"[1]虚拟沉浸式设计在心理学的心流理论中属于积极心理学的一个支系,其作用是能给生活注入快乐、沉浸感和意义,从而增强人

---

[1] Csikszentmihalyi M, Csikszentmihaly M. Flow: The psychology of optimal experience[M]. New York: Harper & Row, 1990.

图 7-19 "在人们聚集的岩石上,注入水粒子的世界"

的幸福感和满足感。因此,顾名思义,文创数字媒体设计的虚拟沉浸特性具有积极的心理治愈性的意义。

四、交互特性

交互性一词对于我们来说并不陌生,因为在古典艺术及古典文学中都蕴含着多种交互性的创作手法。例如,文学叙述中的省略、视觉艺术中的留白等,这些通过省略的方式让观众自主地填补缺失的信息,勾起观众的想象力和好奇心,从而实现作品与观众之间的相互交流的创作技巧,都是交互性的创作方式。交互式艺术设计的起源则要追溯到 20 世纪 20 年代超现实主义的艺术的相关实践。当时的艺术家们开始不满足于艺术作品展示的现状,开始纷纷寻找能拉近观赏者距离的艺术手法和艺术展示环境。因此,他们开始走出固定的艺术工作室,摒弃固定的艺术创作材料,走向街道、仓库、工厂等,使艺术更具有参与性与包容性。其代表人物就包括达达主义和超现实主义的创始人之一马塞尔·杜尚(Marcel Duchamp)。杜尚在他的作品《旋转玻璃板(精密光学元件)》[*Rotary Glass Plates（Precision Optics）*]中邀请观众来启动这件作品,使固定在三脚架中心的玻璃盘旋转起来,并且要求观者站在作品的一米外观看机器旋转,并记录观者脑袋里所产生的视觉幻象,重点体现观者与艺术作品在互动的作用下所产生的意义(图 7-20 左)。[1] 还有法国雕塑艺术家妮基·圣法尔(Niki de Saint Phalle)在耶路撒冷拉比诺维奇公园建造了一个吐着长长舌头的怪物雕塑《戈伦》(Golem),怪物的长舌头具有滑梯的功能,孩子们可以通过穿越怪兽的嘴巴从舌头滑梯上滑下来,非常具有趣味性,同时也是交互手法运用于雕塑创作的体现(图 7-20 右)。现代高科技语境下文创数字媒体设计的交互性则有所不同,今天的交互设计不仅仅是单一的人与物的互动,而是在视、听、嗅、触、味等多种感官同时参与互动的基础上,与各种高科技手段结合,从而达到更立体、更全面的人机交互的产物。但究其本质还是一致的。交互性也是文创数字媒体设计中最为突出的特征。例如,2019 年由深圳华侨城、声音博物馆联合主办的听见《清明上河图》大型声景交互艺术展就具有最典型的文创数字媒体设计的交互性特点。该作品以声音作为交互的线索,通过对宋朝历史、人文、民俗及建筑的研究,将重要的内容视觉化,然后利用独特的全息声设计带领观者一起解读宋代张择端版的《清明上河图》,氛围里充满着浓浓的诗意。更特别的是,整个作品在声音的构思方面采用了远近声音叠加交互的方式,观者只需要戴上耳机,沿着《清明上河图》往前走就能看到按照音频勾勒出来的当年汴京一天的景象(图 7-21)。

图 7-20　左图马塞尔·杜尚《旋转玻璃板(精密光学元件)》;
　　　　　右图妮基·圣法尔《戈伦》

值得注意的是,通过上述举例与分析,我们很可能将文创数字媒体设计的交互性特点简单地理解为,只要用户或观赏者与对象在肢体层面实现了互动(如按某一个按钮、点击一个链接、移动身体等,机器就能做出相应的反应)便已经完成了交互的使命。其实并不尽然,交互的特性除了体现肢体层面上的互动,还需要体现心理层面的交互。这时,文创数字媒体设计需要通过设定交互的过程实现观者心理层面的填补、假设、回忆,以唤起观者相关的心理感受。因此,文创数字媒体设计的交互特性应该是肢体互动以及心理填补两方面进行联结的产物。

---

[1] 孙玉洁. 数字媒体艺术沉浸式场景设计研究[D]. 北京:中国艺术研究院,2021.

图 7-21　听见《清明上河图》

 案例研读

2022 年北京冬奥会开幕式雪花主火炬台视效设计

一、设计背景

2022 年北京冬奥会设定在中国传统节气"立春"之日拉开序幕。本次冬奥会开幕式的视效设计运用新媒体技术和设计语言,融入典型的中国符号和意象诠释冬奥主题的同时,展现中国文化精神,体现优秀传统文化"创造性转化、创造性发展"的生机与活力,从而彰显构建人类命运共同体的视野和理念。

二、设计团队的构建

本届冬奥会开幕式的视觉特效设计由张艺谋先生担任总导演,黑弓(Blackbow)创始人王志欧担任视效总监。从 2010 年开始,王志欧与团队就将"艺术+科技"理念应用于实景演出、旅游体验、新媒体互动设计与营销等领域。其中,雪花火炬的视效设计方案由黑弓团队提供。

三、设计理念

文创设计首重文化元素的提取和运用,这是一款文创设计可以取得成功、引发共鸣的基础和关键。2022 年冬奥会开幕式中的雪花主火炬台设计即很经典的一例。该设计的核心理念来自中国唐代诗人李白《北风行》中的一句"燕山雪花大如席",意图通过讲述一朵雪花的故事,向全世界展现北京这一双奥之城的温暖与感动,带领世界各国人民一同赴一场难忘的冰雪之约。其中,"雪花"是本次设计的核心元素,从开幕式"小雪花"导视牌设计,到"大雪花"火炬台设计,再到闭幕式各表演环节,"雪花"都贯穿全程，如图 7-22 所示。[1]

图 7-22　2022 年冬季奥运会开幕式中的雪花元素

四、成果展示

"小雪花"导视牌的设计经历了大量的迭代，只为精益求精，找到最准确的代表性元素以及最恰当惊艳的表达形式。第一版设计的创意是融入参赛国家和地区名字，对地名的中英文加以排列，并添加细节设计，模仿和构成雪花基本形态（图 7-23）。

图 7-23　2022 年冬季奥运会开幕式中"小雪花"部分设计草图 1

---

[1] 王志欧. 知乎, 2022 北京冬奥会开幕式, 各国引导牌雪花共同组成橄榄枝大雪花主火炬台，这个设计有着怎样的深意？[EB/OL]. https://www.zhihu.com/question/514768224/answer/2357689168. [访问时间：2025-02-20]

其后的设计大体延续了这一思路,但对大量不同的设计元素进行了尝试,经历了数个版本的迭代,包括基础外形的雪花,中国传统纹样与雪花形态相结合(中国结、窗框、云纹、龙纹、仙鹤、牡丹花、梅花、传统剪纸纹样等),各参赛国家和地区纹样与雪花形态相结合,各参赛国家和地区的著名建筑(如中国的长城、101大厦和比利时的原子球塔等)与雪花形态相结合(图7-24),等等。

图 7-24　2022 年冬季奥运会开幕式中"小雪花"部分设计草图 2

在经历了以上多轮的设计尝试之后,设计团队发现必须将雪花的造型调整得更加简洁。他们发现,此前的诸轮设计图案都过于密集了,这会引发使用的问题,摄像转播时发光的引导牌的图案会变得模糊不清。据团队成员描述:"中国纹样的美感,需要一定密度才能得到很好的体现,穿插和疏密有致的曲线交织在一起,才更有中国传统纹样的韵味。大幅度的简化,就意味着要放弃很多线条,删减很多有中国特色的纹样。如何能保留住中国风的特点又简洁大气,并不会有任何图形歧义,是非常难的。"此时,如何在保证能够有效承载中国文化元素的同时,为这款设计做"减法",便成了摆在团队面前最大的难题。

最后，经过数轮的设计迭代和经验总结，结合导演的意见（"各分支连接处要有连接感，像真的中国结编织出雪花形态"），团队决定采用中国结为核心元素，结合雪花的基础外形进行创作。力求充分利用线条造型，展现出"简洁、空灵、浪漫的冰雪美学"，把中国人对于"和而不同，美美与共"的理解融入雪花的设计。这一创意最终转化成了我们在2022年冬奥会上看到的"中国结小雪花"设计方案（设计草图见图7-25，方案效果见图7-26），取得了良好的效果。

"大雪花"火炬台是一款前所未有的奥运火炬台设计。整体设计思路体现了"天下大同，世界一家"的文化理念，巧妙地将所有96个代表团的"小雪花"汇聚在一起，构建成一朵"大雪花"（图7-27），与冰雪五环相呼应，将各个代表团融为一体，将东方美学与奥运精神有机地结合在一起，完美地诠释了世界大家庭"一起向未来"的美好愿景。

图7-25　2022年冬季奥运会开幕式中"小雪花"部分设计草图3

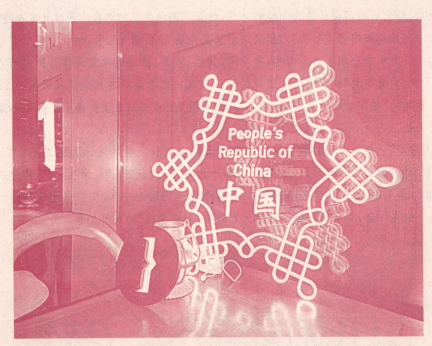

图 7-26 "雪花导视牌"设计

图 7-27 "小雪花"与"大雪花"巧妙的组合

"大雪花"火炬台外围造型的设计遵从了导演的建议,采用了象征和平的橄榄枝为造型元素进行创作。最初,基于雪花的基本形态,设计是以等边对称的方式进行的,但是所获得的图形会显得有些僵硬,与橄榄枝蜿蜒柔美的形态有较大出入,结合的效果不甚理想。因此,设计方案开始在线条疏密、枝叶茂盛程度、雪花形态、分支长短等方面进行调整,最终完成了"大雪花"的设计(图7-28)。

图7-28　2022年冬季奥运会开幕式中"大雪花"部分设计草图

　　"大雪花"火炬台整个装置的宽设置在14.899米,作为一个大型装置,在其设计与开发过程中还要充分考虑到它可能要承受的各种复杂的天气情况的考验。从2018年起,北京交通大学教授李波与课题组成员们便对此展开攻关,经过充分的研究和多次的试验,最终采用"悬挂+支架"的方式(图7-29),从技术上保证了"大雪花"火炬台在点火时的稳定性。

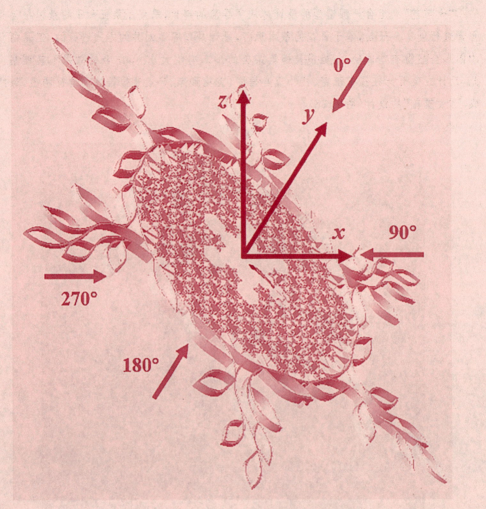

图 7-29　倾斜状态内场"大雪花"风致振动分析模型

　　"大雪花"火炬台的设计还运用了程序计算和数字可视化技术，它由 96 块"小雪花"形态和 6 块"橄榄枝"形态的 LED 双面屏组合而成。整个"大雪花"上嵌有 55 万余颗 LED 灯珠，每一颗灯珠都由驱动芯片的单一信道独立控制，这一设计让每一颗灯珠都能独立发光，当汇聚成整体的"大雪花"时，每一秒都具有丰富的视觉变化，以此来表现雪花绽放的晶莹感，整体透露着浓烈的东方韵味和浪漫气息（图 7-30）。其后，设计团队在"大雪花"火炬台造型的基础上增加了环绕的"银丝带"设计，并配以镜面底盘，起到支撑和稳定主体的作用。在整个奥运会结束后，"大雪花"被安置在国家体育场外，成为一件永久性雕塑作品（图 7-31）。

图 7-30　2022 年冬季奥运会开幕式中"大雪花"火炬台现场效果

图 7-31　2022 年冬季奥运会"大雪花"雕塑

综上,我们不难发现,本次冬季奥运会开幕式中"小雪花"与"大雪花"构成的火炬台设计有三个鲜明的特点。首先是对"雪花"这一物象与其背后的文化内涵("燕山雪花大如席")的有效提取,继而对其进行了深度挖掘和创意转化,以讲"一朵雪花的故事"的方式传达给观众;其次是设计元素与数媒技术的完美结合,从而赋予了这款设计以恰当的表现形式,相得益彰,带来了惊艳的最终效果;最后是在设计流程中大量的有效迭代,一次次的推翻与重来对设计进行了反复的打磨。

　思考题

1. 请思考我们身边有哪些文创数字媒体设计的案例,并举例说明。同时,分析这些文创数字媒体设计给你带来了哪些不一样的感受。

2. 请思考文创数字媒体设计除文中所提到的五种特性以外,还有什么其他的特性。请简要地谈谈你的看法。

3. 请思考如果由你对文创数字媒体设计的形式进行分类,你将按照怎样的归类方法进行分类。请简要谈谈你的想法。

第八章

文创设计案例赏析

学习目标

学习完本章,你应该能够:
(1) 了解文创设计多样化的体现形式;
(2) 了解文创设计的时代发展与其不断扩展的边界;
(3) 理解文创设计所能呈现的多维度价值和意义。

基本概念

博物馆　文化设计导向　文化现象

在人类悠长而丰富的历史进程中,科技的进步和思想的革新推动着进步的车轮。旅途中每一个从文创设计视角出发的尝试都是极其微观的文化现象,在长河中激起小小的涟漪。然而一沙一世界,正是这些渺小的、局部的,但同时充满生命力的奇思妙想与创作琢磨,才造就了人类文明瑰丽多姿的一面。

在我们身处的时代,令人眼前一亮又余韵绕梁的文创设计层出不穷。在本章中,作者试图从博物馆的文创设计、文化设计导向的公司、从设计引发文化现象、移动互联网时代的文创新形式等方面为读者提供一些文创设计的案例介绍。穿插其间,还对某些取材自相同文化元素的设计进行了简单横向比照,让读者能够切实体会到设计创意的魅力,推想其过程和方法。案例赏析旨在提供一把钥匙,帮助读者开启更广阔的文创设计世界的大门。

认识和了解这些文创设计的案例,设计从业者可以扩展其视野和思维广度,更重要的是认识到世界的多姿多彩,获取一种理解他者世界的视域,由彼及此也能更加深刻地认识自身的文化。文创设计的深层目标推动是文化和审美权利的平等。每一次尝试虽然可能都是渺小的,但真正流连其中,也许才能更深刻地体会费孝通所言:"各美其美,美人之美,美美与共,天下大同。"

第一节 博物馆的文创设计

博物馆是人们储存共同文化记忆、进行文化生活的典型场所,博物馆极高的文化密度既为文创设计提供了源泉,也提供了广袤市场。近年来,世界各地的博物馆都基于自己的馆藏精品和当地传统文化特色,推出了层出不穷又各具特色的文创设计精品,让其纪念品商店发挥了"最后一个展厅"的作用。

故宫文创应该是大家最耳熟能详的案例之一,近几年来,无论是台北"故宫博物院"推出的"朕知道了"胶带,还是北京故宫博物院推出的朝珠耳机等一系列产品,都获得了广泛讨论和好评。在故宫以外,还有很多博物馆文创设计的案例都值得关注。

一、大英博物馆小黄鸭(Rubber Duck)系列文创产品

大英博物馆(British Museum)成立于 1753 年,是世界上首个国家博物馆,也是世界上规模最大且最著名的博物馆之一。2001 年起,大英博物馆向公众免费开放,没有了门票收入,取而代之的是博物馆衍生品的收入,而这项收入也逐渐成为如今大英博物馆主要的收入来源。

小黄鸭系列文创产品(图 8-1)是大英博物馆的重要代言形象之一,早在 1970 年就出现在了大英博物馆的纪念品商店里。大英博物馆结合馆内藏品推出了这一系列产品,可爱憨厚的小黄鸭穿上各式各样的衣服,装扮成古埃及狮身人面像、日本武士、古罗马战士、埃及艳后和维京海盗的形象,让人忍俊不禁。作为大英博物馆的明星产品,小黄鸭系列文创自上线以来便经

久不衰。2018年7月1日,大英博物馆天猫旗舰店正式开业,其中的小黄鸭系列产品便是第一批售罄的明星产品。

图 8-1　大英博物馆"小黄鸭"系列文创产品

小黄鸭系列文创产品如此受欢迎,离不开大英博物馆的精心设计——作为世界三大博物馆之一,大英博物馆在周边文创领域有着独到的设计策略。其中最重要的,就是选取最合适的产品作为IP进行开发。大英博物馆拥有无数的藏品,如何选取具有开发价值的IP,是值得思考的问题。文创IP的开发,最终目的是吸引大众,因此,大英博物馆开发的几个主题系列产品都具有类似的特征:具有独特的记忆点。大英博物馆收藏世界各地不同文化的藏品,其中文创产品的样式更是令人眼花缭乱,故大英博物馆会选取文化认同度高或者具备异国风情特点的一些重点文物、明星藏品进行一条龙式的系统开发,让游客增加对不同品种、风格产品的收集欲望,提高购买数量。

小黄鸭作为日常可见的洗澡专用玩具,承载了无数英国人童年的记忆,因此本身就具有被英国民众乃至世界民众接纳的基础——1970年,歌手吉姆·亨森(Jim Henson)创作了流行歌曲《小黄鸭》,小黄鸭从此成为一种流行文化元素。2007年开始,荷兰概念艺术家弗洛伦泰因·霍夫曼(Florentijn Hofman)创作了巨型大黄鸭艺术品(图8-2),成为人们争相打卡的对象,为小黄鸭这一IP打开了更大的市场。在选取小黄鸭作为衍生品开发对象后,大英博物馆又打出了"为你的浴室加点文学气息"(Add some literature to your bathroom)的口号,让小黄鸭瞬间升值不少。

图 8-2　大黄鸭

此外,在创新中打造经典的文化底蕴,也是大英博物馆在文创设计中的重要策略。在一个又一个网红文创产品推出的背后,大英博物馆仍有对文创设计的坚守,小黄鸭系列是大英博物馆根据当代的流行风尚做出的设计。一方面,小黄鸭的形象符合现代网红审美特色;另一方面,在打造产品的过程中,大英博物馆也不忘自身的标志性藏品,在小黄鸭的形象基础上结合古埃及狮身人面像、日本武士、古罗马战士、埃及艳后和维京海盗的形象,这些形象也都是家喻户晓的一些历史形象,创新的记忆点加上可爱的外观,让这一系列瞬间爆红网络。和许多其他的文创设计品一样,大英博物馆希望通过衍生品的设计,不仅营利,而且对文化进行宣传。以另一个明星产品罗塞塔石碑(Rosetta Stone)系列(图 8-3)为例,大英博物馆针对这一系列进行了数十件产品的研发,贯彻其中的是罗塞塔石碑上的文字,设计师将其作为文创产品的核心图案进行设计开发。石碑上三种不同文字的对照使我们最终解读出了埃及象形文字,而将文字作为石碑文创产品的核心图案可谓相得益彰。可以说,正是这种对文物、艺术品严格谨慎的态度,避免因为过于新潮的设计而使文创产品失去文化本色,使得大英博物馆在文创设计领域不断扩大着自身的影响力。

二、现代艺术博物馆的文创商品

纽约的现代艺术博物馆(The Museum of Modern Art, MOMA)建于 1929 年,其时现代主义设计运动在欧陆正崭露头角。现在,其藏品数量已达 15 万件之多,是名副其实的当今世界最重要的现当代美术博物馆之一。

MOMA 应该算是众多博物馆中一个颇为独特的存在——其馆藏不是历史文物也不是自

图 8-3　罗塞塔石碑马克杯

然遗迹——正如其名,它从诞生之日起便与现代艺术与设计的收藏和展览紧密联系在了一起。其中既囊括了凡·高的《星月夜》、毕加索的《亚威农少女》、达利的《记忆的永恒》和蒙德里安的《百老汇爵士乐》这些人们耳熟能详的画作,也有安迪·沃霍尔(Andy Warhol)的现代艺术作品以及伊姆斯(Eames)夫妇和野口勇等设计师的家具设计作品。作为这样一个涵盖几乎整个现代设计的历史的博物馆,MOMA 的纪念品商店从来不缺少可供其售卖的产品。

MOMA 商店的特色商品大概可以分为三类:一是馆藏的经典设计或复刻品;二是具有设计巧思的新锐设计;三是对现代艺术或设计名作的解构和发挥。在前两类中,MOMA 更像一个设计的买手。其中不乏阿尔瓦·阿尔托(Alvar Aalto)设计的水杯、卡斯蒂格利奥尼兄弟(Castiglioni Brothers Team)设计的矮柜等,也包括三星画框电视这类现代的家电产品。我国设计师李赞文设计的"衡"台灯也被其收入货架(图 8-4)。

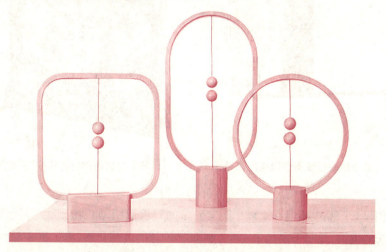

图 8-4　李赞文设计的"衡"台灯

第三类则是较为典型的博物馆主导的文创设计,也是本书要介绍的主要内容。通过以下展示的这些案例,我们可以了解设计者如何创造性和游戏化地挖掘MOMA的文化富矿(图8-5、图8-6和图8-7)。

图8-5 蒙德里安和凡·高画作图案围巾

图8-6 基于蒙德里安画作风格的花瓶

图8-7 与乐高共同推出的凡·高《星月夜》拼图玩具

这些文创设计产品中不但有对画作图案元素的直接借用,如制成围巾、背包等配饰,也有对其创作思想的发挥,如基于蒙德里安的绘画风格设计的玻璃花瓶,将二维平面画作转化为三维世界中的器物并赋予了它实用性的功能。

乐高拼图《星月夜》则是一种更深层次的解构和重组,是一种对自身文化资源(尤其是知识产权等虚拟文化资产)的潜力深挖,更是一种强强联合的跨界文创设计尝试。这样的合作不但为博物馆开辟了新的文创产品领地,还能顺势吸引乐高产品原本的拥趸,可以预期必定有着十分美好的发展前景。这种方式值得其他博物馆和相似类型的文创设计主体学习。

三、耍"花"样的雪糕

在博物馆里逛了几个小时的游客,在大饱眼福的同时可能也已经精疲力尽了,这个时候来一支香甜冰爽的雪糕真是再合适不过了。饱餐了"精神食粮"后再品尝一道"饭后"甜点,带来双倍的满足。

2019 年,中国国家博物馆率先推出了两款雪糕产品。一款是云纹犀尊雪糕。其原型是馆藏的距今 2 000 多年的西汉时期的错金银云纹青铜犀尊,尊身整体以错金银云纹涂刻,精美华丽之余,又洋溢着充沛的活力,是现存中国汉代青铜器中难得的精品(图 8-8)。另一款是说唱俑雪糕。其原型是东汉时期的击鼓说唱俑,出土于四川成都,距今 1 700 多年。这件陶俑袒胸露腹,着裤赤足,左臂挟鼓,右手举槌,作击鼓说唱表演,神态诙谐,动作夸张,十分生动有趣(图 8-9)。

图 8-8 西汉错金银云纹青铜犀尊

图 8-9 东汉击鼓说唱俑

这两款雪糕推出三天就登上微博热搜,每月销量超过万支(图 8-10)。这样的热度吸引了更多人走进国家博物馆,直接提高了人们的游览热情,促进了历史文化知识的传播。文创产品不仅从馆藏珍宝中获取灵感和形式,也能反过来给文物带来更多关注,为博物馆带来更多流量,这就是文创雪糕带来的额外价值。

图 8-10　游客打卡中国国家博物馆文创雪糕

对消费者来说,文创雪糕也提供了一种更符合移动互联网时代生活方式的全新体验。它让人们更乐于拍照、打卡,分享到社交媒体,然后吃掉它,实现对文物知识和游览体验的真正"内化",趣味十足。

这两款雪糕面世并饱受赞誉后,各家博物馆纷纷效仿。这股热潮席卷各个历史文化景区,各家根据自身标志性的文化元素(或是精绝的古建,或是艳丽的花木)也推出了文创雪糕产品(图 8-11 和图 8-12)。历史文化景区可以被看作另一种室外的博物馆。原本平淡无奇的消暑小食在文创设计力量的加持下,也玩出了"花"样。

图 8-11　游客打卡故宫文创雪糕

图 8-12　游客打卡河南旅游文创雪糕

跟时刻潜伏在便利店的冰柜里,准备给买雪糕不看价格的消费者"致命一击"的种种高价的所谓"精品雪糕"相比,文创雪糕好吃好玩,更具吸引力。对于甲方和设计团队来说,文创设计与雪糕的结合也是一招妙手。

第二节 文化设计导向的公司

根据公司经营策略的区别,有市场导向、技术导向、设计导向等细分。所谓设计导向的公司,就是以设计创新能力作为核心竞争力,通过设计研究和设计实践的投入换取商业成功的公司。其中有一些公司擅长发掘文化元素,以设计调动人们的文化热情,其产品和服务时常能引发文化讨论、造成文化现象,它们是文化设计导向的公司。

一、阿莱西(Alessi)

阿莱西是一家意大利的家具用品和厨房用品公司。自1921年创立时起,阿莱西主要生产各种镍、铬、镀银和黄铜餐具,这些品类一直延续下来成为阿莱西重要的产品特色。初期,与其他大多数家族公司相似,阿莱西家族自己包办了大部分产品的设计工作。直至20世纪60年代,阿莱西开始邀请知名的建筑师和设计师合作,共同创造了很多颇具影响的新品,阿莱西之名也伴随意大利设计风潮的兴起一起扬名世界。

到了20世纪70年代,阿莱西的影响力继续扩大,其与意大利国宝设计师阿切勒·卡斯特利奥尼(Achille Castiglioni)、孟菲斯(Memphis)的精神领袖埃托·索特萨斯(Ettore Sottsass)等设计师合作的产品取得巨大成功,阿莱西也被称为"意大利设计工厂"。在日益激烈的国际市场竞争中,面对对手降低成本、大量规模化生产的竞争策略,阿莱西始终坚持把设计作为最核心的资源。在之后的岁月中,阿莱西坚持初心,与国际知名设计师菲利普·斯塔克(Philippe Starck)、迈克·格雷夫斯(Michael Graves)等人合作,造就了无数极具国际影响力的精品家居产品(图8-13)。

图8-13 斯塔克为阿莱西设计的榨汁机

20世纪90年代,阿莱西开始在产品中使用塑料材质,与金属相比,塑料的加工方式更加灵活多样,颜色和质感也更加丰富,给产品带来了更多的设计自由和创新可能性。这个时期,阿莱西推出了"家庭追随小说"(Family Follows Fiction)系列产品,多彩、俏皮、充满情趣(图8-14)。

"家庭追随小说"是对沙利文提出的"形式追随功能"理念的一个新的发展。经过想象力的加工,赋予桌子上的物品生命和性格,让家中的物品成为一个小生物的家族。正因为对塑料材料的创造性使用,让产品更具感官感染力,进而传递出强烈的情感和家庭生活情调。

进入21世纪以后,阿莱西与新一代杰出的设计师扎哈·哈迪德(Zaha Hadid)、让·努维尔

图 8-14 家庭追随小说系统产品

(Jean Nouvel)、张永和等都有合作,继续探索着家居产品的美学疆域。同时,它也加强与地域文化、他者文化的联系,及对其的理解。例如,与我国台北"故宫博物院"合作,推出了一系列亚洲主题的商品。

在时尚设计尤其是服装设计领域,顶端的大牌设计通常可以通过产品发布会的形式引领下一季的流行趋势。在产品设计领域,博朗、阿莱西(图 8-15)、索尼、苹果(图 8-16)等在某段时间内,都可以算是具有这样影响力的公司。他们的产品设计语言和思想可以影响未来几年行业甚至全社会的主流设计风格,甚至以此塑造流行文化的样式。例如,人们熟知的 20 世纪 80 年代的索尼随身听、90 年代苹果的 iMac 电脑,都极具文化影响力。现在在很多文创新品的身上,我们仿佛也能看到阿莱西曾经的影子,可以说早在数年前它就为现在文创设计的拟人形式和趣味性用法等方面奠定了基调。

 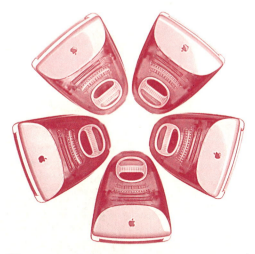

图 8-15　阿莱西亚洲主题产品设计　　图 8-16　20 世纪 90 年代苹果公司的 IMac 产品

阿莱西的成长伴随着设计领域现代主义和后现代主义的流行，阿莱西的产品也成为设计流行文化的具象注解。可以说，这不仅是一家设计导向的公司，更是一家设计文化导向的公司。

文化是人类文明活动的凝练呈现，设计是文明活动中最具创造力的一类。设计的极致必定是与文化相连的。阿莱西的产品就如建筑师的代表作一样，成为某个时代的设计符号，成为一种文化现象。文创设计既可以是依已有的文化元素或文化现象的发挥，也可以参与到新的文化的创造进程。后者显然更具挑战，也更具成就感。

二、国誉文具

国誉(KOKUYO)是一家有百年历史的日本办公用品供应商。最初它以生产和式账本的封面起家，如今经营范围已经涵盖文具、办公家具、网络销售等几大模块，更是成为在日本最受欢迎的文具办公用品品牌。

国誉的文具产品饱受赞誉的原因首先在于好用。好用对一件文具来说似乎是最基本的要求，但是在实际的设计中并不简单。文具类产品伴随人类的文化生活一同经历了漫长的时间，大部分的产品早已形成了较为固定的形式和使用方法。然而，这些流传下来的定式真的符合现代生活的文具使用场景吗？未必如此。必须基于对使用场景的深入理解，了解现代人如何使用文具、面对哪些新的问题、如何获得愉悦体验，并勇于挑战文具固定的样式和细节，才能真正设计出好用的文具。

哪怕只有点滴的改良就能让文具变得更为好用，然而让这种微小的改变发生却是一项充满挑战的工作。在这方面，国誉做得很好。例如，它推出的无针订书机一次可以装订五页纸而不需要装填金属书钉，环保安全，且外形小巧圆润，携带方便(图 8-17)，符合人体工程学原理的结构设计使其比传统订书机省力 20%。

图 8-17　国誉设计的无针订书机

国誉记号笔采用了双笔头的独特设计,被分开的笔头两边各有一种颜色,只要转动笔身或者改变倾斜的角度,就可以画出多种笔触色彩和效果,实现一笔多用(图 8-18)。更重要的是,在使用传统的记号笔标记重点的时候,往往因为笔头太宽而挡住后面的文字内容,让使用者难以察觉应该何时停笔。在用这支笔的时候,通过中间镂空部分就可以明确地看到后面的文字内容,从而解决了一个切实的使用痛点。

国誉文具以其优秀的设计获奖无数。在国誉自己举办的"国誉设计大奖"中,每年都会涌现出很多让人拍案叫绝的文创设计。例如,图 8-19 所示这款铅笔的设计将笔芯的硬度和颜色浓度直观地反映在笔杆的色彩与形状上,实现对铅笔使用效果的通感。

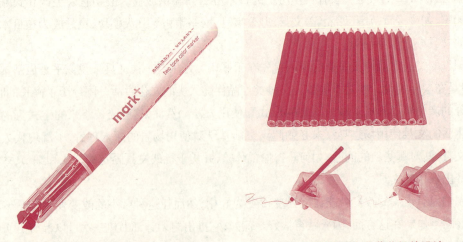

图 8-18　国誉设计的双头记号笔　　图 8-19　国誉设计大奖获奖铅笔设计

图 8-20 所示的获奖作品也是对传统文具的微小改良。设计者瞄准了日常生活中常用到

的鱼尾夹。由于传统的鱼尾夹方方正正的形状,用它整理多页文具时,不可避免会出现翻页不齐和遮盖部分文字内容的情况。虽然这也不是大问题,但是多少还是影响着使用体验。设计者将夹子的形状改变为直角三角形,夹住多页文件时,只会留下一条贯穿页面的直线,这样在翻页时就能确保每一张纸都整整齐齐,简直是强迫症的福音。

国誉文具的成功再一次证明,即使在人们早已习以为常的器物中,依然有设计的机会。文化创意设计应该尤其关注这些日常生活的领域,观察人们的使用行为和习惯,以小见大、由微知著,用设计切实改变人们的日常生活体验。

图 8-20　国誉设计大奖获奖直角鱼尾夹设计

此外,国誉利用自身的特色和影响力,通过每年一度设计竞赛的形式不断催化更多优秀文创设计的举措,也值得推崇。

第三节 | 从设计引发文化现象

除了发掘人们耳熟能详的文化元素进行设计创作以外,如果一个产品或事件的设计可以引发社会的文化现象,那么毫无疑问它也是一种文创设计。通过下文介绍的案例,读者应该可以了解这一类型的文创设计是如何诞生并一步步走向成功的。

一、火人节

火人节(Burning Man Festival)始自 1986 年,从最初小规模的行为艺术活动,逐渐演变成吸引数万人齐聚沙漠腹地的狂欢,成为广泛被世界关注的文化现象。

起初,一个名为拉里·哈维(Larry Harvey)的年轻人和他的朋友们在加州旧金山贝克海滩用废弃木材搭建起一个近 3 米高的人物肖像和一只狗,然后放火烧掉,他们称自己的这种行为是激进的自我表达。此后的几年中,这个充满戏谑意味的仪式越做越大,1987 年被烧毁的木人达到 4.6 米高,1988 年木人高度超过了 9 米,也是在这一年该仪式正式被命名为"火人节"。

20 世纪 90 年代起,火人节转场至内华达州偏远而鲜为人知的黑石沙漠,活动的组织也愈加规范。从每年 8 月最后一个周日起,至 9 月第一个星期一的美国劳动节结束,为期 8 天。参与者们从世界各地赶来,在荒无人烟的无人区内建造起一座临时的城市,在这几天中,原始地表达自我的审美和生活追求,并于活动结束的前夜点燃数十米高的巨大木人,推动气氛至最高潮(图 8-21、图 8-22 和图 8-23)。

图 8-21　火人节营地一隅

图 8-22　2010 年的木人被点燃前

图 8-23　2013 年的木人被点燃

　　火人节带有强烈的乌托邦性质,参与者都需要遵循一系列基本原则,否则将被请出营区。这些原则中首要的是包容,人人皆可参与,只要他们遵循活动的"生存指南",并愿意花数百美元购买门票。营区内没有阶级,人人平等。火人节期间的生活是去商品化的,除了饮品和冰块,人们不能使用金钱购买商品。鼓励参与者互赠礼物、以物易物,体验陌生人的慷慨给予。鼓励人们朴素和自力更生地生活,参与者需要自备生活必须品,使用自行车作为交通工具。注重对环境的保护,参与者需要带走和处理产生的垃圾,在活动结束后不留痕迹,不对自然环境造成污染和破坏。可见,整个活动本身就是一场宏大的文化创意设计。

　　火人节是一场艺术与设计的盛会。火人节举办的几天里,黑石沙漠中的文化创意设计能量极高。不仅作为每年的压轴好戏的木人都是经过精心设计的宏伟壮丽的艺术装置,更有热衷于自我展示的设计师、艺术家乃至无数普通人充满创造热情地参与及展示。人们通过激进的穿衣风格表达自我,通过艺术创作表达和互动艺术向世界各地的朋友们展示了精彩纷呈的智慧和创意(图 8-24、图 8-25 和图 8-26)。音乐、表演和流动街头戏剧是在营地及城市建设区里常见的艺术形式。所以,有人也把它看作一次大型的行为、雕塑、建筑艺术的聚会。

图 8-24　火人节上的行为艺术

图 8-25　火人节上的表演

图 8-26　火人节上的艺术装置

火人节的根本魅力在于它在诞生之初就带有强烈的文化内核,迎合了人们逃离现实生活和消费主义的枷锁、重新建构生活文化和个性审美的渴望,并且给了普通人展示创意和审美想法的舞台。

二、La Machine 的装置艺术

人类原始的梦境中,总萦绕着一些巨大的形象,比如火人节上巨大的人影,再比如下文中这些荒诞巨兽。La Machine 是法语机器的意思,这也是一家来自法国的公司,以设计制造戏剧性的机械装置闻名。

La Machine 的创始人弗朗索瓦·德拉豪兹叶赫(François Delarozière)是一个音乐家和工匠的孩子,在多方位展示他精巧绝伦的机械设计方面有过人的天赋。他说:"我喜欢人们能够清楚地看到机器内部、建筑构造、齿轮、滑轮,就像我们置身其中。"他手下的工作人员也都是来自艺术、设计、机械和制造领域的精英人才。

在成立之初,1999 年,La Machine 公司主要参与剧院的装修工程、儿童游乐园建造及机械表演。弗朗索瓦热衷于探索机械运动艺术和激发观众内心共鸣的道路,他认为与舞台相比,深入街头的表演更具打动人心的力量。在后续的实践中,他抓住机会,将城市的街道变为剧院,让数十米高的大象、蜘蛛、龙和其他奇幻的机械雕塑行动起来(图 8-27 和图 8-28)。从头顶跃过的巨兽,加之身边四起的水和蒸汽效果,给围观者带来难以言表的震撼体验。

2014 年中法建交 50 周年期间,La Machine 设计了一匹重达 47 吨的黄色龙马,与它经典的机械蜘蛛作品一起在鸟巢巡游演出,代表着法国现代艺术与中国传统文化的融合。

图 8-27　La Machine 设计的机械大象艺术装置

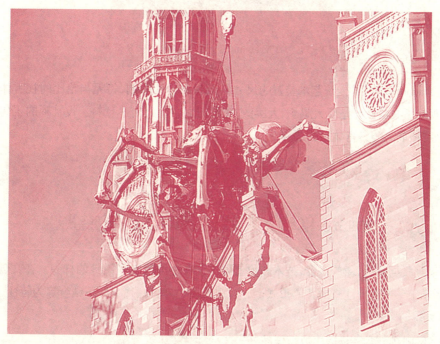

图 8-28　La Machine 设计的机械蜘蛛艺术装置

La Machine 设计建造了希腊神话克里特岛上的牛头怪兽,将阿里阿德涅帮助忒修斯战胜怪兽的情节搬上了街头,现场还邀请了音乐家配乐,打造了令人叹为观止的如梦如幻的体验(图 8-29)。

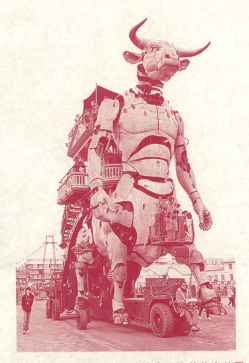

图 8-29　La Machine 设计的牛头怪兽艺术装置

La Machine 突破了传统艺术装置的尺寸甚至想象力的限制,将无与伦比的视听体验带给街头的观众。文创设计是要大胆想、大胆做,在情理之中做到出乎意料。设计师的工作目标之一,就是要拓展人类感官体验的边界。

第四节 | 移动互联网时代的文创新形式

移动互联网时代,新的媒介、技术和价值要求正在逐渐改变着设计的样貌。在文创设计领域,也展示出一些值得注意的新的形式。它以多维度、多感官、线上线下结合等为特征。

一、网剧《怪奇物语》衍生数媒作品——"颠倒世界"建筑景观

身临其境的沉浸式体验逐渐成为文化创意产业发展的新趋势,在影视行业当中常用于描述那些真正将观众带入屏幕中世界的时刻。除了通过前端实现 VR/AR 等技术手段的应用,

使用线下物理空间联动线上影视场景打破第四堵墙也是创造沉浸感的一种方式。全球最大的流媒体奈飞(Netflix)就深谙此道,很多由奈飞出品的高热度剧集,包括各种电视节目和电影,都依靠线下互动体验打通多层次的联系,对 IP 进行延伸,进一步与观众建立情感羁绊。这种推广能够很好地带动线上线下内容互相促进,获得卓有成效的宣传效果。

以《怪奇物语》(Stranger Things)中"颠倒世界"(Upside Down)为主题的建筑景观类数字媒体艺术作品就是与全球剧粉线下互动的典例。2022 年 5 月 26 日,奈飞为了庆祝万众期待的网剧《怪奇物语 4》回归,借助 15 个地标性建筑,利用先进的三维投影技术(3D mapping)与建筑灯光装置等,在 14 个国家呈现了剧中"颠倒世界的裂痕"。从纽约的帝国大厦到澳大利亚悉尼的邦迪海滩(图 8-30),从米兰的大教堂广场再到西班牙的毕尔巴鄂古根海姆博物馆……散布的裂痕充分营造了与剧情匹配的诡谲、阴森气氛,让全世界的人都闯进屏幕内挥之不去的可怕恶梦。一定程度上得益于这一规模空前的视觉奇观预热,奈飞很好地带动了全球粉丝共同狂欢,为新剧的开播造势。仅三天《怪奇物语 4》就空降全球观看时长榜冠军,并在全球 83 个国家和地区拿下播放量冠军。

图 8-30　邦迪海滩上的"颠倒世界"建筑景观

该数媒作品所展示"颠倒世界的裂痕",是指剧中通往与现实世界平行的异次元空间的入口,而这些裂痕也是释放恶魔和怪物的通道。因此,这一系列作品呈现的正是《怪奇物语》中最具代表性的场景之一。奈飞选择这一藤蔓缠绕如同器官般律动且具有强烈的视觉效果的标志性元素在全世界范围内展映,营造了强烈的冲击力,暗示这些裂痕将随着剧集的回归也正式进入我们的世界。这场数媒灯光秀开始于 5 月 26 日晚 8 点 45 分的纽约帝国大厦,正在倒计时的怪奇时钟如同剧集设定里的梦魇场景一般出现在了大厦外立面,并正在为第四季的到来倒数。与此同时,全世界 15 个标志性建筑上的邪恶裂缝也悄悄蔓延开来。整场视觉盛宴持续了 15

分钟,并在全球粉丝活动期间循环播放了两个小时。神秘的裂痕系列坐标打卡点依附在各种不同类型的媒介上,包括建筑表皮、沙滩、水面、装置、广告屏幕等,由著名的灯光设计师马克·布里克曼(Marc Brickman)创作。他在不同地点采用了不同的技术手段,例如,以毕尔巴鄂古根海姆博物馆和沙特阿拉伯国家纪念碑为代表,欧洲和中东地区所展示的裂痕,其技术涉及对投影视图的分析以及照明和音频播放(图8-31和图8-32);以马来西亚吉隆坡塔和哥伦比亚的巴兰基亚(图8-33和图8-34)为代表,亚洲和拉丁美洲地区的裂痕则主要使用投影映射系统、烟雾机和一些能够模拟逼真场面的灯光效果。

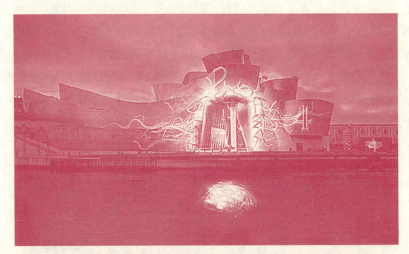

图 8-31　毕尔巴鄂古根海姆博物馆的"颠倒世界"建筑景观

图 8-32　沙特阿拉伯国家纪念碑的"颠倒世界"建筑景观

图 8-33　马来西亚吉隆坡塔的"颠倒世界"建筑景观

图 8-34　哥伦比亚巴兰基亚的"颠倒世界"建筑景观

　　奈飞对于这一 IP 品牌的营造并不止步于此。面对那些不满足于仅仅播放两小时的灯光秀并且想要更深入地了解《怪奇物语》另一个世界的粉丝,奈飞为他们打造了深度沉浸的线下娱乐体验空间——"怪奇物语:体验"(Stranger Things—the Experience)(图 8-35)。"怪奇物语:体验"是奈飞和娱乐票务平台 Fever 共同制作的巨大工程,于 5 月 7 日在布鲁克林海军造船厂的杜格尔温室(Duggal Greenhouse)推出,占地3 251.5平方米(35 000平方英尺)。这史诗般的视听场景将结合三维环球影城游乐设施的特殊效果,还原剧中1985年的霍金斯小镇,通过故事情节带着游客进入《怪奇物语》神秘诡异的世界(图8-35和图8-36)。游客将在遥控逃生室中与剧中人物互动,同最喜欢的角色一起拯救霍金斯小镇,充分感受20世纪80年代的怀旧情怀。

图8-35 线下娱乐空间"怪奇物语:体验"

图8-36 "怪奇物语:体验"内沉浸场景

二、《精灵宝可梦》衍生 AR 互动游戏——《宝可梦 Go》(Pokemon Go)

手机游戏《宝可梦 Go》(图 8-37)于 2016 年 7 月上架之后,短短数天就席卷了全球的社交媒体,并雄踞美国、澳大利亚和新西兰游戏下载排行榜首。根据数据分析公司 Sensor Tower 数据统计,《宝可梦 Go》仅上线两周,下载量便突破 3 000 万,获得了超过 3 500 万美元的收益。

图 8-37 《宝可梦 Go》游戏场景

这款游戏的成功绝非偶然,它由任天堂公司(Nintendo)和宝可梦公司(The Pokémon Company)合作开发和发行,不仅拥有"宝可梦"这个世界第一大动漫 IP 的加持,也结合了新兴的 AR 技术,给当时的玩家们带来了前所未有的沉浸式游戏体验,并且适用于 iOS 和安卓设备。沉浸式体验指的是让人专注在由设计者创造的情境中,产生愉悦感与满足感。这种沉浸式体验类似心理学概念里的"心流",即用户将个体注意力完全投入在某项活动上时的感觉,心流产生会伴随着强烈的兴奋感。为了还原动画片中神奇宝贝的所有场景,打造一个真实的神奇宝贝世界,它使用带有全球定位系统(GPS)的移动设备来定位、捕捉、训练和战斗虚拟宠物。虚拟的神奇宝贝通过 AR 技术被置放到现实场景中,它们看起来就像在玩家的真实世界中一样。游戏推出时约有 150 种神奇宝贝,到 2021 年已增加到约 700 种,这也是第一款可以通过手机访问的增强现实游戏。

《宝可梦 Go》的沉浸式游戏体验主要依靠基于谷歌地图的定位服务和相机模式下的 AR 技术来实现。玩家首先需要打开手机地图,确定自身所处的位置,然后依照地图定位开始搜寻小精灵,当玩家发现小精灵后,可以打开照相功能,将虚拟的小精灵融入相机捕捉到的现实场景,从而达到增强现实的效果(图 8-38)。

此外,《宝可梦 Go》在玩法上,与任天堂其他游戏相比也有了很大的创新。玩家需要在游戏世界中捕获宝可梦并训练它们,而游戏世界的地图是现实世界的整个地球。玩家在游戏中

图 8-38 《宝可梦 Go》虚拟现实效果

的移动是基于现实世界的移动的,并且游戏将不少补给点设置在社区、公园或者一些历史建筑中(图 8-39),促使玩家走出家门,重新认识自己身边的社区,也因此结识更多的玩家。

图 8-39 墨西哥城阿拉米达中央公园的宝可梦补给站

《宝可梦 Go》在沉浸式体验上进行创新的成功,也为更多的文创产品设计拓展了思路。宾夕法尼亚大学沃顿商学院市场营销学教授大卫·贝尔(David Bell)指出:"下一次网络革命将是个人浸入环境中。增强现实技术使你与本地环境融为一体,情境被放大了。"在《宝可梦 Go》中,地图定位技术与沉浸式体验的完美融合将这种融合延伸到线下社交与运动健身,无疑为今后的文创设计提供了更多设计思路。

——思考题——

1. 请收集并整理一个你认为优秀的文创设计案例并分享给大家,分析它在哪些方面对你有所触动和启发。

2. 请讨论人工智能生成内容(AIGC)技术将会如何改变文创设计的样貌。作为设计师应该如何应对技术革新带来的变化和挑战?

参考文献

[1] 马知遥,孙锐.文化创意与非遗保护[M].天津:天津大学出版社,2013.

[2] 薛可,余明阳.文化创意学概论[M].上海:复旦大学出版社,2021.

[3] 亢琳.视觉传达设计的造型要素与不同领域[M].北京:中国水利水电出版社,2014.

[4] 王受之.世界现代设计史[M].北京:中国青年出版社,2002.

[5] 刘月林,黄海燕.整合媒体设计:数字媒体时代的信息设计[M].北京:中国建筑工业出版社,2016.

[6] 朱光潜.谈美[M]//朱光潜全集(第2卷).合肥:安徽教育出版社,1987:11.

[7] 朱铭,荆雷.设计史[M].济南:山东美术出版社,1995.

[8] 李四达.数字媒体艺术概论[M].2版.北京:清华大学出版社,2012.

[9] 陈向明.质的研究方法与社会科学研究[M].北京:教育科学出版社出版社,2000.

[10] 陈小清.新媒体艺术设计概论[M].广州:广东高等教育出版社,2013.

[11] 何家辉.文创设计[M].武汉:华中科技大学出版社,2020.

[12] 宗白华著.美学散步[M].上海:上海人民出版社,2000.

[13] 罗钢,刘象愚.文化研究读本[M].北京:中国社会科学出版社,2000.

[14] 罗干.重大战略决策:加快发展第三产业 下[M].北京:中国政法大学出版社,1992.

[15] 周承君.文创产品设计[M].北京:化学工业出版社,2019.

[16] [英]伊格尔顿.审美意识形态[M].王杰,等译.桂林:广西师范大学出版社,2001.

[17] [美]诺曼.设计心理学1——日常的设计[M].梅琼,等译.北京:中信出版社,2014.

[18] [美]诺曼.设计心理学3——情感化设计[M].梅琼,等译.北京:中信出版社,2015.

[19] [英]布朗.设计改变一切[M].侯婷,译.杭州:浙江教育出版社,2019.

[20] 于磊.我国文化创意产业的创新与发展[J].商业文化,2020(25):2.

[21] 王华清.设计管理浅析[J].商场现代化,2009(10):96.

[22] 白建松.非物质文化遗产内容的博物馆数字化展示模式与产业化研究[J].浙江艺术职业学院学报,2011(2):6.

[23] 刘智慧,张泉灵.大数据技术研究综述[J].浙江大学学报(工学版),2014,48(6):957-972.

[24] 吕燕茹,李昕澍,陈佳杨.非遗数字文创轻应用设计[J].包装工程,2019,40(14):1.

[25] 孙守迁,包恩伟,陈蘅,潘云鹤.计算机辅助概念设计研究现状和发展趋势[J].中国机械工程,1999(6):105-109,8.

[26] 孙志军,薛磊,许阳明,王正.深度学习研究综述[J].计算机应用研究,2012,29(8):2806-2810.

[27] 约翰,霍金斯.创意经济:人们怎样用想法挣钱[J].2002.

[28] 年志刚,梁式,麻芳兰,李尚平.知识表示方法研究与应用[J].计算机应用研究,2007(5):234-236,286.

[29] 陈珏宇.国外文化创意产业发展述评[J].武汉交通职业学院学报,2008(6):15-20.

[30] 宋建明.当"文创设计"研究型教育遭遇"协同创新"语境 基于"艺术＋科技＋经济学科"研与教的思考[J].新美术,2013,34(11):10-20.

[31] 杨云萍.文化创意的娱乐化及其矫正[J].求索,2016(7):4.

[32] 范周.从"泛娱乐"到"新文创""新文创"到底新在哪里——文创产业路在何方？[J].人民论坛,2018(22):3.

[33] 张梦卿.维克多·帕帕奈克,所有人都是设计师,每件事都与设计有关[J].艺术与设计,2018(11):4.

[34] 岳花娟,张宁,张凯辰.视觉传达设计专业的文创课程创新探析[J].化纤与纺织技术,2021,50(2):2.

[35] 金元浦.文化创意产业:创新型中国的战略选择[J].人民日报,2006(12):12-29.

[36] 金元浦.从文化产业到数字内容产业[J].今日中国论坛,2005(12):4.

[37] 金元浦."互联网＋"催生"文化＋"产业新形态[J].人民论坛,2016(18):90-92.

[38] 黄柏青.设计美学:学科性质、演进状况、存在问题与可行路径[J].湖南科技大学学报:社会科学版,2012,15(5):4.

[39] 理查德,凯夫斯.创意产业:艺术与商业之间的合同[J].2004.

[40] 康永平,刘宇.设计美学与现代设计的关系及影响[J].美术大观,2010(3):126.

[41] 崔述强.北京市文化创意产业分类标准研究[J].统计科学与实践(天津),2009(2):38-39.

[42] 彭冬梅,刘肖健,孙守迁.信息视角:非物质文化遗产保护的数字化理论[J].计算机辅助设计与图形学学报,2008(1):7.

[43] 谭天.产业经济学视域下的新媒体[J].声屏世界,2007(10):50-52.

[44] 蒯大申.文化产业振兴规划[J].上海人大月刊,2009(10):13.

[45] 孙玉洁.数字媒体艺术沉浸式场景设计研究[D].北京:中国艺术研究院,2021.

[46] 杨慧子.非物质文化遗产与文化创意产品设计[D].北京:中国艺术研究院,2017.

[47] 张尧.基于博物馆资源的文化创意产品开发设计研究[D].苏州:苏州大学,2015.

[48] Csikszentmihalyi M, Csikzentmihaly M. Flow: The psychology of optimal experience [M]. New York: Harper & Row, 1990.

[49] Friedman B, Kahn Jr P H. Human values, ethics, and design[M]//The human-computer interaction handbook. Boca Raton: CRC Press, 2002: 1209-1233.

[50] Leavitt, R. Artist and computer[M]. New Jersey: Creative Computing Press,1976.

[51] Manovich L. The language of new media[M]. Cambridge, Mass: MIT press, 2002.

[52] McLuhan E, Zingrone F. Essential McLuhan[M]. London: Routledge, 1997.

[53] Winston P H. Artificial intelligence[M]. New York: Addison-Wesley Longman Publishing Co., Inc., 1992.

[54] Wu W. Dynamic cities and creative clusters[M]. Washington DC: World Bank Publications, 2005.

[55] Amabile T M, Conti R, Coon H, et al. Assessing the work environment for creativity[J]. Academy of Management Journal, 1996, 39(5): 1154-1184.

[56] Çakmakçıoğlu B A. Effect of digital age on the transmission of cultural values in product design[J]. The Design Journal, 2017, 20(sup1): S3824-S3836.

[57] Clark J, Guy K. Innovation and competitiveness: A review: Practitioners' forum[J]. Technology Analysis & Strategic Management, 1998, 10(3): 363-395.

[58] Damanpour F. Organizational innovation: A meta-analysis of effects of determinants and moderators[J]. Academy of Management Journal, 1991, 34(3): 555-590.

[59] Norman D A. Human-centered design considered harmful[J]. Interactions, 2005, 12(4): 14-19.

[60] Jordan M I, Mitchell T M. Machine learning: Trends, perspectives, and prospects[J]. Science, 2015, 349(6245): 255-260.

[61] Van de Ven A H. Central problems in the management of innovation[J]. Management Science, 1986, 32(5): 590-607.

[62] Verbeek P P. Materializing morality: Design ethics and technological mediation[J]. Science, Technology & Human Values, 2006, 31(3): 361-380.

[63] Zahn C, Pea R, Hesse F W, et al. Comparing simple and advanced video tools as supports for complex collaborative design processes[J]. The Journal of the Learning Sciences, 2010, 19(3): 403-440.

[64] Majdúchová H, Barteková M K. Innovations in the creative industry entities[C]//SHS Web of Conferences. EDP Sciences, 2020, 74: 02009.

[65] Tao W, Liu X, Wang Y, et al. Kyrix: Interactive pan/zoom visualizations at scale[C]// Computer Graphics Forum, 2019, 38(3): 529-540.

图书在版编目(CIP)数据

文化创意设计学/薛可,花敏主编. --上海:复旦大学出版社,2025.3. --(博学·文创系列).
ISBN 978-7-309-17691-9
Ⅰ. G114
中国国家版本馆 CIP 数据核字第 20243P7X92 号

文化创意设计学
WENHUA CHUANGYI SHEJIXUE
薛 可 花 敏 主编
责任编辑/李 荃

复旦大学出版社有限公司出版发行
上海市国权路 579 号　邮编: 200433
网址: fupnet@ fudanpress.com　http://www.fudanpress.com
门市零售: 86-21-65102580　　　团体订购: 86-21-65104505
出版部电话: 86-21-65642845
常熟市华顺印刷有限公司

开本 787 毫米×1092 毫米　1/16　印张 16.25　字数 364 千字
2025 年 3 月第 1 版第 1 次印刷

ISBN 978-7-309-17691-9/G·2637
定价: 59.00 元

如有印装质量问题,请向复旦大学出版社有限公司出版部调换。
版权所有　侵权必究